Renate Müller-Wollermann

Einführung in die altägyptische Wirtschaft

Einführungen und Quellentexte zur Ägyptologie

herausgegeben von

Louise Gestermann und Christian Leitz

Band 13

LIT

Renate Müller-Wollermann

EINFÜHRUNG IN DIE ALTÄGYPTISCHE WIRTSCHAFT

LIT

∞

Gedruckt auf alterungsbeständigem Werkdruckpapier entsprechend
ANSI Z3948 DIN ISO 9706

Bibliografische Information der Deutschen Nationalbibliothek
Die Deutsche Nationalbibliothek verzeichnet diese Publikation in der Deutschen Nationalbibliografie; detaillierte bibliografische Daten sind im Internet über http://dnb.dnb.de abrufbar.

ISBN 978-3-643-14897-1 (br.)
ISBN 978-3-643-34897-5 (PDF)

Verlagskontakt:
Fresnostr. 2 D-48159 Münster
Tel. +49 (0) 2 51-62 03 20
E-Mail: lit@lit-verlag.de https://www.lit-verlag.de

Auslieferung:
Deutschland: LIT Verlag, Fresnostr. 2, D-48159 Münster
Tel. +49 (0) 2 51-620 32 22, E-Mail: vertrieb@lit-verlag.de

Inhaltsverzeichnis

Vorwort

Eigentlich ist es unmöglich, ein Buch über die altägyptische Wirtschaft zu schreiben. Entweder man bietet hauptsächlich Stoff; dann sieht man sich mit der Kritik konfrontiert, man würde keine Erklärung für das Funktionieren der Wirtschaft liefern. Oder man arbeitet mit einem theoretischen Ansatz; dann handelt man sich den Vorwurf ein, die falsche Theorie benutzt zu haben.

Die vorliegende Einführung bietet in erster Linie Stoff, auch wenn in der Einleitung auf Theorien Bezug genommen wird; darüber Hinausgehendes bleibt einer späteren Darstellung vorbehalten.

Für die Transkription arabischer Ortsnamen wurde diejenige des Tübinger Atlas des Vorderen Orients (TAVO) verwendet; lediglich bei sehr geläufigen Toponymen wie z.B. Karnak wurde die traditionelle Umschrift beibehalten.

Für Unterstützung bei der Gestaltung des Layouts gebührt mein Dank den Herren Serge Paulus und Bennet Alberth. Nicht zuletzt danke ich den Herausgebern der Reihe, Prof. Dr. Christian Leitz und Prof. Dr. Louise Gestermann für ihren Langmut und ihre inhaltlichen und praktischen Hinweise.

Einleitung

Darstellungen zur Wirtschaft hängt in der Ägyptologie der Ruf der Langweiligkeit an. Dies rührt nicht zuletzt daher, daß Wirtschaft etwas mit Zahlen zu tun hat[1], einzelne Zahlen für sich genommen aber noch nicht sehr aussagekräftig sind. Ägyptische Kunst und Religion waren hingegen in der „Frühzeit" der Ägyptologie ungleich faszinierender und haben zu einer Vernachlässigung der Beschäftigung mit der Wirtschaft geführt[2].

In neuerer Zeit bot Wolfgang Helck mit seiner Wirtschaftsgeschichte die erste umfassende Darstellung der Wirtschaft des pharaonischen Ägypten[3]. Dies ist jedoch keine Geschichte der Wirtschaft, sondern ein „Versuch einer Ordnung des Materials"[4], und geht zudem, von wenigen Ausblicken abgesehen, über das Ende des Neuen Reichs nicht hinaus[5]. Eine Beschäftigung mit Theorien wurde bewußt als verfrüht vermieden. Zufälligerweise im selben Jahr erschienen die Prolegomena zu einer Wirtschaftsgeschichte des Neuen Reiches von Jacobus Johannes Janssen[6]. In diesem Aufsatz wandte er sich eingangs gegen die Übernahme moderner wirtschaftswissenschaftlicher Theorien und warb statt dessen für eine Berücksichtigung der peasant societies der Kulturanthropologie[7]. Die grundsätzlichen Aspekte führte er in einem späteren Aufsatz weiter aus[8], und er war es auch, der Karl Polanyi mit seinem

[1] Die Wichtigkeit der Quantifizierung, insbesondere im Bereich der Mikroökonomie, betont Christopher J. Eyre, in: P. Kousoulis und N. Lazaridis (Hrsg.), Proceedings of the Tenth International Congress of Egyptologists. University of the Aegean, Rhodes 22-29 May 2008, Bd. 1, Leuven-Paris-Bristol, CT, S. 719f.

[2] Zu dieser Frühphase s. Juan Carlos Moreno García, From Dracula to Rostovtzeff. Or: The Misadventures of Economic History in Early Egyptology, in: Martin Fitzenreiter (Hrsg.), Das Ereignis. Geschichtsschreibung zwischen Vorfall und Befund, London 2009, S. 175-198.

[3] Wolfgang Helck, Wirtschaftsgeschichte des Alten Ägypten im 3. und 2. Jahrtausend vor Chr., Leiden-Köln 1975. S. auch die Rezensionen von Schafik Allam, in: Oriens Antiquus 17, 1978, S. 221-223, und in: JEA 67, 1981, S. 192-194, von Bernadette Menu, in: RHD 56, 1978, S. 459f., und von E. Endesfelder, in: OLZ 77, 1982, Sp. 437-441.

[4] Wolfgang Helck, op. cit., S. VII. S. auch ders., Materialien zur Wirtschaftsgeschichte des Neuen Reiches, Mainz 1961-1969.

[5] Ebenfalls nur bis zum Ende des Neuen Reichs reicht der Überblick bei Heidi Köpp-Junk, Zur Ökonomie Ägyptens bis zum Ende des Neuen Reiches, in: Journal of Ancient Civilizations 32, 2017, S. 211-228.

[6] Jac. J. Janssen, Prologomena to the Study of Egypt's Economic History During the New Kingdom, in: SAK 3, 1975, S. 127-185.

[7] Loc. cit., S. 131.

[8] J. J. Janssen, Die Struktur der pharaonischen Wirtschaft, in: GM 48, 1981, S. 59-77.

Modell von Redistribution, Reziprozität und Marktaustausch in die Ägyptologie einführte[9]. Dem Aufsatz von 1981 wurde bald danach von Manfred Gutgesell als Vertreter der Gegenseite widersprochen, der darauf hinwies, daß die modernen Wirtschaftswissenschaften abstrakte, allgemeingültige Gesetze entwickelt hätten[10]. Rund zehn Jahre später griff David Warburton erstmalig in die Debatte ein, wobei er nicht allein die moderne Wirtschaftswissenschaft zur theoretischen Grundlage machte, sondern insbesondere einen seiner Hauptvertreter, nämlich John Maynard Keynes[11]. Dem widersprach wiederum Eckhard Eichler, der Keynes' Modell für inadäquat hielt[12].

Andere theoretische Ansätze wurden weit seltener rezipiert. So kam im Gefolge der 68er Revolution eine Beschäftigung mit Karl Marx[13] und vor allem Karl August Wittfogel und der asiatischen Produktionsweise auf[14]. Wesentlich später widmete sich Malte Römer den Fragen, welche Quellen man bräuchte, um die ägyptische Wirtschaft zu verstehen, ob die vorhandenen Quellen ausreichend seien und sie bestehende Theorien bestätigten[15]. Weit stärker rezipiert wurde hingegen ein wenig später von Mark Lehner publizierter Aufsatz, in dem er die von Max Weber beeinflußte Idee patrimonial geführter Haushalte, die David Schloen aufgegriffen hatte[16], nutzte[17].

---

[9] Jac. J. Janssen, in: JEA 68, 1982, S. 253 Anm. 5, S. 258 Anm. 27. Zur Rezeption von Polanyi allgemein s. Ph. Clancier et alii (Hrsg.), Autour de Polanyi. Vocabulaires, théories et modalités des échanges. Nanterre, 12-14 juin 2004, Paris 2005.

[10] Manfred Gutgesell, Die Struktur der pharaonischen Wirtschaft – eine Erwiderung, in: GM 56, 1982, S. 95-109, bes. S. 97; anders ders., Die Datierung der Ostraka und Papyri aus Deir el-Medineh und ihre ökonomische Interpretation. Teil I: Die 20. Dynastie, Bd. 2, Hildesheim 1983, S. 574.

[11] David Alan Warburton, Keynes'sche Überlegungen zur altägyptischen Wirtschaft, in: ZÄS 118, 1991, S. 76-85, weiter ausgeführt in zahlreichen späteren Arbeiten.

[12] Eckhard Eichler, POLANYI – KEYNES – WARBURTON: Zur Rekonstruktion des altägyptischen Wirtschaftssystems, in: GM 131, 1992, S. 25-31.

[13] In der sowjetischen Ägyptologie wurden Marx' Vorstellungen selbstredend schon viel früher genutzt; hierzu s. M. A. Korostovcev, in: Heinz Heinen (Hrsg.), Die Geschichte des Altertums im Spiegel der sowjetischen Forschung, Darmstadt 1980, S. 21-27.

[14] S. Detlef Franke, Ein Beitrag zur Diskussion über die asiatische Produktionsweise, in: GM 5, 1973, S. 63-72, und – problematisch – Rolf Mainz, Die Thiniten. Eine altägyptische Eroberungszeit und Karl August Wittfogels Theorie der orientalischen Despotie, Münster-Hamburg 1993.

[15] Malte Römer, Die Aussagekraft der Quellen für das Studium ägyptischer Wirtschaft und Verwaltung, in: ZÄS 134, 2007, S. 66-106. Eine Auseinandersetzung mit diesem Aufsatz blieb aus.

[16] Lehner bezieht sich ausdrücklich auf Schloen und seine damals noch ungedruckte Dissertation; die gedruckte Fassung erschien als J. David Schloen, The House of the Father as Fact and Symbol. Patrimonialism in Ugarit and the Ancient Near East, Winona Lake, Indiana 2001, s. bes. S. 313-316.

Eine erneute Gesamtdarstellung der Wirtschaft aber, die nun auch die Periode bis einschließlich der Ptolemäerzeit umfaßte, erschien erst über 40 Jahre nach Helcks Buch aus der Feder von Brian Muhs[18]. Er stellte seine Arbeit unter das Motto der Neuen Institutionenökonomik und handelte folgerichtig auch das ägyptische Recht ab. Inwieweit sich diese Theorie bewährt, muß sich erst noch erweisen.

Kürzlich wurde die Behauptung aufgestellt, daß in der Ägyptologie die ökonomischen Theorien einem rapiden Wandel unterworfen sind[19]. Es stellt sich jedoch die Frage, ob dies wirklich der Fall ist und ob die Theorien überhaupt hinreichend auf ihre Tragfähigkeit hin geprüft wurden. Nicht zuletzt muß man sich fragen, ob überhaupt eine einzige Theorie für das gesamte pharaonische Ägypten relevant sein kann, ob nicht vielleicht ein Wandel stattfindet oder ein Mischsystem in Anschlag gebracht werden sollte[20]. Erschwerend kommt hinzu, daß, wie Römer ausführt, für unterschiedliche Zeiten meist unterschiedliche Quellengruppen vorherrschen, die nur schlecht miteinander kompatibel sind[21]. Aber auch hier wurde auf philologische Quellen rekurriert, die archäologischen wurden vernachlässigt. Bis zu einer adäquaten Wirtschaftsgeschichte des Alten Ägypten ist also noch ein langer Weg.

---

[17] Mark Lehner, Fractal House of Pharaoh: Ancient Egypt as a Complex Adaptive System, a Trial Formulation, in: Timothy A. Kohler und George J. Gumerman (Hrsg.), Dynamics in Human and Primate Societies. Agent-Based Modeling of Social and Spatial Processes, Oxford 2000, S. 275-353.

[18] Brian Muhs, The Ancient Egyptian Economy 3000-30 BCE, Cambridge 2016. S. auch die Rezensionen von David Warburton, in: AJA 121, 2017 (www.ajaonline.org/book-review/3486), Malte Römer, in: JNES 77, 2018, S. 136-144, und Maren Schentuleit, in: OLZ 113, 2018, S. 314-318.

[19] Dominic Perry, in: Miroslav Bárta, Filip Coppens und Jaromír Krejčí (Hrsg.), Abusir and Saqqara in the Year 2015, Prag 2017, S. 340.

[20] So z.B. für Dēr al-Madīna Kathlyn M. Cooney, The Cost of Death. The Social and Economic Value of Ancient Egyptian Funerary Art in the Ramesside Period, Leiden 2007, S. 16; s. dort auch S. 8-12 zu theoretischen Ansätzen in der Ägyptologie. S. des weiteren Brian Muhs, The Ancient Egyptian Economy 3000-30 BCE, Cambridge 2016. Für die Annahme eines Mischsystems in altorientalischen Staaten plädiert auch Michael Hudson, in: JESHO 48, 2005, S. 120.

[21] S. die Auflistung bei Malte Römer, in: ZÄS 134, 2007, S. 92f.

Wirtschaftsraum und Klima

Die Größe des pharaonischen Ägypten zu bestimmen ist keineswegs einfach, da sich die Landesgrenzen zum Teil schwer bestimmen lassen. Traditionell reichte das Land von Aswān am 1. Nilkatarakt bzw. dem 24. Breitengrad im Süden bis zur Mittelmeerküste und im Osten bis zum Roten Meer. Im Westen existiert keine natürliche Grenze; die Oasen Sīwa, Baḥarīya, Farāfira, Dāḫila und Ḫāriga wurden jedoch hinzugerechnet. Die südliche Grenze wurde aber vor allem im Neuen Reich weit nach Nubien hinein vorgeschoben.

Landwirtschaftlich nutzbar waren allerdings nur das Niltal, das Delta und das Fayyūm sowie in geringem Umfang die Oasen. Die Breite des Niltals schwankt deutlich zwischen etwa 1 km bei Aswān und 15 bis 20 km in Mittelägypten; die kultivierbare Fläche betrug entsprechend dem Ausbau der künstlichen Bewässerung je nach Periode 8000 bis 9000 km^2, die des Deltas 7000 bis 13000 km^2, die des Fayyūm 100 bis 450 km^2[22].

In ägyptischen Texten wird die Ausdehnung Ägyptens zwischen Elephantine und Tall al-Balāmūn, das heute ca. 20 km von der Mittelmeerküste entfernt liegt, mit 106 *ỉtr.w* angegeben, die der größten Breite des Nildeltas mit 14 *ỉtr.w*[23]. Da ein *ỉtr.w* durchschnittlich 10,5 km entspricht, beträgt die Längenausdehnung etwa 1113 km, die Breitenausdehnung im Delta etwa 147 km. Ein *ỉtr.w* ist die Wegstrecke, die eine Treidelmannschaft durchschnittlich pro Tag ein Schiff ziehen konnte[24], im Grunde genommen also ein Wegemaß und kein Längenmaß.

Die Wasser des Nil speisen sich aus dem Weißen und dem Blauen Nil, die bei Khartum zusammenfließen. Die Wassermenge des Weißen Nil ist geringer und relativ konstant, die des Blauen Nil größer und höchst variabel. Bei Dērūṭ südlich von Amarna zweigt im Westen vom Nil der Baḥr Yūsuf ab und mündet nach 330 km im Fayyūm bei Madīnat al-Fayyūm in den abflußlosen

---

[22] Karl W. Butzer, Early Hydraulic Civilization in Egypt, Chicago 1976, S. 83; frühere andere Angaben zusammengestellt bei Pierre Grandet, Le Papyrus Harris I, Bd. 1, Kairo 1994, S. 128 Anm. 8.

[23] Adelheid Schlott-Schwab, Die Ausmaße Ägyptens nach altägyptischen Texten, Wiesbaden 1981, S. 143.

[24] Op.cit., S. 122. Christian Leitz, Die Größe Ägyptens nach dem Sesostris-Kiosk in Karnak, in: Gerald Moers et alii (Hrsg.), *jn.t ḏr.w*. Festschrift für Friedrich Junge, Bd. 2, Göttingen 2006, S. 409-427, versteht hingegen in dem besagten Text *ỉtr.w* als Flächenmaß, was noch zu überprüfen wäre.

Birkat Qarūn. Nördlich von Memphis bzw. Kairo teilt sich der Nil in diverse Flußarme auf, von denen acht in der Antike als wichtig gelten. Die Nilflut in Ägypten resultierte aus den Monsunregen in Äthiopien und dauerte von Juni bis September/Oktober. Für die Landwirtschaft waren der Zeitpunkt des Einsetzens der Flut, die Geschwindigkeit des Flutanstiegs und die Verweildauer des Hochwassers relevant. Nilometer an verschiedenen Orten des Landes, so in Elephantine und Kairo, maßen den jeweiligen Stand des Nils. Im Lauf der Zeit wurden zunehmend Sedimente abgelagert, die zu einer Erhöhung des Flußbetts und Verbreiterung des Fruchtlands führten. Mit Verlagerungen des Flußbetts, vor allem nach Osten, ist zu rechnen, die insbesondere im Raum von Memphis, aber auch in Hermopolis, Mēr und Theben nachgewiesen werden können[25].

Die Westwüste war abgesehen vom Wādī an-Naṭrūn, in dem Natronsalz abgebaut wurde, arm an Rohstoffen. Die Ostwüste war dagegen reich an Gesteinen und Mineralien; nachzuweisen sind Sandstein, Kalkstein, Quarzit, Calcit-Alabaster[26], Grauwacke[27], Granit, Basalt, Marmor, Porphyr, Jaspis und Dolerit, sodann Kupfer, Zinn, Blei bzw. Bleiglanz, Amethyst und Eisen. Kupfer, Malachit und Türkis waren auf dem Sinai zu finden, das nicht zum ägyptischen Kernland gehörte; Nubien war für seine Goldvorkommen bekannt (→ Rohstoffgewinnung und Expeditionen).

Literatur:

Bernard Bousquet, Tell-Douch et sa région. Géographie d'une limite de milieu à une frontière d'Empire, Kairo 1996

Karl W. Butzer, Early Hydraulic Civilization in Egypt. A Study in Cultural Ecology, Chicago 1976

Rosemarie Klemm und Dietrich D. Klemm, Steine und Steinbrüche im Alten Ägypten, Berlin-Heidelberg 1993

Rushdi Said, The River Nile. Geology, Hydrology and Utilization, Oxford 1993

---

[25] S. Juan Carlos Moreno García, in: Journal of Ancient Near Eastern History 1, 2014, S. 237 mit weiterer Literatur, und Judith Bunbury et alii, Development of the Memphite Floodplain. Landscape and Settlement Symbiosis in the Egyptian Capital Zone, in: Harco Willems und Jan-Michael Dahms (Hrsg.), The Nile: Natural and Cultural Landscape in Egypt, Bielefeld 2017, S. 71-96.

[26] Zur Terminologie s. Ian Shaw, Hatnub: Quarrying Travertine in Ancient Egypt, London 2010, S. XV.

[27] Zur Terminologie Grauwacke vs. Siltstein vs. Basalt s. Barbara G. Aston, Ancient Egyptian Stone Vessels. Materials and Forms, Heidelberg 1994, S. 28-31.

Adelheid Schlott-Schwab, Die Ausmaße Ägyptens nach altägyptischen Texten, Wiesbaden 1981
Stephan Johannes Seidlmayer, Historische und moderne Nilstände, Berlin 2001

Demographie

Demographische Studien dienen in erster Linie der Ermittlung der Bevölkerungsgröße eines Landes. Hierbei geht es nicht nur um die Gesamteinwohnerzahl, sondern auch um die Zahl der Städte und Dörfer, ihre jeweilige Größe sowie die Größe der einzelnen Haushalte. Des weiteren gehören zur Demographie aber auch anthropologische Fragestellungen wie die nach der Lebenserwartung, nach dem Geschlechterverhältnis und der Fruchtbarkeitsrate. Zudem stellen sich soziologische Fragen wie die nach Heiratsmuster und Heiratsalter, Gebäralter und nach Problemen der Migration.

Die Ermittlung vormoderner Bevölkerungsgrößen kann im Prinzip mit Hilfe von zwei Verfahren erfolgen[28]. Entweder versucht man, die Größe der Anbaufläche zu ermitteln, die dann wiederum Rückschlüsse auf die Zahl der Menschen gestattet, die hiervon ernährt werden können. Oder aber man versucht, über die Größe ergrabener Häuser die Zahl ihrer Bewohner zu ermitteln, und rechnet diese Zahl dann anhand der Größe und Zahl von Siedlungen hoch. Von der flächenmäßigen Größe von Ortschaften her auf die Einwohnerzahl zu schließen[29], ist für Ägypten hingegen ein fragwürdiges Verfahren, da nicht bekannt ist, wieviel Prozent der Fläche tatsächlich für Wohnbauten genutzt wurde.

Absolute Zahlen zur Bevölkerung Ägyptens finden sich nur bei griechischen Schriftstellern. So berichtet Herodot, daß es unter Amasis 20000 Städte gegeben habe, Diodor gibt an, daß es früher über 7 Millionen Einwohner in mehr als 18000 Orten gegeben habe und zu seiner Zeit nicht weniger als 3 Millionen in etwa 3000 Orten, und Flavius Josephus überliefert für seine Epoche 7 ½ Millionen Einwohner, Alexandria nicht mitgerechnet, was auf etwa 8 Millionen hinausläuft. Neben der Frage nach der Verläßlichkeit der Zahlen antiker Autoren im allgemeinen[30] stellt sich die, inwieweit Zahlen des nachpharaonischen Ägypten für pharaonische Zeit relevant sind. Allzu große Differenzen sollte man allerdings nicht erwarten.

---

[28] S. Jeffrey R. Zorn, Estimating the Population Size of Ancient Settlements: Methods, Problems, Solutions, and a Case Study, in: BASOR 295, 1994, S. 31-48.

[29] So Karl W. Butzer, Demography, in: Kathryn A. Bard (Hrsg.), Encyclopedia of the Archaeology of Ancient Egypt, London-New York 1999, S. 250-252.

[30] S. D. W. Rathbone, in: Proceedings of the Cambridge Philological Society 216, 1990, S. 103-107.

Die Zahl der Einwohner über die Anbaufläche zu ermitteln, ist für das pharaonische Ägypten nicht möglich, da diverse Faktoren unbekannt sind. Unklar ist sowohl die Größe der bebauten Agrarfläche als auch die Frage, welche Felder mit welchen Anbauprodukten bestellt wurden, als auch die Ertragsfähigkeit der Anbauprodukte sowie die Anbaumethoden (hierzu s. Kap. Landwirtschaft). Allgemein geht man davon aus, daß 1½ bis 1 ha Fläche notwendig sind, um eine Person zu ernähren[31].

In größerem Maß erfolgversprechend scheint es zu sein, die Größe der Haushalte und Ortschaften sowie ihre Zahl zu eruieren. Basierend auf Zahlen aus dem Vorderen Orient geht man von einer Haushaltsgröße von 4-5 Personen aus. Größere Haushalte sind in den Herrenhäusern in Kahun und z.T. in Amarna anzunehmen. Dagegen dürften die Haushalte in Tall ad-Dab^{c}a, wo die Häuser im Schnitt nur 27 m^2 umfassen[32], kleiner gewesen sein. Genauere Hinweise hat man für die Zahl der Häuser in einzelnen Ortschaften. So rechnet man für Kahun mit etwa 440 Häusern, während im Neuen Reich die Arbeitersiedlung von Amarna 74 Häuser, Dēr al-Madīna im Schnitt 120 Häuser und ein nicht lokalisierbarer Ort *Mȝỉw-nhs* auf dem thebanischen Westufer aufgrund einer Hausliste genau 179 Häuser aufwies[33]. Setzt man für jedes Haus 4-5 Personen an, so kommt man auf Einwohnerzahlen von mehreren Hundert bis mehreren Tausend. Neuerdings schätzt Kemp die Zahl der Häuser von Gesamt-Amarna auf 3040 und die Zahl der Einwohner auf 30000 bzw. vorsichtiger auf 20-50000[34]. Problematisch ist dagegen wiederum die Zahl der Siedlungen. Auf der Basis des Papyrus Wilbour wurde für das Neue Reich eine Zahl von 76000 Orten angenommen, wobei aber in Rechnung zu stellen ist, daß nicht alle Toponyme des Papyrus Wilbour substantielle Siedlungen bezeichnen; moderne Ortsnamenlisten führen lediglich etwas über 14000 Namen auf[35].

---

[31] G. G. Aperghis, The Seleukid Royal Economy. The Finances and Financial Administration of the Seleukid Empire, Cambridge 2004, S. 15.
[32] Ernst Czerny, Tell el-Dab^{c}a IX. Eine Plansiedlung des frühen Mittleren Reiches, Wien 1999, S. 20.
[33] Jac. J. Janssen, A New Kingdom Settlement. The Verso of Pap. BM. 10068, in: Altorientalische Forschungen 19, 1992, S. 8-23.
[34] Barry Kemp, City of Akhenaten and Nefertiti. Amarna and its People, London 2012, S. 272.
[35] D. W. Rathbone, in: Proceedings of the Cambridge Philological Society 216, 1990, S. 122.

Zurück zu den absoluten Bevölkerungszahlen. Für das römische Ägypten rechnet man mit einer Einwohnerzahl von 4 bis neuerdings 9 Millionen[36]; letztere Größe entspricht etwa der Ägyptens in der 1. Hälfte des 19. Jh. Da das pharaonische Ägypten weniger stark urbanisiert und das Fayyūm und das nördliche Delta schlechter erschlossen waren, sollte man für diese Zeit eine geringere Zahl annehmen; 1-2 Millionen sind sicherlich abzuziehen. Ausgehend von den Rationen im Neuen Reich und dem Kalorienbedarf wird eine Bevölkerungszahl von 2 bis 3 Millionen angenommen[37].

Zur Frage der Lebenserwartung gibt es wenig verallgemeinerbare Untersuchungen. Die vorhandenen zeigen eine hohe Sterblichkeitsrate in jungen Jahren: Bis zum Alter von 30 ist die Hälfte der Geborenen bereits wieder verstorben. Bis zu diesem Alter ist die Sterblichkeitsrate von Frauen höher als die von Männern, danach kehrt sich das Verhältnis um[38]. Mit einer hohen Kindersterblichkeitsrate geht eine niedrige Fruchtbarkeitsrate mit langen Stillzeiten bis zu 3 Jahren einher. Eine geschlechtsspezifische Kindesaussetzung ist nicht nachzuweisen. Selbst bei besser gestellten Bevölkerungsschichten lassen sich häufig Tuberkulose, Vitamin-D-Mangel, Knochenbrüche und diverse entzündliche Krankheiten wie Bilharziose nachweisen[39]. Inwieweit Seuchen Auswirkungen auf die Bevölkerungsgröße hatten, läßt sich nicht abschätzen.

Über Heiratsmuster und Heiratsalter ist wenig bekannt; virilokale Heiraten sind die Regel[40]. Auch Polygynie hat offenbar Tradition[41], aber die in späteren Zeiten beliebte Geschwisterheirat läßt sich für pharaonische Zeit weitgehend ausschließen. Eine Wiederverheiratung nach Scheidung oder Verwitwung ist für beide Geschlechter durchaus gegeben. Schließt man aus römischer Zeit zurück, so lag das durchschnittliche Heiratsalter für Frauen nied-

---

[36] Walter Scheidel, Death on the Nile. Disease & the Demography of Roman Egypt, Leiden 2001, S. 248.

[37] R. L. Miller, in: JESHO 34, 1991, S. 269.

[38] M. Masali und B. Chiarelli, in: Journal of Human Evolution 1972, S. 165.

[39] Andreas G. Nerlich und Albert Zink, Anthropological and Palaeopathological Analysis of Human Remains in the Theban Necropolis: A comparative Study on Three 'Tombs of the Nobles', in: Nigel Strudwick und John H. Taylor (Hrsg.), The Theban Necropolis. Past, Present and Future, London 2003, S. 218-228. Zu Tuberkulose und Bilharziose s. auch Kasia Szpakowska, Daily Life in Ancient Egypt. Recreating Lahun, Malden, MA u.a. 2008, S. 152-154.

[40] Gay Robins, Women in Ancient Egypt, London 1993, S. 56.

[41] S. Willy Clarysse und Dorothy J. Thompson, Counting the People in Hellenistic Egypt, Bd. 2, Cambridge 2006, S. 300.

rig, d.h. kurz nach der Pubertät, und die Altersdifferenz zwischen den Ehepartnern war mitunter beträchtlich. Somit dürfte auch das Gebäralter niedrig gelegen haben.

Größere Bevölkerungsbewegungen waren jeweils mit der Verlegung der Hauptstadt verbunden. Diese betraf nicht nur den Hofstaat, sondern auch den zentralen Beamtenapparat sowie Teile der Handwerkerschaft[42]. Des weiteren dürften Hungersnöte und Kriege Flüchtlingsströme nach sich gezogen haben; ihr Umfang läßt sich allerdings nicht ermitteln. Einwanderungen von Ausländern sind zu allen Zeiten zu beobachten, hauptsächlich aus Nubien, Palästina und Libyen[43]. Insbesondere im Nordostdelta dürfte der Ausländeranteil hoch gewesen sein, so daß man für die Zeit ab dem Neuen Reich für diese Region sogar mit Zweisprachigkeit rechnet. Ein hoher Anteil von Libyern ist um die Zeit 1000 v. Chr. zu beobachten.

Literatur:

Robert Demarée und Dominique Valbelle, Les registres de recensement du village de Deir el-Medineh (Le «Stato Civile»), Leuven-Paris-Walpole, MA 2011

Jürgen Kraus, Die Demographie des Alten Ägypten. Eine Phänomenologie anhand altägyptischer Quellen, Diss. Göttingen 2004 (http://webdoc.sub.gwdg.de/diss/2004/kraus/index.html; letzter Zugriff am 30.9.2019)

Dominique Valbelle, Eléments sur la démographie et le paysage urbains, d'après les papyrus documentaires d'époque pharaonique, in: CRIPEL 7, 1985, S. 75-87

Zum Zensus von Personen, Tieren und Gütern:

Dominique Valbelle, Les recensements dans l'Egypte pharaonique des troisième et deuxième millénaires, in: CRIPEL 9, 1987, S. 33-49

Zur Demographie späterer Zeiten mit reichhaltigeren Quellen:

Roger S. Bagnall und Bruce W. Frier, The Demography of Roman Egypt, Cambridge 1994

Willy Clarysse und Dorothy J. Thompson, Counting the People in Hellenistic Egypt, 2 Bde., Cambridge 2006

---

[42] Zum Umzug der Bewohner von Dēr al-Madīna nach Amarna s. Anna Stevens, Akhenaten's Workers: The Amarna Stone Village Survey, 2005-9, Bd. 1, London 2012, S. 422, 449.

[43] Zu Ausländern in Ägypten s. Günter Vittmann, Ägypten und die Fremden im ersten vorchristlichen Jahrtausend, Mainz 2003.

Landwirtschaft und Viehzucht

Landwirtschaft in erster Linie und Viehzucht nachrangig bildeten die Grundlage der ägyptischen Wirtschaft, wenn auch regional und saisonal in unterschiedlicher Weise. Die Jagd spielte in dynastischer Zeit keine wirtschaftliche Rolle mehr.

Landwirtschaft

Anbauprodukte

Das Hauptanbauprodukt war Getreide, und zwar Emmer (*Triticum dicoccum*) und Gerste (*Hordeum vulgare L.*) und hier die beiden Varietäten einzeilige und mehrzeilige Gerste. Emmer wurde hauptsächlich für die Herstellung von Brot verwendet, aber auch für die von Bier, Gerste umgekehrt hauptsächlich, aber nicht ausschließlich, für die von Bier. Gerste wurde vorrangig im Alten und Mittleren Reich angebaut, Emmer ab dem Neuen Reich; Gerste findet sich hauptsächlich in Oberägypten, Emmer in Unterägypten. Gerste wurde auch als wichtiges Viehfutter genutzt[44]. *Nfrw-sỉ* in der Mitte des Niltals im 15. oberägyptischen Gau scheint ein Zentrum des Getreideanbaus gewesen zu sein[45]. Beide Getreidearten waren gleich teuer, gelegentlich Gerste etwas teurer als Emmer[46].

Weitere Grundnahrungsmittel waren Hülsenfrüchte wie Linsen (*Lens culinaris Mek.*), Kichererbsen (*Cicer arietinum L.*) und Bohnen (*Vicis faba L.*), letztere allerdings weit seltener genutzt als heutzutage in Ägypten. In Gemüsegärten wurden Chate oder Ägyptische Gurke (*Cucumis melo L.*), Lattich oder Gartensalat (*Lactuca sativa L.*) bzw. Lauch, dessen Samen auch für Öl genutzt wurden, und Zwiebeln (*Allium cepa L.*) angebaut. Chate wurde allerdings auch auf größeren, in Aruren gemessenen Feldern, also in größerem

---

44 Mary Anne Murray, in: Andrew S. Fairbairn und Ehud Weiss (Hrsg.), From Foragers to Farmers. Papers in Honour of Gordon C. Hillman, Oxford 2009, S. 260.

45 Mounir Megally, Recherches sur l'économie, l'administration et la comptabilité égyptiennes à la XVIIIe dynastie d'après le papyrus E. 3226 du Louvre, Kairo 1977, S. 182. Zur Lokalisierung von *Nfrw-sỉ* s. Dieter Kessler, Historische Topographie der Region zwischen Mallawi und Samaluṭ, Wiesbaden 1981, S. 178f. und Karte 2.

46 Jac. J. Janssen, Commodity Prices from the Ramessid Period, Leiden 1975, S. 127-130; James P. Allen, The Heqanakht Papyri, New York 2002, S. 143.

Umfang angepflanzt[47]. Als Obst fanden die Früchte der Dattelpalme (*Phoenix dactylifera L.*), die auch Holz, Blätter und Fasern für Flechtwerk lieferte[48], die Nüsse der Dumpalme (*Hyphaene thebaica L.*), die hauptsächlich in Oberägypten und den Oasen zu finden ist, und Sykomorenfeigen (*Ficus sycomorus L.*) Verwendung. Vom Wein (*Vitis vinifera L.*) wurden die Trauben sowohl gegessen als auch vergoren; die Weingüter, die vorwiegend nicht privater Art waren, lagen vor allem im Delta und in den Oasen[49]. Aber auch in Nubien wurde zumindest zeitweise Wein angebaut; so stattete Taharqa den Tempel von Kawa mit asiatischen Winzern aus[50]. Weine wurden nach ihrem Herkunftsort bezeichnet, Rot- und Weißwein wurden nicht unterschieden. Ägyptischer Wein wurde philologisch ab der Frühzeit, botanisch ab der 12. Dynastie nachgewiesen und ist erst im Neuen Reich häufiger zu finden[51]. Weinstöcke finden sich häufig zusammen mit Feigenbäumen (*Ficus carica*) angebaut[52], vorrangig in Gegenden, die nicht von der Überschwemmung erreicht wurden, und mit einer Mauer umgeben. Um die Reben vor der Sonneneinstrahlung zu schützen, wurden die Weinstöcke in Art von Pergolen hochgebunden[53]. Die Kultivierung von Olivenbäumen ist erst ab dem Neuen Reich bezeugt, und zwar vorwiegend in der Umgebung von Memphis und der Ramsesstadt[54]. Als Nutzpflanzen wurden Flachs (*Linum usitatissimum L., Linum humile*) zur Herstellung von Leinen und auch Öl sowie Papyrus (*Cyperus papyrus L.*) angebaut, der nicht nur als Beschreibstoff diente, sondern

---

[47] Annie Gasse, Données nouvelles administratives et sacerdotales sur l'organisation du domaine d'Amon. XXe-XXIe dynasties, I, Kairo 1988, S. 160.

[48] Zur ökonomischen Bedeutung von Datteln s. Bernadette Menu, Le rôle économique des dattes dans l'Égypte du Nouvel Empire, in: Zoltán Csabai (Hrsg.), Studies in Economic and Social History of the Ancient Near East in Memory of Péter Vargyas, Budapest 2014, S. 199-215. Die Annahme eines staatlichen Monopols auf Datteln ist jedoch problematisch; s.u.

[49] Dimitri Meeks, in: Marie-Claire Amouretti und Jean-Pierre Brun (Hrsg.), La production du vin et de l'huile en Méditerranée, Athen 1993, S. 10-19 und insbes. die Karten auf S. 13 und 15. Zur Lage der Weingüter des Ramesseums s. K. A. Kitchen, The Vintages of the Ramesseum, in: Alan B. Lloyd (Hrsg.), Studies in Pharaonic Religion and Society in Honour of J. Gwyn Griffiths, London 1992, S. 115-123. Zum Vergleich der Herkunft des nach Amarna und ins Ramesseum gelieferten Weins s. Pierre Tallet, in: Nicolas Grimal und Bernadette Menu (Hrsg.), Le commerce en Égypte ancienne, Kairo 1998, S. 248-250.

[50] M. F. Laming Macadam, The Temples of Kawa. I. The Inscriptions. Text, London 1949, S. 36; Plates, Taf. 11f.; s. auch J. Vercoutter, in: Kush 7, 1959, S. 127.

[51] Zu Überlegungen zum Umfang der Weinproduktion s. Dimitri Meeks, loc.cit., S. 31f.

[52] Kristina Hein, Vinikultur in Ägypten, Aachen 2010, S. 13f.

[53] Op.cit., S. 11.

[54] S. Dimitri Meeks, loc.cit., S. 5-8, und die Karte auf S. 7.

auch für Flechtwerk und als Viehfutter[55]. Des weiteren wurde Klee (*Trifolium sp.*) speziell als Viehfutter kultiviert[56].

Anbau- und Erntemethoden

Getreide wurde nach Ende der Überschwemmungszeit ausgesät, d.h. Anfang Oktober im Süden, 4-6 Wochen später im Norden des Landes; die Ernte erfolgte ca. 6 Monate später im Frühjahr[57]. Den Umfang der Ernte pro Ackerfläche zu bestimmen ist schwierig bis unmöglich und hängt nicht zuletzt von der Art der Bewässerung ab[58]. Bis zum Ende des Neuen Reichs war ein Ertrag von 100 Kornmaß Getreide pro Arure gängig; in späterer Zeit konnten auch höhere Erträge erzielt werden[59]. Die Ähren wurden entweder ohne das Stroh oder mit ihm abgeschnitten. Das Stroh wurde als Tierfutter, Brenn- oder Baumaterial und zur Magerung von Ton verwendet. Das Getreide wurde mitsamt den Spelzen in staatlichen, kommunalen oder privaten Silos bis zur Weiterverwendung gelagert. Auf welche Weise das Saatgut für das nächstfolgende Jahr ausgesondert wurde, ist unklar[60].

Mehrjährige Obstbäume standen vorwiegend auf dem hochgelegenen Flußufer oder in Gärten, die von Mauern umgeben waren. Gemüsegärten waren in kleine Parzellen eingeteilt und wurden von Hand bewässert[61]. Die Ernte erfolgte im Herbst. Bei Zwiebeln, Lattich und Hülsenfrüchten erfolgte die Aussaat im Herbst, die Ernte im Frühjahr[62]; Obst wurde zumeist im Sommer oder Herbst geerntet. Flachs wurde Mitte November ausgesät, brauchte min-

---

[55] Zu Papyrus als Viehfutter s. Joyce Swinton, The Management of Estates and their Resources in the Egyptian Old Kingdom, Oxford 2012, S. 115.

[56] S. Marie-Francine Moens und Wilma Wetterstrom, The Agricultural Economy of an Old Kingdom Town in Egypt's West Delta: Insights from the Plant Remains, in: JNES 47, 1988, S. 159-173, insbes. S. 167 und 169.

[57] Rolf Krauss, März, April und Mai als durchschnittliche Monate der Getreideernte im antiken und neuzeitlichen Ägypten, in: DE 27, 1993, S. 27-34.

[58] S. Mary Anne Murray, in: Paul T. Nicholson und Ian Shaw (Hrsg.), Ancient Egyptian Materials and Technology, Cambridge 2000, S. 526, und G. G. Aperghis, The Seleukid Royal Economy, Cambridge 2004, S. 61.

[59] S. Tanja Pommerening, Die altägyptischen Hohlmaße, Hamburg 2005, S. 119 mit weiterer Literatur.

[60] Malte Römer, in: ZÄS 134, 2007, S. 83.

[61] Eine Darstellung der Bewässerung eines parzellierten Gartens findet sich bei Percy E. Newberry, Beni Hasan, I, London 1893, Taf. XXIX.

[62] Eine Darstellung der Bewässerung und Ernte von Lauch und Zwiebeln findet sich bei Ahmed M. Moussa und Hartwig Altenmüller, Das Grab des Nianchchnum und Chnumhotep, Mainz 1977, S. 76f. und Abb. 8.

destens drei Monate zum Reifen und war damit die früheste Ernte im Jahr[63]. Bei der Ernte wurde er ausgerissen statt abgeschnitten, um möglichst lange Fasern zu erhalten. Sollten die Samen für Öl gewonnen werden, wurde der Flachs länger stehen gelassen als bei den Pflanzen, die für die Herstellung von Leinen genutzt wurden. Weingärten wurden per Hand bewässert; die Lese erfolgte zwischen Mitte Oktober und Mitte Dezember. In den Weingärten wurden häufig asiatische Winzer eingesetzt.

Ob Fruchtwechsel betrieben wurde, ist unklar und für die vom Nil bewässerten Felder, da unnötig, als unwahrscheinlich anzunehmen. Allerdings liefern Felder, auf denen Gras oder Leguminosen angebaut wurden, im darauffolgenden Jahr eine bessere Getreideernte; möglicherweise sind die *wsf*-Landstücke im Papyrus Wilbour, die bislang als Brachland interpretiert wurden, offenbar nicht mit Getreide bestellte Äcker[64].

Für die verschiedenen Typen von Land existiert eine Vielzahl ägyptischer Wörter; es ist aber nicht immer leicht auszumachen, ob die Klassifizierung nach juristischen, fiskalischen, topographischen oder ökologischen Kriterien erfolgte[65].

Die Einführung der künstlichen Felderbewässerung begann in der 1. Zwischenzeit, offenbar nach der Erfahrung von Dürreperioden[66]. Zwischen den natürlichen, parallel zum Nil verlaufenden Landrücken wurden Querdämme errichtet und damit das Überschwemmungswasser über längere Zeit aufgestaut. Nach dem Rückgang der Überschwemmung wurde das Wasser durch Deichdurchstiche sukzessive von Süden nach Norden abgelassen. Für die Überwachung der Dämme und Schleusen waren lokale Autoritäten zuständig. In der 12. Dynastie wurde das Fayyūm durch Deiche teilweise trockengelegt und damit für die Landwirtschaft erschlossen. Wie Darstellungen zeigen, wurde in der Amarnazeit der Schaduf erfunden, ein Wasserhebegerät, das Wasser mit einem Gefäß bis zu anderthalb Metern heben kann und die Bewässerung kleiner Anpflanzungen erlaubt (s. Abb. 1). In der 27. Dynastie wurden in der Oase Ḫāriga, wohl unter persischem Einfluß, Qanate gebaut; die Datierung wird durch Texte nahegelegt.

---

63 Zum Zeitpunkt der Flachsernte s. James P. Allen, The Heqanakht Papyri, New York 2002, S. 249 Anm. 20.

64 Sally L. D. Katary, in: CRIPEL 25, 2005, S. 145-147.

65 S. z.B. C. J. Eyre, in: JEA 80, 1994, S. 68-71.

66 Wolfgang Schenkel, Die Bewässerungsrevolution im alten Ägypten, Mainz 1978. Ein früherer Beginn wird neuerdings erwogen, s. Harco Willems et alii, in: ders. und Jan-Michael Dahms (Hrsg.), The Nile: Natural and Cultural Landscape in Egypt, Bielefeld 2017, S. 259f.

Pflüge, die allerdings die Erde nur aufrissen, nicht umwarfen, wurden wohl nur auf den Feldern von Institutionen oder reichen Bauern eingesetzt.

Gardeners among persea, sycamore fig, cornflowers, mandrake and poppies. In the pond are blue and white lotus flowers. Wall-painting in a Theban Tomb no. 217; Ramesside.

Gardeners at work using a *shadûf*. Wall-painting in Theban Tomb no. 49; 18th Dynasty.

Abb. 1: Das Wasserhebegerät Schaduf

Literatur:

Zu den Anbauprodukten:

Renate Germer, Flora des pharaonischen Ägypten, Mainz 1985

Kristina Hein, Vinikultur in Ägypten. Eine Untersuchung des Weinbaus unter administrativen und ökonomischen Gesichtspunkten von der Frühzeit bis zum Ende des Mittleren Reichs, Aachen 2010

Dimitri Meeks, Oléiculture et viticulture dans l'Égypte pharaonique, in: Marie-Claire Amouretti und Jean-Pierre Brun (Hrsg.), La production du vin et de l'huile en Méditerranée, Athen 1993, S. 3-38

Bernadette Menu, Le rôle économique des dattes dans l'Égypte du Nouvel Empire, in: Zoltán Csabai (Hrsg.), Studies in Economic and Social History of the Ancient Near East in Memory of Péter Vargyas, Budapest 2014, S. 199-215

Mary Anne Murray, Cereal Production and Processing, in: Paul T. Nicholson und Ian Shaw (Hrsg.), Ancient Egyptian Materials and Technology, Cambridge 2000, S. 505-536

dies., Fruits, Vegetables, Pulses and Condiments, in: op. cit., S. 609-655

dies., Neil Boulton und Carl Heron, Viticulture and Wine Production, in: op. cit., S. 577-608

Pierre Tallet, Les oliveraies du pharaon au Nouvel Empire, in: Bernadette Menu (Hrsg.), La dependence rurale dans l'Antiquité égyptienne et proche-orientale, Kairo 2004, S. 53-75

Ursula Wicker, Flax and Egypt, in: DE 39, 1997, S. 95-116

Zu den Anbaumethoden:

Mahmud Abd-el-Raziq, Die altägyptischen Weingärten (*kꜣnw/kꜣmw*) bis zum Ende des Neuen Reiches, in: MDAIK 35, 1979, S. 227-247

Michel Chauveau, Irrigation et exploitation de la terre dans l'oasis de Kharga à l'époque perse, in: CRIPEL 25, 2005, S. 157-163

Erika Endesfelder, Zur Frage der Bewässerung im pharaonischen Ägypten, in: ZÄS 106, 1979, S. 37-51

C. J. Eyre, The Water Regime for Orchards and Plantations in Pharaonic Egypt, in: JEA 80, 1994, S. 57-80

Juan Carlos Moreno Garcia, Quelques observations sur l'emploi de l'araire en Égypte ancienne, in: Bulletin du Groupe de Recherche Archéologique Française et Internationale sur les Métiers depuis l'Antiquité 9/10, 2008-2009, S. 53-60

Wolfgang Schenkel, Die Bewässerungsrevolution im alten Ägypten, Mainz 1978

Eigentum und Besitz von Land

Es gab staatliches Landeigentum, Privateigentum an Land und Tempeleigentum an Land sowie wohl auch kommunal genutztes Land. Staatliches Land konnte von der 1. Zwischenzeit bis zur 18. Dynastie als *ḫbs.w*-Land bezeichnet werden, und Ägypter konnten verpflichtet werden, es zu bearbeiten[67]. Auch *ḫ3-t3*-Land und *ḥnk*-Land gehörte dem Pharao, konnte aber zur Bearbeitung weitergegeben werden. Privateigentum an Land konnte verkauft, vererbt, verschenkt, verpachtet und unterverpachtet werden. Frauen waren nur zu einem geringen Prozentsatz Eigentümer von Land, wie der Papyrus Wilbour zeigt[68]. Beim Verkauf von Land war in der Spätzeit eine Steuer von 10% zu entrichten, die an den Amuntempel in Theben ging, von der aber möglicherweise staatliche Agenten etwas einbehielten[69]. Für frühere Zeiten ist diese Steuer nicht belegt. Verpachtung und Unterverpachtung sind auch bei staatlichem und Tempel-Landeigentum belegt. Im einzelnen sind die Eigentums- und Besitzformen verschwommen und decken sich nicht mit den heutigen rechtlichen Formen. Wieviel Prozent des Landes den einzelnen Eigentumsformen zuzurechnen ist, bleibt unklar. Ramses III. wies laut Papyrus Harris den neu gegründeten Tempeln knapp 3000 km^2 zu, d.h. etwa 15% der Gesamtfläche des Landes[70]. Allerdings konnte der Umfang des Tempellandes schnell ab- oder zunehmen[71]. Aus dem Neuen Reich und späterer Zeit sind eine Reihe von Papyri überliefert, die Auskunft über Tempelland, zumal das des Amuntempels in Theben, geben (s. Quellen). Zur Zeit Ramses V. besaß der neugegründete Totentempel des Königs ca. 90 ha Ackerland, diejenigen von Ramses IV. und Ramses II. dagegen nur noch 54 bzw. 1 ½ ha, der von Ramses III. allerdings mehr als 200 ha[72]. Der Rückgang könnte u.a. darauf zurückgeführt werden, daß sich Ländereien in selbständige Einheiten verwandelten[73]. Vom Horustempel in Edfu ist bekannt, daß er 65% seines Land-

[67] William C. Hayes, A Papyrus of the Late Middle Kingdom, New York 1955, S. 27-29; William Kelly Simpson, Papyrus Reisner I, Boston 1963, S. 37f. Daß *ẖbs.w*-Land auch einem Tempel gehören konnte, wie Ingelore Hafemann, Dienstverpflichtung im Alten Ägypten während des Alten und Mittleren Reiches, Berlin-London 2009, S. 122f., annimmt, überzeugt nicht.

[68] Sally L. D. Katary, in: JSSEA 24, 1994 (erschienen 1997), S. 60.

[69] P. W. Pestman, Les papyrus démotiques de Tsenhor (P. Tsenhor), Löwen 1994, S. 73 Anm. V; alle bekannten Texte stammen aus Theben; s. auch Brian Muhs, The Ancient Egyptian Economy 3000-30 BCE, Cambridge 2016, S. 185.

[70] Pierre Grandet, Le Papyrus Harris I, Bd. 1, Kairo 1994, S. 88 und 128 Anm. 8.

[71] Ben J. J. Haring, in: CRIPEL 25, 2005, S. 135.

[72] Ben J. J. Haring, in: Erika Feucht, Die Gräber des Nedjemger (TT 138) und des Hori (TT 259), Mainz 2006, S. 59.

[73] Ben Haring, Economy, in: Elizabeth Frood und Willeke Wendrich (Hrsg.), UCLA Encyclopedia of Egyptology, Los Angeles 2009, S. 4 (https://escholarship.org/uc/item/2t01s4qj; letzter Zugriff am 30.9.2019).

besitzes von 13209 1/8 Aruren in der Zeit zwischen der Saitenzeit und dem Ende der 30. Dynastie erwarb[74].

Weingärten haben, wie archäologische und philologische Quellen bezeugen[75], häufig Tempeln gehört und lagen zumeist im Delta, in der 18. Dynastie vorwiegend im Westdelta, in der Ramessidenzeit nach Gründung der neuen Hauptstadt in Piramesse zumeist im Ostdelta[76]. Tempelgärten, in denen Obst oder Blumen angebaut wurden, müssen allerdings wegen der begrenzten Haltbarkeit der Produkte in der Nähe der Tempel gelegen haben.

Privateigentum an Land war oft klein[77], aber auch Großgrundbesitzer sind bezeugt, wie z.B. der Verfasser der sog. Stèle de l'Apanage, der über 556 Aruren verfügt[78]. Aus Verhältnissen späterer Zeiten kann man rückschließen, daß die Felder im Niltal überwiegend lang und schmal waren und mit einer Schmalseite an einen Wasserlauf grenzten, von dem aus sie bewässert werden konnten[79] (s. Abb. 2). Auch wenn der Kauf von Land, da nicht knapp, vergleichsweise billig war[80], schien es offenbar günstiger, Land zu pachten als zu kaufen. Ab der Saitenzeit ist belegt und für frühere Zeiten wahrscheinlich zu machen[81], daß die Pachtverträge im Spätsommer beim Hochstand der Flut abgeschlossen wurden, wenn der Umfang der Überschwemmung absehbar war, in der Regel für ein Jahr (→ Steuern und andere Zwangsabgaben). Pachtverträge wurden wohl in der Regel mündlich abgeschlossen, nur in sel-

---

74 Dimitri Meeks, Le grand texte des donations au temple d'Edfou, Kairo 1972, S. 155.

75 Manfred Bietak, Ein altägyptischer Weingarten in einem Tempelbezirk, in: Anzeiger der Österreichischen Akademie der Wissenschaften. Philosophisch-Historische Klasse 122, 1985, S. 267-278; M. F. Laming Macadam, The Temples of Kawa. I. The Inscriptions. Text, London 1949, S. 36; Plates, Taf. 11f.

76 Pierre Tallet, in: Jean Leclant, André Vauchez und Maurice Sartre (Hrsg.), Colloque pratiques et discours alimentaires en Méditerranée de l'Antiquité à la Renaissance, Paris 2008, S. 45e.

77 S. z.B. für das Mittlere Reich Henry G. Fischer, in: RdE 13, 1961, S. 107-109.

78 Zu dieser Stele s. Bernadette Menu, La stèle dite de l'Apanage, in: dies., Recherches sur l'histoire juridique, économique et sociale de l'ancienne Égypte, II, Kairo 1998, S. 183-203.

79 S. H. G. Lyons, The Cadastral Survey of Egypt 1892-1907, Kairo 1908, S. 23 und Pläne VII und X.

80 Klaus Baer, The Low Price of Land in Ancient Egypt, in: JARCE 1, 1962, S. 25-45; Bernadette Menu, Le prix de l'utile en Égypte au Ier millénaire avant notre ère, in: dies., Égypte pharaonique. Nouvelles recherches sur l'histoire juridique, économique et sociale de l'ancienne Égypte, Paris 2004, S. 255-287, bes. S. 259-275.

81 Christopher Eyre, in: Bernadette Menu (Hrsg.), La dependence rurale dans l'Antiquité égyptienne et proche-orientale, Kairo 2004, S. 167f.

tenen Fällen schriftlich[82]. Zwischen beruflich erworbenem Land und durch Gunst des Königs zugewiesenem Land wurde sauber unterschieden. Die Ländereien waren häufig zersplittert, was sich aber günstig auswirken konnte, weil bei einer zu niedrigen oder zu hohen Flut nicht alle Felder gleichermaßen betroffen waren. Die (Weiter-)Verpachtung von Land durch Privatleute erfolgte, weil sie das Land nicht selbst bestellen wollten oder konnten.

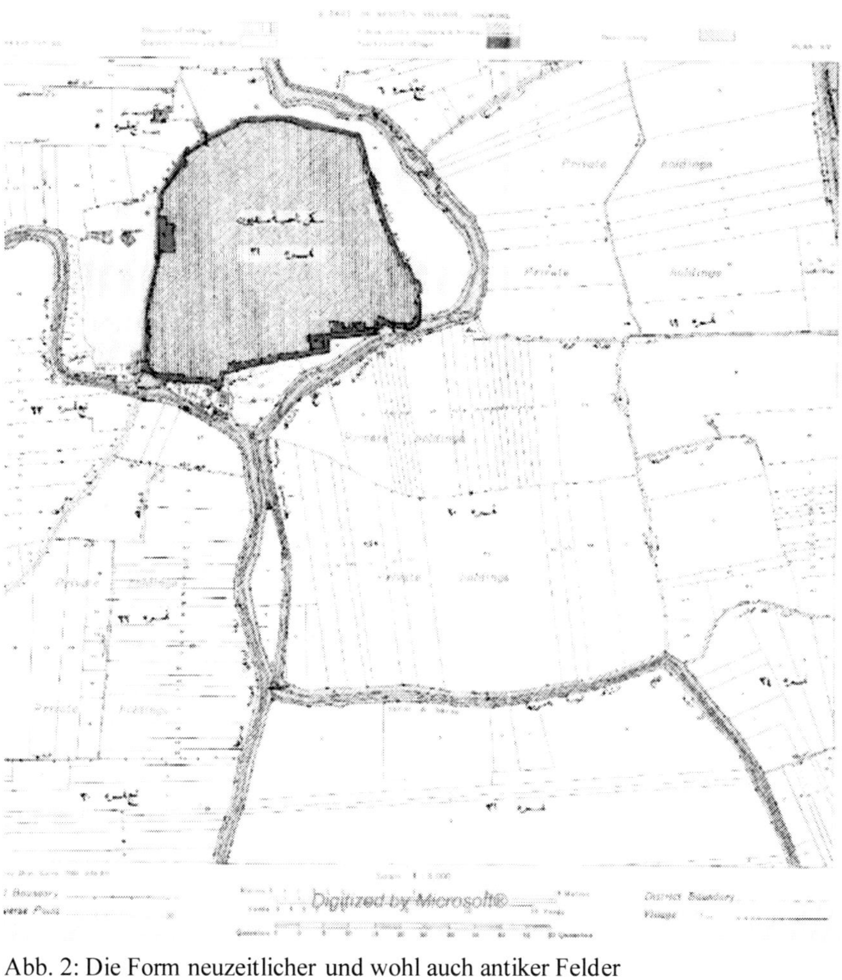

Abb. 2: Die Form neuzeitlicher und wohl auch antiker Felder

Der Beruf des Bauern erfreute sich keines hohen Ansehens, weil er mit Mühe und Unsicherheiten verbunden war.

[82] K. Donker van Heel, in: B. Haring und R. de Maaijer (Hrsg.), Landless and Hungry? Access to Land in Early and Traditional Societies, Leiden 1998, S. 91f.

Grundbesitz wurde seit dem Alten Reich in Katastern erfaßt, die zum einen als Grundlage für die Besteuerung dienten, die aber auch bei Rechtsstreitigkeiten zu Rate gezogen werden konnten[83].

Es gab auch privates und staatliches Eigentum an Wasserquellen und Brunnen, das in einem Kataster erfaßt wurde und insbesondere in den Oasen relevant war[84]. Aus Ḫāriga sind auch Kaufverträge über „Wassertage“, d.h. die Nutzung von privatem Wasser über einen bestimmten Zeitraum, bezeugt[85].

Quellen:

Alan H. Gardiner, The Wilbour Papyrus, 3 Bde., London 1941-48

Annie Gasse, Données nouvelles administratives et sacerdotales sur l'organisation du domaine d'Amon. XXe-XXIe dynasties, Kairo 1988

Sven P. Vleeming, Papyrus Reinhardt: An Egyptian Land List from the Tenth Century B.C., Berlin 1993

Literatur:

Schafik Allam, Publizität und Schutz im Rechtsverkehr, in: ders. (Hrsg.), Grund und Boden in Altägypten (rechtliche und sozioökonomische Verhältnisse), Tübingen 1994, S. 31-43

Christopher Eyre, Feudal Tenure and Absentee Landlords, in: Schafik Allam (Hrsg.), Grund und Boden in Altägypten (rechtliche und sozioökonomische Verhältnisse), Tübingen 1994, S. 107-133

William A. Ward, Some Aspects of Private Land Ownership and Inheritance in Ancient Egypt, ca. 2500-1000 B.C., in: Tarif Khalidi (Hrsg.), Land Tenure and Social Transformation in the Middle East, Beirut 1984, S. 63-77

Viehzucht

Als Vieh wurden gehalten und gezüchtet: Rinder, Schafe, Ziegen, Schweine, Geflügel und als reine Arbeitstiere, nicht als Fleischlieferanten, Esel und Pferde. Im Laufe der Zeit scheint die Diversität der Nutztiere abgenommen und die Bedeutung von Rindern zugenommen haben; für letzteres dürften

[83] Schafik Allam, Publizität und Schutz im Rechtsverkehr, in: ders. (Hrsg.), Grund und Boden in Altägypten (rechtliche und sozioökonomische Verhältnisse), Tübingen 1994, S. 31-43. Ein Grundbuch im eigentlichen Sinn hat es dagegen nicht gegeben; die Bezeichnung „Grundbuch“ für ein Konvolut von Papyri in Berlin ist also irreführend.

[84] S. hierzu insbesondere die große Dāḫila-Stele: Alan H. Gardiner, in: JEA 19, 1933, S. 19-30. Daß auch Tempel Eigentümer waren, steht zu vermuten, ist aber nicht mit Sicherheit auszumachen; s. Michel Chauveau, in: CRIPEL 25, 2005, S. 161-163.

[85] Michel Chauveau, loc. cit., S. 159-162.

kulturelle Gründe (das Rind als beliebtes Opfertier) ausschlaggebend gewesen sein[86]. Das Verhältnis von Schafen zu Ziegen verschob sich zugunsten letzterer, zum einen auf Grund des Klimawandels, zum anderen, weil Schafe als grasende Tiere in Konkurrenz zu Rindern standen.

Rinder stellten die kostbarsten und wichtigsten Tiere dar und wurden als Zug- und Lasttiere, Fleisch- und Milchlieferanten genutzt. Seit prähistorischer Zeit gab es eine Langhornrasse, später auch eine Kurzhornrasse sowie eine hornlose Rasse, die aber ab Ende des Mittleren Reichs aus den Darstellungen verschwindet. Ab dem Neuen Reich erscheint auch das Zebu, das aus Vorderasien importiert wurde. Als Kerngebiet der Rinderzucht wird das Delta angesehen. Während der Überschwemmungszeit wurden die Rinder auf höher gelegene trockene Gebiete gebracht und dort mit im Fruchtland geerntetem Futter versorgt[87]. Die Tempel verfügten über Domänen, die speziell Viehfutter anbauten[88]. Weidewirtschaft in Verbindung mit Transhumanz dürfte in Randgebieten betrieben worden sein[89]. Stierkämpfe belegen die Auswahl von Zuchtstieren; diese waren möglicherweise in kommunalem Besitz und konnten gemietet werden[90]. Rinder, die für die Schlachtung gedacht waren, wurden kastriert und zumeist in Ställen gemästet. Der Mist wurde als Dung oder Brennmaterial genutzt. Die Milchwirtschaft war nicht sehr ergiebig und wurde vorwiegend in der Tempelwirtschaft betrieben. Als Arbeitstier wurden Rinder vor Wagen, Schlitten oder Pflug gespannt oder – seltener – zum Dreschen über das Getreide getrieben. Privateigentum an Rindern scheint wohlhabenden Personen vorbehalten gewesen zu sein[91]. Preise für

---

[86] Stine Rossel, The Development of Productive Subsistence Economies in the Nile Valley: Zooarchaeological Analysis at el-Mahasna and South Abydos, Upper Egypt, Ann Arbor 2008, S. 266-268.

[87] Karl W. Butzer, in: The Oxford Encyclopedia of Ancient Egypt, Bd. 2, Oxford 2001, S. 548.

[88] Wolfgang Helck, Materialien zur Wirtschaftsgeschichte des Neuen Reiches (Teil III), Mainz 1963, S. 481f.

[89] S. für Tall al-Mashūta Patricia Crawford, in: Katharina Neumann, Ann Butler und Stefanie Kahlheber (Hrsg.), Food, Fuel and Fields, Köln 2003, S. 107-121.

[90] Rainer Nutz, Ägyptens wirtschaftliche Grundlagen in der Mittleren Bronzezeit, Oxford 2014, S. 141f.

[91] S. Juan Carlos Moreno Garcia, in: RdE 50, 1999, S. 248-250, 256.

Rinder sind von der 5. Dynastie bis in die Spätzeit hinein belegt und differieren beträchtlich, ohne daß die Gründe hierfür klar erkenntlich wären[92].

Die älteste Schafrasse war das Schraubenhornschaf, d.h. eigentlich das „Ziegenhörnige“, weswegen in Darstellungen Schafe und Ziegen oft verwechselt wurden. Diese wurde ab dem Mittleren Reich durch eine neue Rasse verdrängt, die aus Asien importiert wurde und dem Fettschwanzschaf verwandt war; diese Schafe lieferten bessere Wolle. Gegessen wurden Schafe relativ selten.

Als Fleischlieferant fungierte hingegen die Schraubenhornziege, die am Rande der bebauten Zone in Herden, in Elephantine aber auch im Haus gehalten wurde[93]. Einfache Personen besaßen häufig nur eine einzige Ziege[94], während reichere Leute durchaus eine große Zahl an Ziegen besitzen konnten, so z.B. Grabherren aus der 1. Zwischenzeit in Dendera nach ihren Angaben 100, 200 oder 260 Exemplare[95]. Wie Darstellungen zeigen, ernährten sie sich auch von Laubwerk, z.B. Akazienblättern.

Eine Person kann etwa 6 Rinder oder 50 Schafe bzw. Ziegen versorgen[96]; die Zahl der Tiere, die gehalten werden konnten, war also begrenzt. Das Eigentum an Rindern und Kleinvieh wurde durch Brandstempel gekennzeichnet[97].

Ebenfalls einen reinen Fleischlieferanten stellte das Schwein dar. Es wurde auf Weiden, aber auch in Ställen oder Schuppen gehalten und mit Abfällen gefüttert bzw. lief frei in den Straßen umher und sorgte für die Abfallbeseitigung. In den Arbeitersiedlungen von Amarna und Dēr al-Madīna wurden Schweine von den Arbeitern privat gehalten, Schweinefleisch erscheint aber nicht explizit in den staatlichen Lieferungen. Große Schweineherden wurden von Tempeln gezüchtet.

---

92 Břetislav Vachala, A Note on Prices of Oxen in Dynasty V, in: ZÄS 114, 1987, S. 91-95; Jac. J. Janssen, Commodity Prices from the Ramessid Period, Leiden 1975, S. 172-177.

93 Elisabeth Hauschteck, in: GM 202, 2004, S. 59-70.

94 S. O. Mond 171, Mounir Megally, in: CdE 66, 1991, S. 108-128; vgl. auch Wolfgang Schenkel, Memphis – Herakleopolis – Theben, Wiesbaden 1965, No. 89.

95 Wolfgang Schenkel, Memphis – Herakleopolis – Theben, Wiesbaden 1965, No. 152 und 482; Tracy Musacchio, in: Zahi Hawass und Jennifer Houser Wegner (Hrsg.), Millions of Jubilees. Studies in Honor of David P. Silverman, Bd. 2, Kairo 2010, S. 2.

96 Richard W. Redding, in: Bea De Cupere, Veerle Linseele und Sheila Hamilton-Dyer (Hrsg.), Archaeozoology of the Near East X. Proceedings of the Tenth International Symposium on the Archaeozoology of South-Western Asia and Adjacent Areas, Leuven-Paris-Walpole, MA 2013, S. 318.

97 Arne Eggebrecht, Brandstempel, in: LÄ I, Wiesbaden 1975, Sp. 850-852; Henri Loffet und Valérie Matoïan, Le Papyrus Varzy, in: RdE 47, 1996, S. 29-36.

Geflügel, d.h. Hühner, Enten und Gänse, wurden offenbar erst ab dem Neuen Reich gehalten und waren billig. Größere Geflügelhöfe, in denen diese und andere Vögel gemästet wurden, fanden sich bei den Tempeln und beim Palast.

Pferde wurden erst ab dem Neuen Reich und bevorzugt im 1. Jt. gehalten und gezüchtet. Sie waren Eigentum des Königs, und Pferdeställe sind daher in Amarna und der Ramsesstadt belegt; Weiden finden sich zum Beispiel im nordwestlichen Teil Mittelägyptens[98]. Als Pferdefutter diente Gras, anderes Grünzeug, Gerste sowie Häcksel. Pferde wurden für die Kriegsführung genutzt, zum Ziehen des Streitwagens, aber auch als Reittier.

Esel sind hingegen die gesamte pharaonische Zeit und in jeder Region Ägyptens belegt. Sie waren das Lasttier schlechthin, wurden aber kaum als Reittier genutzt. Gelegentlich wurden sie auch zum Eintreten der Saat, zum Dreschen oder als Zugtier eingesetzt. Eselherden finden sich nur bei Tempeln.

Maultiere bzw. Maulesel lassen sich nicht sicher belegen, waren vermutlich auch selten, weil Pferde für solche Kreuzungen zu kostbar waren.

Bienen wurden, wie eine Darstellung im Sonnentempel des Niuserre zeigt, spätestens ab der 5. Dynastie gehalten, und zwar in Bienenstöcken, die aus waagerecht gelegten Tonröhren bestanden. Vor der Gewinnung der Honigwaben wurden die Bienen ausgeräuchert (s. Abb. 3)[99]. Bienenzucht war in

Abb. 3: Honiggewinnung

[98] Ulrich Hofmann, Fuhrwesen und Pferdehaltung im Alten Ägypten, Bonn 1989, S. 126-130.

[99] Zu den Darstellungen der Honiggewinnung s. E. V. Pischilova (sic), in: GM 139, 1994, S. 74-77.

Unterägypten möglich und in Oberägypten, wo das Niltal eine gewisse Breite aufweist. Das Wachs wurde hauptsächlich als Binde- und Klebemittel verwendet, nicht jedoch für Beleuchtungszwecke. In Dēr al-Madīna kostete Honig im Schnitt 1 *dbn* pro *hnw*, in der späteren Ramessidenzeit etwas weniger; für Wachs findet sich nur eine Preisangabe, und zwar 1 *dbn* Wachs für ½ Kupfer-*dbn*[100].

Literatur:

Zu Tieren allgemein:

Joachim Boessneck, Die Tierwelt des Alten Ägypten untersucht anhand kulturgeschichtlicher und zoologischer Quellen, München 1988

Pascal Vernus und Jean Yoyotte, Bestiaire des pharaons, Paris 2005

Zu Rindern:

Wafik Ghoneim, Die ökonomische Bedeutung des Rindes im alten Ägypten, Bonn 1977

Zu Schafen:

J. U. Dürst und Claude Gaillard, Studien über die Geschichte des ägyptischen Hausschafes, in: RecTrav 24, 1902, S. 44-76

Zu Ziegen:

Elisabeth Hauschteck, Goats in Houses on Elephantine During the Middle Kingdom and the Second Intermediate Period, in: GM 202, 2004, S. 59-70

Zu Schweinen:

Abd El-Hamid M. El-Huseny, Die inkonsequente Tabuisierung von Sus scrofa Linnaeus, 1758 im Alten Ägypten. Seine ökonomische und religiöse Bedeutung, Berlin 2006

Robert L. Miller, Hogs and Hygiene, in: JEA 76, 1990, S. 125-140

Youri Volokhine, Le porc en Égypte ancienne. Mythes et histoire à l'origine des interdits alimentaires, Liège 2014

Zu Pferden:

Ulrich Hofmann, Fuhrwesen und Pferdehaltung im Alten Ägypten, Bonn 1989

Zu Eseln:

Jac. J. Janssen, Donkeys at Deir el-Medîna, Leiden 2005

Frank Förster, Der Abu Ballas-Weg. Eine pharaonische Karawanenroute durch die Libysche Wüste, Köln 2015, S. 385-434 (*Asinaria*)

Zu Ställen:

Łukasz Jarmużek, A Stable of the Third Intermediate Period at Tell el-Retaba, in: JEA 99, 2013, S. 281-289

[100] Jac. J. Janssen, Commodity Prices from the Ramessid Period, Leiden 1975, S. 353.

Zu Bienen:

Ludwig Armbruster, Die Biene im Orient I. Der über 5000 Jahre alte Bienenstand Ägyptens, in: Archiv für Bienenkunde 12, 1931, S. 221-273

Edward Neufeld, Apiculture in Ancient Palestine (Early and Middle Iron Age) within the Framework of the Ancient Near East, in: Ugarit-Forschungen 10, 1978, S. 219-247

Gene Kritsky, The Tears of Re. Beekeeping in Ancient Egypt, Oxford 2015

Jagd, Fisch- und Vogelfang

Bei der Jagd ist zu unterscheiden zwischen Jagd als ökonomischer Notwendigkeit und dem Sport der Elite, insbesondere des Königs. Selbst im 4. Jt. war die Jagd, von Ausnahmen abgesehen, nicht mehr von wesentlicher ökonomischer Bedeutung[101]. Die Ausnahmen betrafen vor allem junges Wild, das eingefangen, ins Niltal transportiert, dort gehalten und später geschlachtet wurde. Diese Tiere wurden zumeist in Tempeln geopfert oder Toten als Grabbeigabe mitgegeben. Darstellungen von Fisch- und Vogelfang können gleichfalls nicht-ökonomische Konnotationen tragen und sind daher auf ihren Realitätsgehalt zu hinterfragen.

Fischfang

Die Methoden des Fischfangs unterschieden sich je nach Fischart. Fische, die sich bevorzugt in seichten Gewässern aufhalten wie z.B. der Nilbuntbarsch (*Tilapia nilotica*) oder der Fiederbartwels (*Synodontis schall*), konnten nach dem Rückgang der Nilflut in den zurückbleibenden Tümpeln leicht gefangen werden, entweder mit der Hand, der Kleinreuse, dem Setzkorb oder dem Handnetz. Fische, die sich in tieferen Gewässern aufhalten wie der Nilbarsch (*Lates niloticus*) oder die Meeräsche (*Mugil capito* bzw. *cephalus*), wurden mit dem Schleppnetz, der Wade oder der Großreuse gefangen. Meeräschen, die zum Laichen den Nil aufwärts wandern, konnten nur zu einer bestimmten Jahreszeit gefangen werden. Die Angel konnte vielfältig eingesetzt werden; Angelhaken mit Widerhaken sind erst ab der 12. Dynastie bekannt. Fischteiche sind zwar ab dem Mittleren Reich bezeugt, wenn nicht früher[102], eine systematische Fischzucht kann aber nicht nachgewiesen werden.

---

[101] Maria Carmela Gatto et alii, in: Archéo-Nil 19, 2009, S. 164.

[102] Vgl. E. Edel, in: OrNS 49, 1980, S. 204-207, zu Mugilidenteichen im Delta.

Nach dem Fang wurden die Fische ausgenommen, gereinigt und anschließend gedörrt, gegrillt, gekocht oder geräuchert. Der Rogen der Meeräschen wurde zu einer Art Kaviar verarbeitet.

Fischfang kann auf privater und staatlicher Ebene betrieben werden. Letzteres ist z.B. für das späte Mittlere Reich in Elephantine bezeugt, wo in einer als *ḫtm.w* anzusprechenden Anlage u.a. die Funde von Netzsenkern auf eine organisierte Fischerei hinweisen[103].

Literatur:

Zum Fischfang:

Douglas J. Brewer und Renée F. Friedman, Fish and Fishing in Ancient Egypt, Warminster 1989

Michael Johannes van Elsbergen, Fischerei im alten Ägypten. Untersuchungen zu den Fischfangdarstellungen in den Gräbern der 4. bis 6. Dynastie, Berlin 1997

Dietrich Sahrhage, Fischfang und Fischkult im alten Ägypten, Mainz 1998

Jac. J. Janssen, Fish and Fishermen, in: ders., Village Varia. Ten Studies on the History and Administration of Deir el-Medina, Leiden 1997, S. 37-54

Vogelfang und -haltung

Der Fang von Vögeln diente zwei Zwecken, zum einen der Nahrungsbeschaffung, zum anderen der Schädlingsbeseitigung; Überschneidungen sind nicht ausgeschlossen. Zu den Vögeln, die als Nahrung dienten, rechneten Wasservögel wie Gänse, Enten und Kraniche, des weiteren Wachteln (*Coturnix coturnix*) und Turteltauben (*Streptopelia turtur*). Die Beliebtheit von Kranichen und Nilgänsen nahm im Lauf der Zeit ab. Wachteln und Pirole (*Oriolus oriolus*) wurden als Schädlinge für Korn und Obst betrachtet; Stelzvögel, insbesondere Fischreiher (*Ardea cinerea*), wurden als Lockvögel eingesetzt. Ein singulärer Text aus dem Jahr 407 aus Ḫāriga betrifft die Verpachtung des Rechts auf die Jagd von Zugvögeln, die sich an bestimmten Wasserstellen niederlassen[104].

Für den Fang von Wasservögeln und Tauben wurde das sechseckige Schlagnetz benutzt, für den von Wachteln das viereckige Feldnetz und für

---

[103] Cornelius von Pilgrim, Elephantine XVIII. Untersuchungen in der Stadt des Mittleren Reiches und der Zweiten Zwischenzeit, Mainz 1996, S. 275-284.

[104] Michel Chauveau, in: BSFE 137, 1996, S. 42. Zur ökonomischen Bedeutung von Zugvögeln, auch solchen innerhalb Afrikas, s. Rozenn Bailleul-LeSuer, in: dies. (Hrsg.), Between Heaven and Earth. Birds in Ancient Egypt, Chicago 2012, S. 23f. mit Anm. 1 auf S. 31.

Singvögel das Baumnetz; mit der Bügelfalle konnte jeweils nur ein einzelner Vogel gefangen werden.

Bei der Vogelhaltung ist zu unterscheiden zwischen der Haltung in der Wildnis gefangener Vögel und der Haltung bzw. Zucht domestizierter Vögel. Die einzigen mit Sicherheit ab dem Neuen Reich als domestiziert belegten Vögel sind die Graugans (*Anser anser domesticus*) und das Haushuhn (*Gallus gallus domesticus*); letzteres wurde aus Vorderasien eingeführt und spielte erst in noch späterer Zeit eine wirtschaftliche Rolle. Die Taubenhaltung wurde erst ab der Ptolemäerzeit intensiviert, der Kot auch als Dung genutzt.

Freilandhaltung von Gänsen ist mit Sicherheit ab dem Neuen Reich bezeugt[105], könnte aber auch schon im Alten Reich existiert haben. Als Futterflächen dienten z.B. Feldränder, die nicht bestellt werden konnten[106]. Ansonsten wurden die Vögel in Gehegen gehalten, die entweder Freilaufgehege oder Mastgehege sind. Gefüttert bzw. gestopft wurden sie vorrangig mit Gerstenkörnern oder aus diesen hergestelltem Teig. An die Gehege waren Verwaltungs- und Magazingebäude angeschlossen. Große Anlagen bei Göttertempeln sind archäologisch und philologisch belegt[107]. Die Zahl der auf diese Weise gehaltenen Vögel muß immens gewesen sein; andererseits waren aber Vögel den Texten aus Dēr al-Madīna zufolge ausgesprochen billig[108].

Geschlachtet wurden die Vögel im allgemeinen durch Umdrehen des Halses, anschließend wurden sie kurz in kochendes Wasser getaucht, um das Rupfen zu erleichtern, dann gegrillt, gelegentlich auch gekocht, ab dem Neuen Reich auch gepökelt. Eier wurden hingegen so gut wie nicht gegessen[109]; auch die Federn fanden offenbar keine Verwendung[110].

Literatur:

Osama Mahmoud, Die wirtschaftliche Bedeutung der Vögel im Alten Reich, Frankfurt 1991

---

[105] Zum Geflügelhirten s. Frank Steinmann, in: GM 120, 1991, S. 101-107, und S. P. Vleeming, The Gooseherds of Hou, Löwen 1991, bes. S. 7-11.

[106] Vleeming, op. cit., S. 55.

[107] Herbert Ricke, in: ZÄS 73, 1937, S. 124-131; Hermann Kees, in: ZÄS 75, 1939, S. 85-89.

[108] Jac. J. Janssen, Commodity Prices from the Ramessid Period, Leiden 1975, S. 178.

[109] Osama Mahmoud, Die wirtschaftliche Bedeutung der Vögel im Alten Reich, Frankfurt 1991, S. 266-270.

[110] Eine Ausnahme bildeten Straußenfedern.

Expeditionen und Rohstoffgewinnung

Expeditionen wurden vornehmlich von Königen initiiert, da in erster Linie diese hinreichend finanzielle und personelle Ressourcen besaßen, um solche durchführen zu können. Sie wurden aber nicht nur in Zeiten politischer Stärke vorgenommen, sondern auch von schwachen Königen, um Materialien zu beschaffen, mit denen sie ihre Klientel versorgen konnten[111]. Selten sind als Auftraggeber lokale Potentaten genannt, so bei Expeditionen nach Ḥatnūb und ins Wādī al-Ḥammāmāt. Im Nachgang konnten z.T. auch Privatpersonen die Minen nutzen[112].

Zu unterscheiden sind Handelsexpeditionen, die unter „Außenhandel" abgehandelt werden, Kriegszüge, auf denen Beute und Tribute beschafft werden, und Expeditionen, die der Rohstoffgewinnung, meist der Gewinnung von Stein, dienen. Letztere werden hier nach ihren Zielgebieten unterschieden von Norden nach Süden vorgestellt. Über diese Expeditionen sind wir zumeist durch Inschriften, die nicht unbedingt immer vor Ort angebracht sind, seltener durch Abbildungen, zunehmend aber durch die Erfassung archäologischer Relikte informiert. Beim Abbau von Stein erlauben die verschiedenen Arten von Meißelspuren eine Datierung[113]. Die Leiter der Expeditionen zu Steinbrüchen im Niltal waren in der 5. Dynastie zumeist „Gottessiegler" aus der Residenz und „Kapitäne" im Expeditionsgebiet, in der 6. Dynastie stammen die „Gottessiegler" aus der Provinz[114]. Im Mittleren Reich waren es bei Expeditionen auf den Sinai in der Regel *ỉm.ỉ-rȝ ʿẖnw.tỉ* und/oder *ẖtm.w-nṯr*, bei anderen Expeditionen variierten die Titel beträchtlich[115]. Im Neuen Reich wurden die Expeditionen zumeist von den „Vorstehern der Arbeiten", solche ins Wādī al-Ḥammāmāt auch von Hohenpriestern geleitet[116].

---

[111] Ian Shaw, in: Renée Friedman (Hrsg.), Egypt and Nubia. Gifts of the Desert, London 2002, S. 244, 250f.

[112] Ian Shaw, Hatnub: Quarrying Travertine in Ancient Egypt, London 2010, S. 126.

[113] Rosemarie Klemm und Dietrich D. Klemm, Steine und Steinbrüche im Alten Ägypten, Heidelberg 1993, S. 260-266, gewonnen an Hand der Relikte in Gabal as-Silsila.

[114] Eckhard Eichler, Untersuchungen zum Expeditionswesen des ägyptischen Alten Reiches, Wiesbaden 1993, S. 269f.

[115] Karl-Joachim Seyfried, Beiträge zu den Expeditionen des Mittleren Reiches in die Ost-Wüste, Hildesheim 1981, S. 122-124, 202-205, 266-268.

[116] Thomas Hikade, Das Expeditionswesen im ägyptischen Neuen Reich. Ein Beitrag zu Rohstoffversorgung und Außenhandel, Heidelberg 2001, S. 81.

Die Zahl der Arbeiter konnte von wenigen Personen bis zu 17000 reichen[117]; Expeditionen zur Gewinnung von Stein waren in der Regel umfangreicher als solche zur Gewinnung von Mineralien oder Edelsteinen. Die Arbeiterschaft dürfte im Alten Reich in Phylen gegliedert worden sein[118]. Im Alten und Mittleren Reich wurden zur Goldgewinnung hauptsächlich Wüstenbewohner eingesetzt, nur die Aufseher kamen aus dem Niltal[119]; im Neuen Reich wurde auch der Goldabbau selbst von Niltalbewohnern übernommen[120]. Expeditionen wurden häufig vom Militär begleitet, um die Arbeiter und ihre Erträge vor Überfällen zu schützen[121]. Unter Amenemhet III. und IV. setzte eine Verbesserung der medizinischen Versorgung der Expeditionsteilnehmer ein, insbesondere auf dem Sinai[122]. Ein besonderes Problem war die Versorgung mit Wasser, die teils durch die Mitnahme von Wasser aus dem Niltal, teils durch die Bohrung von Brunnen oder den Bau von Zisternen gelöst wurde[123].

Die wirtschaftliche Bedeutung der Bergwerke kann so gut wie nicht abgeschätzt werden, da in der Regel weder der Ertrag noch der Aufwand noch der Umfang der Erträge bekannt sind. Bei Goldminen in Ägypten geht man davon aus, daß pro abgebauter Tonne Quarzerz etwa eine Unze (= 31,5 g) Gold gewonnen wurde[124]. Die einzelnen Expeditionen in die Ostwüste erbrachten jeweils zwischen 45 und 800 g Gold[125]. Aus Nubien kamen unter Thutmosis III. etwa 87,8 kg Gold aus Kusch und ca. 993 kg Gold aus Wawat, unter Ramses VII. nur noch 2 kg Gold[126]. Der Goldabbau wurde zu Beginn der Ramessidenzeit intensiviert, möglicherweise, um gegenüber der 18. Dynastie

---

117 Diese Zahl könnte allerdings auch anders interpretiert werden, s. Eckhard Eichler, Untersuchungen zum Expeditionswesen des ägyptischen Alten Reiches, Wiesbaden 1993, S. 156.

118 Op.cit., S. 184.

119 Rosemarie Klemm und Dietrich D. Klemm, in: MDAIK 50, 1994, S. 199.

120 Loc.cit., S. 201.

121 Zur Organisation von Expeditionen des Neuen Reichs s. Frank Steinmann, in: ZÄS 111, 1984, S. 30-35.

122 Heinz Engelmann und Jochen Hallof, in: ZÄS 122, 1995, S. 116.

123 S. hierzu skizzenhaft Annie Gasse, L'approvisionnement en eau dans les mines et carrières (aspects techniques et institutionnels), in: Bernadette Menu (Hrsg.), Les problèmes institutionnels de l'eau en Égypte ancienne et dans l'Antiquité méditerranéenne, Kairo 1994, S. 169-176, und Henning Franzmeier, Ein Brunnen in der Ramses-Stadt. Zur Typologie und Funktion von Brunnen und Zisternen im pharaonischen Ägypten, Hildesheim 2010, S. 78-80.

124 Rosemarie Klemm und Dietrich D. Klemm, in: MDAIK 50, 1994, S. 190.

125 Thomas Hikade, Das Expeditionswesen im ägyptischen Neuen Reich, Heidelberg 2001, S. 60.

126 Op.cit., S. 94.

zurückgehende „Tribute" zu kompensieren, kam aber am Ende der 20. Dynastie zum Erliegen.

Die Einkünfte wurden zum Teil an das Schatzhaus des Königs, zum Teil an Tempelschatzhäuser geliefert. Zumindest im Alten Reich haben die Expeditionen aber noch keinen wirtschaftlichen Nutzen erbracht, da sie nicht im Palast dauerhaft thesauriert wurden[127].

Expeditionen in die Ostwüste

Die frühesten Expeditionen in die Ostwüste erfolgten im frühen Alten Reich, um in der Nähe von Memphis, d.h. im Gabal al-Muqaṭṭam, in Ṭurā und Maᶜṣara, Kalkstein für die Pyramidenanlagen zu gewinnen. Archäologisch ist dies seit der 3. Dynastie, in autobiographischen Texten seit der 4. Dynastie, in Inschriften vor Ort seit dem Mittleren Reich belegt. Die Eröffnung neuer Steinbrüche in dieser Gegend ist durch die gesamte pharaonische Zeit hinweg bezeugt. Auf Rampen wurden die Steinblöcke mit Hilfe von Rollen oder von Rindergespannen gezogenen Schlitten zum Nil transportiert.

Im Gabal al-Aḥmar südwestlich von Heliopolis wurde seit dem Alten Reich Quarzit, genauer: silifizierter Sandstein gewonnen. Inschriften aus dem Neuen Reich bezeugen, daß er für die Herstellung von Statuen genutzt wurde, die in Theben aufgestellt wurden. Aus einer Inschrift Ramses II. geht hervor, daß für die Herstellung einer Statue ein Jahr benötigt wurde, der Vorsteher der Arbeiten mit Gold und Silber entlohnt wurde und die Arbeiterschaft mit Vergünstigungen[128]. Die nachstehend genannten Entlohnungen für die Arbeiter an anderen Statuen sind eher als Topos zu verstehen. Im Wādī Garāwī südöstlich von Heliopolis wurde Calcit-Alabaster gebrochen, zu welchen Zeiten ist unklar, möglicherweise gleichzeitig mit dem Bau des Sadd al-Kafara im frühen Alten Reich. Die Datierung des Baus dieser Talsperre kann durch Keramik in der nahe gelegenen Arbeitersiedlung gesichert werden[129].

In Mittelägypten wurde in historischer[130], aber wohl auch schon in prähistorischer Zeit im Wādī aš-Šēḫ Feuerstein gewonnen; Arbeitersiedlungen wurden bislang nicht gefunden, waren möglicherweise auch gar nicht nötig,

---

[127] Heike Wilde, Innovation und Tradition. Zur Herstellung und Verwendung von Prestigegütern im pharaonischen Ägypten, Wiesbaden 2011, S. 212.
[128] KRI II, S. 361.
[129] Günther Garbrecht und Heinz-Ulrich Bertram, Der Sadd-el-Kafara. Die älteste Talsperre der Welt (2600 v.Chr.), Braunschweig 1983.
[130] Alfred F. Pawlik, in: GM 177, 2000, S. 51.

da die Gegend täglich vom Niltal aufgesucht werden konnte[131]. Das Material wurde zum großen Teil vor Ort, aber auch an Orten in der Nähe verarbeitet.

Im Gabal Abū Fūda wurde im Alten und Mittleren Reich Kalkstein abgebaut, wie Meißelspuren nahelegen[132].

Im Wādī Dāra wurde von der Thinitenzeit, vielleicht sogar noch früher, bis zum Ende des Alten Reichs Kupfer abgebaut und vor Ort geschmolzen; Wohn- und Arbeitsstätten wurden nachgewiesen. In späterer Zeit wurden die Minen wegen mangelnder Ergiebigkeit aufgegeben[133]. Ähnliches gilt für das wenige km südwestlich gelegene Wādī Umm Balad[134]. Im weiter südlich gelegenen Abū Murēwat wurde von prädynastischer Zeit bis ins Alte Reich hinein Kupfer und Gold abgebaut[135]. Im Wādī al-ᶜAraba wurde vom Alten Reich, speziell in der 4. Dynastie, bis ins frühe Mittlere Reich Kupfer und Malachit gewonnen, wie die Arbeitersiedlungen belegen[136].

In as-Sawāyiṭa, etwas nördlich von al-Minyā, wurde vom Neuen Reich bis in die Spätzeit Kalkstein abgebaut; wo er verwendet wurde, ist unklar[137]. Gleiches gilt für den etwas weiter südlich in as-Sarīrīya vom Alten bis zum späten Neuen Reich gewonnenen Kalkstein[138]. Noch weiter südlich liegen die Kalksteinbrüche von Ṭihnā, die im Neuen Reich und in der Spätzeit genutzt wurden[139]. In Qawatir östlich von al-Minyā erstrecken sich umfangreiche Steinbrüche, in denen vom Alten oder Mittleren Reich bis ins späte Neue Reich Calcit-Alabaster abgebaut wurde; die weiter nördlich gelegenen Steinbrüche vom Wādī Sannūr scheinen zeitlich anzuschließen[140]. Südöstlich von al-Minyā bei Zāwiyat Sulṭān liegt ein umfangreicher Steinbruch, in dem im

---

131 Giancarlo Negro und Massimo Cammelli, in: Sahara 21, 2010, S. 115.

132 Dietrich und Rosemarie Klemm, in: SAK 7, 1979, S. 130.

133 G. Castel et alii, Wadi Dara Copper Mines, in: Esmael, Feisal A. (Hrsg.), Proceedings of the First International Conference on Ancient Egyptian Mining & Metallurgy and Conservation of Metallic Artifacts, Cairo, Egypt 10-12 April 1995, Kairo [1997], S. 15-31.

134 Georges Castel et alii, Les mines du ouadi Um Balad désert oriental, in: BIFAO 98, 1998, S. 57-87.

135 Rosemarie Klemm und Dietrich Klemm, Gold and Gold Mining in Ancient Egypt and Nubia, Berlin-Heidelberg 2013, S. 79-84.

136 Yann Tristant, in: BSFE 182, 2012, S. 37-46.

137 Rosemarie Klemm und Dietrich D. Klemm, Steine und Steinbrüche im Alten Ägypten, Berlin-Heidelberg 1993, S. 80f.

138 Op.cit., S. 83-85.

139 Op.cit., S. 88f.

140 Op.cit., S. 207f.

Neuen Reich Kalkstein gewonnen wurde. Dieser wurde für Kolossalstatuen und z.B. für die Thot-Kapelle von Tūna al-Gabal verwendet[141].

Im Gabal az-Zēt am Roten Meer 80 km nördlich von Hurgada wurde von prädynastischer Zeit an bis mindestens zur Zeit Ramses II. aus einem Kalksteinmassiv Bleiglanz gewonnen[142]. Da die Stollen relativ klein sind, können in jedem nur wenige Arbeiter gleichzeitig gearbeitet haben[143]. Siedlungsreste und kleine Heiligtümer mit Votivgaben wurden gefunden. Der Ausgangspunkt für Expeditionen dorthin war Koptos[144]. Der Bleiglanz wurde zumindest teilweise an das Schatzhaus des Amuntempels in Karnak geliefert und für Augenschminke des Königs verwendet[145].

Wenig südwestlich davon im Gabal Manzal as-Sēl wurde in frühdynastischer Zeit mit Steinwerkzeugen Tuff und Tuffkalkstein gewonnen. Da weder Arbeiterhütten noch Keramik entdeckt wurden, läßt sich die Zeitstellung nur auf Grund der aus diesen Steinen gearbeiteten Objekte bestimmen, und dies sind Gefäße, deren Rohlinge noch vor Ort aufgefunden wurden; die Feinbearbeitung erfolgte offenbar im Niltal[146].

Auf dem Ostufer bei Banī Ḥasan finden sich Steinbrüche, in denen vom Alten bis zum Neuen Reich Kalkstein gewonnen wurde, im südlich davon gelegenen aš-Šēḫ Timai und aš-Šēḫ ᶜIbāda sogar vom Alten Reich bis in die Spätzeit[147]. Eines der größten Steinbruchgebiete liegt bei Dēr Abū Ḥinnis, wo im Neuen Reich, evtl. auch schon früher, Kalkstein gebrochen wurde[148].

Im Wādī an-Naḫla bei Dēr al-Baršā wurde wohl ab dem Mittleren Reich Kalkstein abgebaut, mit verstärkter Tätigkeit unter Amenophis III. und in der 30. Dynastie. Zumindest in der spätesten Zeit scheinen die Arbeiter aus dem memphitischen Raum requiriert worden zu sein; Arbeiterhütten sind be-

---

141 Op.cit., S. 100.

142 Das Metall Blei hingegen wurde importiert; s. hierzu und zur Datierung A. J. Shortland, in: Archaeometry 48, 2006, S. 659, 668.

143 Georges Castel und Georges Soukiassian, Gebel el-Zeit I. Les mines de galène (Égypte, IIe millénaire av. J.-C.), Kairo 1989, S. 102, 113.

144 Isabelle Régen und Georges Soukiassian, Gebel el-Zeit II. Le matériel inscrit, Kairo 2008, S. 331.

145 Wolfgang Helck, Eine Briefsammlung aus der Verwaltung des Amuntempels, in: JARCE 6, 1967, S. 135-151.

146 James A. Harrell, V. Max Brown und Masoud Salah Masoud, An Early Dynastic Quarry for Stone Vessels at Gebel Manzal el-Seyl, Eastern Desert, in: JEA 86, 2000, S. 33-42.

147 Rosemarie Klemm und Dietrich D. Klemm, Steine und Steinbrüche im Alten Ägypten, Berlin-Heidelberg 1993, S. 107, 113.

148 Op.cit., S. 114f.

zeugt[149]. In dieser Zeit diente der Stein für die umfangreichen Bauprojekte, z.B. für den Thottempel in Hermopolis[150]. Im Wādī Beršāwi und aš-Šēḫ Saᶜīd wurde Calcit-Alabaster abgebaut; allerdings ist die Zeitstellung im Mittleren bzw. Neuen Reich unsicher[151]. Wenig südlich davon und nördlich von Amarna liegen die Kalksteinbrüche von aš-Šēḫ Saᶜīd, die zumindest im Neuen Reich, wenn nicht schon früher, genutzt wurden. Inwieweit die Steine für den Bau der Stadt Amarna verwendet wurden, müßte noch überprüft werden[152]. Südlich schließt der Bergzug des Gabal Abū Fūda an, der zahlreiche Bergwerke für Kalkstein aus der Zeit des Alten oder Mittleren Reichs und des Neuen Reichs aufweist.

In Ḥatnūb, ca. 16 km südöstlich von Amarna, wurde spätestens ab der Zeit des Cheops bis zur 2. Zwischenzeit Calcit-Alabaster gewonnen, wie Inschriften belegen. Im Neuen Reich waren die Minen offenbar weitgehend erschöpft, denn in dieser und späterer Zeit ist die Anwesenheit von Arbeitern kaum noch bezeugt. Gefäße aus Calcit-Alabaster wurden z.T. vor Ort hergestellt, größere Objekte jedoch nicht[153]. Das Material wurde außerdem für Bauteile der Pyramiden und ihrer Tempel verwendet.

In der Gegend von al-Hammāmīya und Qāw al-Kabīr finden sich wieder Kalksteinbrüche, die vom Alten oder Mittleren Reich bis ins Neue Reich genutzt wurden. Über Ziegelrampen wurden die Blöcke in Richtung Nil befördert[154]. Gleiches gilt für den südlich verlaufenden Gabal aš-Šēḫ al-Harīdī. In as-Salamūnī nordöstlich von Aḫmīm wurde in großen Galeriesteinbrüchen im Neuen Reich Kalkstein abgebaut. In Sīdī Mūsa nördlich von Girgā wurde hingegen in mehreren Steinbruchgebieten über die gesamte pharaonische Zeit hinweg Kalkstein gewonnen[155].

In bezug auf Oberägypten sind die Informationen zahlreicher. Im Wādī al-Ḥammāmāt und seinen Nebentälern wird ab dem Alten Reich bis in späteste Zeiten Grauwacke, Silt, Gold, Schiefer, Granit und Diorit abgebaut; für

149 David Depraetere, in: MDAIK 62, 2006, S. 338f.

150 David Depraetere und Mark Depauw, in: René Preys (Hrsg.), 7. Ägyptologische Tempeltagung: Structuring Religion, Wiesbaden 2009, S. 60f.

151 Rosemarie Klemm und Dietrich D. Klemm, Steine und Steinbrüche im Alten Ägypten, Berlin-Heidelberg 1993, S. 215f.

152 Op.cit., S. 127.

153 Ian Shaw, Hatnub: Quarrying Travertine in Ancient Egypt, London 2010, S. 27.

154 Rosemarie Klemm und Dietrich D. Klemm, Steine und Steinbrüche im Alten Ägypten, Berlin-Heidelberg 1993, S. 161-166.

155 Op.cit., S. 175-180.

Grauwacke ist es die einzige Abbaustätte in Ägypten. Im Alten Reich wurden mindestens 7 bzw. 9 Expeditionen entsandt, im Mittleren Reich mindestens 13 Expeditionen, deren Leiter sehr unterschiedliche Titel tragen konnten. Die Mannschaftsstärke schwankt, sofern angegeben, zwischen 2000 und über 17000 Teilnehmern. Diese umfangreiche Expedition unter Sesostris I. sollte Material für 60 Sphingen und 150 Statuen beschaffen und dauerte 30 Tage. Die Versorgung wurde von diversen königlichen Institutionen zur Verfügung gestellt und variierte je nach Status der Person. So erhielt der Leiter 20 mal so viele Brote wie ein einfacher Arbeiter[156]. Für das Neue Reich sind bis zur Zeit Ramses IV. relativ wenige Expeditionen durch Inschriften bezeugt. Unter letzterem König fanden vier Expeditionen statt, die umfangreichste in seinem 3. Jahr, an der ca. 9000 Personen teilnahmen und die knapp zwei Monate dauerte. Danach gehen die Bezeugungen zurück, und erst in der 27. Dynastie sind wieder 15 Expeditionen belegt. Die Expeditionen fanden vorwiegend während der Überschwemmungszeit statt. Arbeitersiedlungen sind vor Ort kaum bezeugt[157]. Zu den Objekten, die aus Gestein vom Wādī al-Ḥammāmāt angefertigt wurden, gehören prä- und frühdynastische Gefäße und Paletten, Sarkophage von Königen des Alten Reichs und die Darius-Statue aus Susa[158].

Im etwas weiter nördlich gelegenen Nebental Wādī Ḥamāma wurde mindestens seit der 5. Dynastie, vor allem aber im Neuen Reich Gold abgebaut; eine Arbeitersiedlung dieser Zeit ist bezeugt[159]. Auch im Wādī ᶜAtalla wurde im Neuen Reich Gold abgebaut[160]. Für die Wādīs Umm al-Fawāẖīr und as-Sid gilt dies bereits für die Zeit ab dem Alten Reich. In Bīr Umm al-Fawāẖīr sind ein Brunnen und eine Goldwaschanlage bezeugt und im Turiner Minenpapyrus aus der Zeit Ramses IV. auch Arbeiterhütten[161].

---

156 Georges Goyon, Nouvelles inscriptions rupestres du Wadi Hammamat, Paris 1957, nº 61.

157 Rosemarie Klemm und Dietrich D. Klemm, Steine und Steinbrüche im Alten Ägypten, Berlin-Heidelberg 1993, S. 367.

158 Op.cit., S. 363f. Zu Statuen des Mittleren Reichs s. Javier González-Tablas Nieto, in: JEH 7, 2014, S. 42 Anm. 52.

159 Rosemarie Klemm und Dietrich Klemm, Gold and Gold Mining in Ancient Egypt and Nubia, Berlin-Heidelberg 2013, S. 110.

160 Op.cit., S. 120-124.

161 James A. Harrell und V. Max Brown, The Oldest Surviving Topographical Map from Ancient Egypt: (Turin Papyri 1879, 1899, and 1969), in: JARCE 29, 1992, S. 81-105.

In Dağbag begann der Goldabbau offenbar schon im Alten Reich und erreichte seinen Höhepunkt im Neuen Reich, wie die Arbeitersiedlung nahelegt[162]. Goldabbau im Neuen Reich ist auch für das Wādī Abū Muᶜawād mit seiner Arbeitersiedlung belegt[163].

Im Wādī Miyā und Umgebung wurde wohl schon seit dem Alten Reich, hauptsächlich aber im Neuen Reich Gold abgebaut; Arbeitersiedlungen sind in al-Hisināt bezeugt[164], Wohnhäuser und Arbeitsstätten in Bokāri[165]. In al-Kanā'is errichtete Sethos I. einen Tempel, dessen Inschriften berichten, daß der König einen Brunnen bauen ließ und daß das vor Ort gewonnene Gold an den Tempel in Abydos geliefert werden soll[166]. Am Gabal ar-Ruḫam wurde im Neuen Reich Marmor gebrochen, der für königliche Statuen verwendet wurde; Keramikfunde sichern die Datierung[167]. Südlich verläuft das Wādī Barrāmīya, in dem hauptsächlich im Neuen Reich Gold abgebaut wurde, wie Arbeiterhütten dieser Zeit bezeugen[168]. Im südlich davon gelegenen Wādī Dungaš wurde im Neuen Reich Gold abgebaut, wie Arbeiterhütten und Inschriften zeigen; Inschriften aus dem Alten und Mittleren Reich legen nahe, daß hier lediglich eine an einer Zisterne gelegene Durchgangsstation angestrebt wurde. In Samūt und Umgebung begann der Goldabbau wohl schon im Alten Reich, erreichte aber im Neuen Reich seinen Höhepunkt, wie die ausgedehnte Arbeitersiedlung belegt[169].

In das Wādī al-Hūdī werden im Mittleren Reich mindestens 16 Expeditionen zur Gewinnung von Amethyst entsandt, die dem Schatzhaus bzw. der Residenz unterstellt waren. Allein unter Sesostris I. fanden sechs statt. Die Expeditionen konnten mitunter 1500 Personen umfassen, wobei die einfachen Arbeiter aus Orten stammten, die in relativer Nähe lagen, während das Aufsichtspersonal aus der Residenz kam. Die Arbeiten und Arbeiterhütten

---

162 Rosemarie Klemm und Dietrich Klemm, Gold and Gold Mining in Ancient Egypt and Nubia, Berlin-Heidelberg 2013, S. 162-164.
163 Op.cit., S. 172.
164 Op.cit., S. 174-178.
165 Op.cit., S. 179-190.
166 Siegfried Schott, Kanais. Der Tempel Sethos I. im Wâdi Mia, Göttingen 1961; zu dem Brunnen s. Henning Franzmeier, Ein Brunnen in der Ramses-Stadt. Zur Typologie und Funktion von Brunnen und Zisternen im pharaonischen Ägypten, Hildesheim 2010, S. 80.
167 James A. Harrell, in: Renée Friedman (Hrsg.), Egypt and Nubia. Gifts of the Desert, London 2002, S. 240.
168 Rosemarie Klemm und Dietrich Klemm, Gold and Gold Mining in Ancient Egypt and Nubia, Berlin-Heidelberg 2013, S. 194.
169 Op. cit., S. 242-244.

wurden von einer Festung geschützt. Für den Transport wurden Esel und Schlitten eingesetzt. Nach dem Mittleren Reich sind für die pharaonische Zeit keine Expeditionen mehr bezeugt.

In der Nähe von ad-Dabābīya wurde im Mittleren und Neuen Reich Kalkstein abgebaut, der für Tempelbauten verwendet wurde. Er findet sich im Tempel Mentuhoteps II. in Dēr al-Baḥarī, im Satettempel auf Elephantine, im Schatzhaus Thutmosis' III. in Karnak sowie im Tempel Sethos' I. in Qurna. Eine Inschrift vor Ort berichtet, daß Smendes 3000 Arbeiter schickte, um Steine für die Erneuerung des Kanals beim Luxortempel zu brechen[170]. In späterer Zeit wurde in der Nähe auch Ton abgebaut. In Ruḍ al-Ǧamra zwischen Niltal und Rotem Meer wurde von der 26. bis zur 30. Dynastie Doleritporphyr abgebaut, der für Naoi verwendet wurde, von denen einige unfertig noch vor Ort liegen; 5 kleine Arbeiterhütten sind belegt sowie erstmalig in pharaonischer Zeit Eisenkeile[171].

Im Gabal as-Silsila wird vom Alten Reich bis in späteste Zeiten in erheblichem Umfang Sandstein abgebaut, und zwar auf beiden Nilufern[172]. Auf dem Westufer reichen die Steinbrüche dicht an den Nil heran, was den Abtransport der Steine erleichtert, und im Neuen Reich wurde ein Hafenbecken angelegt, das auch bei Hochwasser genutzt werden konnte. Auf dem Ostufer waren die Steinbrüche bis zu 400 m vom Nil entfernt, was lange Transportrampen erforderte. Vor allem im Neuen Reich wurde der Abbau intensiviert, insbesondere für Baumaterial für Tempel, wo Sandstein den zuvor verwendeten Kalkstein ablöste. Amenophis IV. rekrutierte Arbeiter aus ganz Ägypten, um einen *bnbn*-Stein für Karnak zu fertigen[173]. Sethos I. entsandte eine Expedition von 1000 Mann, um Steine für die Tempel in Karnak und Abydos zu gewinnen; gewöhnliche Arbeiter erhalten knapp 2 kg Brot, dazu Gemüse und Fleisch und jeden Monat 2 Sack Getreide, die Vorgesetzten neben Fleisch und Fisch Öl, Honig, Feigen, Trauben und jeden Monat 6 Sack Getreide[174]. Ramses II. ließ Blöcke für seinen Totentempel in Theben hauen, die in Flot-

[170] Robert K. Ritner, The Libyan Anarchy. Inscriptions from Egypt's Third Intermediate Period, Atlanta 2009, S. 101-104.
[171] James A. Harrell, in: Renée Friedman (Hrsg.), Egypt and Nubia. Gifts of the Desert, London 2002, S. 240f.
[172] S. die Skizze bei Dietrich und Rosemarie Klemm, in: MDAIK 7, 1979, Abb. 2.
[173] Urk. IV, S. 1962.
[174] KRI I, S. 59-61.

ten von etwa 10 Schiffen in ein paar Tagen zum Zielort gebracht wurden[175]. Ramses III. schickte eine Expedition von 3000 Mann mit über 40 Schiffen, um Baumaterial für Medinet Habu zu beschaffen[176]. Scheschonq I. ließ Steine für das Bubastidenportal im Karnaktempel brechen und belohnte den Architekten mit Gold- und Silberobjekten[177].

Etwa 10 km nördlich von Aswān bei al-Ḫaṭṭāra mündet das Wādī Abū Aggag, von wo das *dỉdỉ*-Material von *ꜣbw* stammt, das möglicherweise mit Hämatit gleichzusetzen ist[178].

In der Gegend von Aswān wird auf einer Fläche von ca 20 km^2 vom Alten bis zum Neuen Reich Granit abgebaut. In erster Linie wurden vorgefundene Steinblöcke bearbeitet, erst ab der Ptolemäerzeit wurde auch aus dem anstehenden Gestein gebrochen. Als Werkzeuge wurden Dolerithämmer benutzt, deren Gesteinsmaterial ebenfalls vor Ort vorhanden war. Zahlreiche nicht fertiggestellte Stücke sind in situ verblieben. Die Menge des abgebauten Granits vom Alten Reich bis zur Römerzeit wurde mit 220000 m^3 veranschlagt[179]. In der 3. und 4. Dynastie wird er ausschließlich für königliche Bauwerke verwendet, später auch für andere Bauten und für Statuen und Sarkophage. Nach einem Bericht im Totentempel der Hatschepsut wurden für die Herstellung eines Obelisken bis zu seiner Aufrichtung im Karnaktempel 7 Monate gebraucht[180], wobei unklar bleibt, wie viele Arbeiter eingesetzt wurden.

Expeditionen in die Westwüste

Auf dem Gīza-Plateau befinden sich mehrere Steinbrüche, in denen im Alten Reich Kalkstein abgebaut wurde. Die wichtigsten liegen südöstlich der Chephren-Pyramide, die den Baustein für diese und die Cheops-Pyramide lieferten, und südöstlich der Mykerinos-Pyramide, aus dem Baumaterial für diese Pyramide, aber auch in der Nähe liegende Privatgräber und weitere in

---

175 Kenneth A. Kitchen, in: CRIPEL 13, 1991, S. 85-93.
176 KRI V, S. 227-229.
177 Ricardo A. Caminos, in: JEA 38, 1952, S. 46-61.
178 Stephan Johannes Seidlmayer, in: Hans-Werner Fischer-Elfert und Richard B. Parkinson (Hrsg.), Studies on the Middle Kingdom in Memory of Detlef Franke, Wiesbaden 2013, S. 206. Damit wird auch deutlich, daß *ꜣbw* ein größeres Gebiet als ausschließlich Elephantine bezeichnet.
179 Rosemarie Klemm und Dietrich D. Klemm, Steine und Steinbrüche im Alten Ägypten, Berlin-Heidelberg 1992, S. 308.
180 Urk. IV 367, 3-5.

Abūṣīr entnommen wurde[181]. Auf dem weiter südlich liegenden Saqqāra-Plateau sind die entsprechenden Steinbrüche für die lokalen Bauten weit schwerer auszumachen, da die Kalksteinbasis weitgehend abgetragen wurde, weswegen auch nachfolgende Generationen auf das Ostufer auswichen[182].

Im Nordosten des Fayyūm in Umm as-Sawān wurde im Alten Reich, evtl. auch schon in frühdynastischer Zeit Gipsalabaster abgebaut, der für Gefäße genutzt wurde[183] (andere derartige Alabastersteinbrüche sind nicht bekannt). Rohlinge vor Ort, Werkzeuge und ein Arbeiterlager legen davon Zeugnis ab. Die benutzten Schlegel waren aus Gneis gefertigt, der am Gabal al-Asr gebrochen wurde. Die Endbearbeitung der Rohlinge erfolgte wohl im Niltal, das einen Tagesmarsch auf der sogenannten Dahšūr-Straße entfernt war.

Westlich von Umm as-Sawān liegt der Gabal Qaṭrānī mit dem Ort Widān al-Faras, an dem im Alten Reich Basalt gebrochen wurde, und zwar schätzungsweise mindestens 5300 m^3 [184]. Eine gepflasterte Straße verband das Bergwerk mit einer Kaianlage am Birkat Qarūn, von wo aus die Blöcke per Schiff ins Niltal gebracht wurden. Als günstigste Zeit hierfür bietet sich der Höchststand der Überschwemmung Ende August bis Anfang Oktober an. Ein Arbeiterlager südlich des Bergwerks dürfte einige hundert Arbeiter beherbergt haben. Die geplante Arbeitersiedlung von 30 Hauseinheiten bei Qaṣr aṣ-Ṣaġa, die nach Ansicht des Ausgräbers 1200 Personen aufnehmen konnte[185], wird ebenfalls mit dem Gabal Qaṭrānī in Verbindung gebracht[186]; sie wurde von der späten 12. Dynastie bis an den Anfang der 2. Zwischenzeit

---

[181] Rosemarie Klemm und Dietrich D. Klemm, Steine und Steinbrüche im Alten Ägypten, Berlin-Heidelberg 1992, S. 54-59.
[182] Op.cit., S. 72.
[183] James A. Harrell, in: Renée Friedman (Hrsg.), Egypt and Nubia. Gifts of the Desert, London 2002, S. 233-235 mit älterer Literatur.
[184] James A. Harrell und Thomas M. Bown, An Old Kingdom Basalt Quarry at Widan el-Faras and the Quarry Road to Lake Moeris, in: JARCE 32, 1995, S. 71-91; Elizabeth Bloxam und Per Storemyr, Old Kingdom Basalt Quarrying Activities at Widan el-Faras, Northern Faiyum Desert, in: JEA 88, 2002, S. 23-36, zum Umfang S. 26.
[185] Die Zahl der Personen wird auch angezweifelt, da es diverse Hypothesen gibt, wie viele Personen in einer Einheit untergebracht wurden; s. hierzu Micòl Di Teodoro, Labour Organisation in Middle Kingdom Egypt, London 2018, S. 109.
[186] Joachim Śliwa, Die Siedlung des Mittleren Reiches bei Qasr el-Sagha, in: MDAIK 48, 1992, S. 177-191.

genutzt, und zwar vermutlich nur vom Herbst bis zum Frühjahr[187]. Basalt wurde hauptsächlich in den Pyramidentempeln verwendet, z.B. für Fußböden[188].

In Mēr wurde Kalkstein im Alten bzw. Mittleren Reich abgebaut[189], in Asyūṭ darüber hinaus auch im Neuen Reich und später[190]. Weiter südlich wurde in Dēr Durunka im Alten bzw. Mittleren Reich Kalkstein gewonnen, in Dēr Rīfa zusätzlich noch im Neuen Reich, desgleichen im Wādī Sarga[191].

Ein Steinbruch in Qurna lieferte den Kalkstein für den Totentempel der Hatschepsut[192].

Bei Hierakonpolis liegen zwei Steinbrüche, in denen im Mittleren und Neuen Reich, z.T. auch noch in der Spätzeit Sandstein abgebaut wurde, der vermutlich lokal Verwendung fand[193].

Im Wādī Šaṭṭ ar-Rigāl wird vom Alten bis zum Neuen Reich in geringem Umfang Sandstein abgebaut. Der Stein wurde u.a. für den Totentempel Mentuhoteps II. in Dēr al-Baḥarī genutzt[194]. Deutlich umfangreichere Steinbrüche für Sandstein befinden sich in Nagᶜ al-Ḥammām, 20 km nördlich von Kōm Umbū, wo vor allem im Mittleren Reich, aber auch noch im Neuen Reich Aktivitäten stattfanden[195]. (Zu Gabal as-Silsila s.o. unter „Expeditionen in die Ostwüste".)

Westlich von Aswān liegen zwei Gebiete, in denen silifizierter Sandstein abgebaut wurde, der Gabal Gulāb und der Gabal Tingar[196]. Bergwerksarbeiten sind ab der 18. Dynastie belegt, für das Alte und Mittlere Reich aber auch wahrscheinlich; Werkzeugreste und Keramik belegen die Tätigkeiten. Über Rampen wurden die abgebauten Blöcke zum Nil transportiert. Eine Obeliskenspitze Sethos I. liegt noch vor Ort, Amenophis III. verbaute den Stein in den Memnonskolossen und in Hermopolis.

---

[187] Micòl Di Teodoro, Labour Organisation in Middle Kingdom Egypt, London 2018, S. 123.

[188] Zu einer Tabelle der Verwendung von Basalt im Alten Reich s. Elizabeth Bloxam und Per Storemyr, in: JEA 88, 2002, S. 27.

[189] Rosemarie Klemm und Dietrich D. Klemm, Steine und Steinbrüche im Alten Ägypten, Berlin-Heidelberg 1992, S. 140.

[190] Op.cit., S. 151.

[191] Op.cit., S. 154-157.

[192] Op.cit., S. 183.

[193] Op.cit., S. 231-233.

[194] Thomas Hikade, Das Expeditionswesen im ägyptischen Neuen Reich. Ein Beitrag zu Rohstoffversorgung und Außenhandel, Heidelberg 2001, S. 47.

[195] Rosemarie Klemm und Dietrich D. Klemm, Steine und Steinbrüche im Alten Ägypten, Berlin-Heidelberg 1992, S. 240f.

[196] Op.cit., S. 289-299.

Expeditionen auf den Sinai

Auf dem Sinai wurde vom Alten bis ins Neue Reich Türkis, Malachit und Kupfer abgebaut[197]. Während die Aktivitäten im Wādī Maġāra und Sarābiyat al-Ḫādim auf dem Westsinai vornehmlich durch Inschriften bezeugt sind, sind diejenigen in Timnā auf dem Ostsinai hauptsächlich durch archäologische Befunde, und zwar ab der 19. Dynastie, nachgewiesen[198]. Im Lauf der Zeit führten die Expeditionen zu immer entfernter liegenden Orten, möglicherweise, weil die bekannten Ressourcen nach und nach erschöpft waren. An allen Arbeiten waren nicht nur Ägypter, sondern auch Asiaten beteiligt, die über die bessere Ortskenntnis und technisches Wissen verfügten. Manche Ägypter hatten auch Erfahrungen mit Reisen nach Punt (→ Handel mit Punt). Geleitet wurden die Expeditionen von einem zweifachen Kommando, einem zivilen, bestehend aus dem Vorsteher des Gesiegelten oder dem Aufwärter des Königs, und einem militärischen, bestehend aus dem Truppenoberst oder dem Großen der *mḏꜣi͗.w*[199]. Trotz der Hitze wurden die Expeditionen häufiger in den Sommermonaten als in den Wintermonaten durchgeführt, möglicherweise, weil dann der Türkis leichter zu erkennen war[200]; der Winter dagegen brachte Regen, der in Zisternen aufgefangen werden konnte[201]. Eine der Inschriften belegt eine Expeditionsdauer von zwei bis drei Monaten, An- und Abreise nicht mitgerechnet[202].

Im Alten und Mittleren Reich war ein Ausgangspunkt für Expeditionen auf den Sinai das Wādī al-Ǧarf am Roten Meer, etwa 160 km südlich von Suez, ein weiterer ᶜAin Suḫna am Roten Meer, etwa 60 km südlich von Suez. Er-

---

197 Zu anderen Gütern, die in geringerem Umfang vom Sinai beschafft wurden, s. Pierre Tallet, La zone minière pharaonique du Sud-Sinaï – III. Les expéditions égyptiennes dans la zone minière du Sud-Sinaï du prédynastique à la fin de la XXe dynastie, Kairo 2018, S. 59-71.

198 Eine Karte des Sinai findet sich in op.cit., S. 83, eine Liste der philologisch und archäologisch bezeugten Expeditionen im Neuen Reich bei Pierre Tallet, in: BIFAO 103, 2003, S. 470-473.

199 Pierre Tallet, loc.cit., S. 480-482.

200 Gregory D. Mumford und Sarah Parcak, in: JEA 89, 2003, S. 88; s. aber auch Erik Iversen, in: Studien zu Sprache und Religion Ägyptens, Band 1: Sprache, Göttingen 1984, S. 510.

201 Maryvonne Chartier-Raymond et alii, in: CRIPEL 16, 1994, S. 65-67.

202 John C. Darnell und Colleen Manassa, in: Hans-Werner Fischer-Elfert und Richard B. Parkinson (Hrsg.), Studies on the Middle Kingdom in Memory of Detlef Franke, Wiesbaden 2013, S. 85.

sterer wurde vorrangig zu Beginn der 4. Dynastie genutzt, der andere bis in die Saitenzeit hinein, wie Felsinschriften und archäologische Funde belegen. An beiden Orten wurden Galerien für die Lagerung von Materialien und vor allem Schiffsteilen angelegt. Die Schiffe wurden von der Residenz auf dem Landweg dorthin transportiert, für die Überfahrt auf dem Roten Meer genutzt und anschließend in Einzelteilen bis zur nächsten Expedition verstaut. Die 14 bis 15 m langen Boote von ᶜAin Suḫna konnten eine Ladung von mehreren Tonnen transportieren und benötigten für die Fahrt zum Sinai schätzungsweise 14 bis 18 Stunden, zurück etwas mehr. Vermutlich waren sie für die Dauer einer Expedition permanent in Betrieb[203]. Möglicherweise bauten die dorthin entsandten Expeditionen auch Kupfer in der Nähe ab. Auf jeden Fall haben sich Verarbeitungswerkstätten für Kupfer gefunden, das allerdings auch vom Sinai stammen kann.

Gegenüber von Wādī al-Ǧarf an der Küste des Sinai lag in der al-Marḫā-Ebene der entsprechende Hafen und die Festung Tall Ra's Budrān aus dem Alten Reich, die die Expeditionen vor Beduinenangriffen schützte[204].

Im Neuen Reich könnten die Expeditionen auch den Landweg im Norden genutzt haben, da in der Ramessidenzeit die Residenz im Nordostdelta lag und sich die Leitung der Expeditionen meist in den Händen des Militärs befand. Der Papyrus Harris bezeugt für Ramses III. eine Expedition, die z.T. mit Schiffen, z.T. mit Eseln auf dem Landweg durchgeführt wurde[205].

Durch Inschriften sind Expeditionen zum West-Sinai seit der 3. Dynastie belegt. Bis zum Ende des Alten Reichs sind durch Inschriften mindestens 26 Expeditionen bezeugt. Eine Inschrift aus der Zeit des Isesi nennt eine Teilnehmerzahl von 1400 Personen. Die Arbeitersiedlung des Alten Reichs im Wādī Maġāra von fast 100 Gebäuden läßt auf mehrere 100 Personen schließen. Für das Mittlere Reich sind mindestens 45 Expeditionen belegt, darunter allein 29 unter Amenemhet III.; die Mannschaftsstärke reicht von über 100 bis über 700 Personen. Auch mehrere hundert Esel werden zum Transport eingesetzt. Aus dem Neuen Reich stammen mehr als 80 Inschriften, aber da sie z.T. anderen Inhalts sind, lassen sich keine genauen Informationen über die Zahl der Expeditionen und ihre Zusammensetzung gewinnen; zuletzt ging

---

[203] Patrice Pomey, in: Pierre Tallet und El-Sayed Mahfouz (Hrsg.), The Red Sea in Pharaonic Times. Recent Discoveries along the Red Sea Coast, Kairo 2012, S. 47.
[204] Gregory Mumford, in: BASOR 342, 2006, S. 13-67.
[205] p Harris I, 78,2-4; s. a. Pierre Tallet, in: BIFAO 103, 2003, S. 474-479.

man von 30 Expeditionen aus[206]. Relativ viele wurden unter Hatschepsut und Thutmosis III. durchgeführt, keine aber zwischen Amenophis III. und Ramses I. Die archäologischen Befunde lassen immerhin darauf schließen, daß im 2. Jt. v. Chr. im West-Sinai 5000 bis 5500 Tonnen Kupfer und in Timnā im Osten noch einmal mehr als 1000 Tonnen Kupfer gewonnen wurde[207]. Um 1000 Tonnen Kupfer zu gewinnen, waren etwa 500 Tonnen Holzkohle nötig, für die mindestens 25000 Akazien verkohlt werden mußten; dies bedeutete einen enormen Eingriff in das dortige Ökosystem[208]. Was Türkis oder Malachit angeht – die Bestimmung von *mfkꜣ.t* ist nicht sicher[209], konnten einer Inschrift zufolge im Mittleren Reich pro Tag 25 *ḥqꜣ.t* von 15 Männern gewonnen werden[210]. Anschließend wurde es in Beuteln in die Tempelschatzhäuser gebracht, wie Darstellungen und Texte des Neuen Reichs zeigen[211]. Nach Ramses VI. sind auf dem gesamten Sinai keine Inschriften mehr belegt, und über Expeditionen in der nachfolgenden Zeit ist nichts bekannt. In Timnā wurde in der nachfolgenden Zeit Kupfer von seminomadischen Stämmen abgebaut, nicht von Ägyptern[212]. Das Kupfererz wurde vor Ort auch verhüttet, wie zahlreiche kleine Schmelzöfen belegen[213]. Das Kupfer wurde hauptsächlich für Werkzeuge gebraucht, Türkis für Schmuckstücke.

Expeditionen nach Nubien

Die meisten Expeditionen in den Süden erfolgten, um Gold abzubauen, wobei die Zeit zwischen Thutmosis III. und Amenophis IV. den Höhepunkt dar-

---

206 Pierre Tallet, La zone minière pharaonique du Sud-Sinaï – III. Les expéditions égyptiennes dans la zone minière du Sud-Sinaï du prédynastique à la fin de la XXe dynastie, Kairo 2018, S. 227-253.

207 Thomas Hikade, in: BACE 9, 1998, S. 51.

208 Thomas Hikade, Das Expeditionswesen im ägyptischen Neuen Reich, Heidelberg 2001, S. 28. Zu Vergleichswerten aus Zypern s. Maryvonne Chartier-Raymond et alii, in: CRIPEL 16, 1994, S. 65.

209 S. Eric Iversen, The Inscription of Herwerrē[c] at Serâbit-al-Kâdem, in: Studien zu Sprache und Religion Ägyptens, Band 1: Sprache, Göttingen 1984, S. 507-519, und Dan Levene, Expedition to Atika, in: Esmael, Feisal A. (Hrsg.), Proceedings of The First International Conference on Ancient Egyptian Mining & Metallurgy and Conservation of Metallic Artifacts Cairo, Egypt 10-12 April 1995, Kairo [1997], S. 365-378.

210 Alan H. Gardiner und T. Eric Peet, The Inscriptions of Sinai, II, Oxford 1955, S. 140.

211 Julie Masquelier-Loorius, in: Pierre Tallet und El-Sayed Mahfouz (Hrsg.), The Red Sea in Pharaonic Times. Recent Discoveries along the Red Sea Coast, Kairo 2012, S. 162-164.

212 Erez Ben-Yosef et alii, in: BASOR 367, 2012, S. 31-71.

213 S. z.B. für das Alte Reich P. Tallet, G. Castel und P. Fluzin, in: Paléorient 37, 2011, S. 79-89.

stellte. Aus der Zeit danach ist überhaupt kein Goldabbau mehr nachweisbar; offenbar waren die seinerzeit bekannten Vorkommen erschöpft. Die Tätigkeiten vor Ort wurden wohl hauptsächlich von nicht-ägyptischen Arbeitern durchgeführt, wie die Größe der Werkzeuge nahelegt, und nur das Leitungspersonal war ägyptisch[214]. Diese leitenden Personen haben sich auch in zahlreichen kurzen Felsinschriften verewigt, die allerdings nicht sehr aussagekräftig sind.

Im Wādī ᶜAllāqī und seinen Nebentälern auf dem Ostufer wurde ab Sesostris I. bis zum Ende der 20. Dynastie Gold abgebaut, vornehmlich zu Beginn der Ramessidenzeit. Arbeiterhütten, Mahlsteine, Waschanlagen und Inschriften belegen die Tätigkeiten im Neuen Reich. Der in der Kūbān-Stele erwähnte Brunnen bezeugt den hohen Bedarf an Wasser, das nicht allein Trinkwasser war[215]. Werkzeuge aus frühdynastischer Zeit und dem Alten Reich weisen aber auch auf schon frühere Abbautätigkeiten hin[216]. Auch Inschriften aus früherer Zeit finden sich, die aber auch lediglich auf einen Durchzug durch die Gegend hinweisen könnten.

Südlich dieser Gegend, etwa auf der Höhe von Wādī Ḥalfā, liegt Unib, wo ebenfalls im Neuen Reich Gold gewonnen wurde, wie die Arbeitersiedlungen, Werkzeuge und Waschanlagen belegen[217]. Gleiches gilt auch für das von den beiden Klemms Wādī Ward Miriyam getaufte Gebiet, in dem sich vor allem große befestigte Arbeitersiedlungen befanden[218]. Arbeiterhütten und Mahlsteine des Neuen Reichs wurden auch im weiter südlich gelegenen Karaibitar gefunden, allerdings kein Minenabbau, so daß Gold wohl im wadi-working-Verfahren gewonnen wurde[219]. Weiter westlich in Lisēwi und dem Wādī Dūm weisen Arbeiterhütten und Mahlsteine auf Goldgewinnung im Neuen Reich hin[220]. Im Wādī Naba befinden sich zusätzlich noch Waschanlagen aus dem Neuen Reich[221]. Auch in Mosei wurde im Neuen Reich Gold-gewonnen, wie etwa 100 Arbeiterhütten und zahlreiche Mahlsteine bezeu-

---

214 Dietrich D. Klemm, Rosemarie Klemm und Andreas Murr, in: Renée Friedman (Hrsg.), Egypt and Nubia. Gifts of the Desert, London 2002, S. 216.

215 Karola Zibelius-Chen, in: Catherine Berger, Gisèle Clerc und Nicolas Grimal (Hrsg.), Hommages à Jean Leclant, 2, Kairo 1994, S. 411-417.

216 Rosemarie Klemm und Dietrich Klemm, Gold and Gold Mining in Ancient Egypt and Nubia, Berlin-Heidelberg 2013, S. 318f.

217 Op.cit., S. 407-410.

218 Op.cit., S. 447-452.

219 Op.cit., S. 482-484.

220 Op.cit., S. 507-509, 515.

221 Op.cit., S. 528-535.

gen[222]. Eine Siedlung des Neuen Reichs und Mahlsteine finden sich auch in Umm Nabardi[223] und Umm Fit Fit[224]. In Duwēšat, südlich von Simna am Nil gelegen, geht der Goldabbau schon auf das Alte oder Mittlere Reich zurück, wie den Werkzeugen zu entnehmen ist; aus der Zeit des Neuen Reichs finden sich Arbeiterhütten, Mahlsteine, eine Waschanlage sowie Keramik[225]. In Umm Fahm wurde seit dem Alten Reich Kupfer abgebaut, wie an den Werkzeugen und der Keramik abzulesen ist, für das Neue Reich sind Arbeiterhütten, aber keine Werkzeuge für den Abbau von Gold bezeugt; möglicherweise wurden die Quarzbrocken an anderer Stelle am Nil verarbeitet[226]. Bei Sesebi (Sudla) wurde in der 18. Dynastie Gold und Karneol gewonnen, in einem Wüstenwādī auch Sandstein gebrochen, der offenbar für den Bau des Tempels in Sesebi genutzt wurde[227]. Gold wurde auch auf Sai gewonnen, wie zahlreiche Mahlsteine bezeugen; auch hier wurde der Sandstein für den örtlichen Tempel in der Umgebung gebrochen[228]. In der Gegend von Abū Sari weisen größere Siedlungen aus dem Neuen Reich, Werkzeuge und Mahlsteine auf einen umfangreichen Goldabbau hin, der offenbar schon im Alten oder Mittleren Reich eingesetzt hat[229]. Ähnlich früh begann der Goldabbau in Sokar und wurde im Neuen Reich fortgesetzt; Werkzeuge, Waschanlagen und Keramik bezeugen dies[230]. Zahllose Mahlsteine aus dem Neuen Reich finden sich auch in der Gegend von Abū Hamad[231].

In Gabal al-Asr, ca. 65 km nordwestlich von Abū Simbil, wurden von frühdynastischer Zeit bis ins Mittlere Reich hinein verschiedene Gneissorten abgebaut, an einer Stelle „Stele Ridge" im Mittleren Reich auch Amethyst und Karneol, offenbar der einzigen Abbaustelle für Karneol in Ägypten.

---

222 Op.cit., S. 543.
223 Op.cit., S. 544-546.
224 Op.cit., S. 549; Alfredo und Angelo Castiglioni und Jean Vercoutter, Das Goldland der Pharaonen. Die Entdeckung von Berenike Pancrisia, Mainz 1998, S. 110f., 180.
225 Rosemarie Klemm und Dietrich Klemm, Gold and Gold Mining in Ancient Egypt and Nubia, Berlin-Heidelberg 2013, S. 558-562.
226 Op.cit., S. 564-568.
227 Kate Spence et alii, Fieldwork at Sesebi, 2009, in: Sudan & Nubia 13, 2009, S. 38-46.
228 Rosemarie Klemm und Dietrich Klemm, Gold and Gold Mining in Ancient Egypt and Nubia, Berlin-Heidelberg 2013, S. 570-572.
229 Op.cit., S. 572-576.
230 Op.cit., S. 577-579.
231 Op.cit., S. 584-591.

Arbeitersiedlungen, große Brunnen und Verladerampen sind bezeugt[232]. Eine 80 km lange Straße verband die Region mit der nächsten Nilanlegestelle bei Tūška. Dort wurde u.a. eine Stele aus der Zeit Amenemhet II. gefunden, die von einer Expedition von etwa 1300 Personen und 1000 Eseln berichtet, um einen Stein zu brechen, der wohl mit Karneol zu identifizieren ist[233]. Eine andere Steleninschrift des Mittleren Reiches, die von einer Expedition handelt, um eben diesen Stein zu gewinnen, nennt eine Expeditionsdauer von März bis Juni[234]; der Anfangs- und Endpunkt des Unternehmens sind allerdings unklar. Gneis wurde hauptsächlich in vor- und frühdynastischer Zeit für Gefäße und im Alten und Mittleren Reich für Statuen verwendet[235].

Literatur:

Eckhard Eichler, Untersuchungen zum Expeditionswesen des ägyptischen Alten Reichs, Wiesbaden 1993

Thomas Hikade, Das Expeditionswesen im ägyptischen Neuen Reich. Ein Beitrag zu Rohstoffversorgung und Außenhandel, Heidelberg 2001

Rosemarie Klemm und Dietrich Klemm, Gold and Gold Mining in Ancient Egypt and Nubia. Geoarchaeology of the Ancient Gold Mining Sites in the Egyptian and Sudanese Eastern Deserts, Berlin-Heidelberg 2013

Zu Expeditionen in die Ostwüste:

Georges Castel und Georges Soukiassian, Gebel el-Zeit I. Les mines de galène (Égypte, IIe millénaire av. J.-C.), Kairo 1989

David Depraetere und Mark Depauw, The Limestone Quarries in the Wâdî Nakhla at Dayr al-Barshā. Qualitative Stone Material for Temple Building, in: René Preys (Hrsg.), 7. Ägyptologische Tempeltagung: Structuring Religion. Leuven, 28. September - 1. Oktober 2005, Wiesbaden 2009, S. 47-61

Thomas Hikade, Expeditions to the Wadi Hammamat during the New Kingdom, in: JEA 92, 2006, S. 153-168

D. D. Klemm, R. Klemm und L. Steclaci, Die pharaonischen Steinbrüche des Silifizierten Sandsteins in Ägypten und die Herkunft der Memnon-Kolosse, in: MDAIK 40, 1984, S. 207-220

---

232 Ian Shaw, in: Egyptian Archaeology 16, 2000, S. 28-30, und ders. und Tom Heldal, in: EA 23, 2003, S. 14-16.

233 William Kelly Simpson, Heka-nefer and the Dynastic Material from Toshka and Arminna, New Haven-Philadelphia 1963, S. 50-53.

234 John C. Darnell und Colleen Manassa, in: Hans-Werner Fischer-Elfert und Richard B. Parkinson (Hrsg.), Studies on the Middle Kingdom in Memory of Detlef Franke, Wiesbaden 2013, S. 85.

235 Ian Shaw et alii, in: Francesco Raffaele, Massimiliano Nuzzolo und Ilaria Incordino (Hrsg.), Recent Discoveries and Latest Researches in Egyptology, Wiesbaden 2010, S. 295.

R. Klemm und D. D. Klemm, Chronologischer Abriß der antiken Goldgewinnung in der Ostwüste Ägyptens, in: MDAIK 50, 1994, S. 189-222 [Karten]

Giancarlo Negro und Massimo Cammelli, The flint quarries of Wadi El Sheikh (Eastern Desert of Egypt), in: Sahara 21, 2010, S. 107-116

Karl-Joachim Seyfried, Beiträge zu den Expeditionen des Mittleren Reiches in die Ost-Wüste, Hildesheim 1981

Ian Shaw, Hatnub: Quarrying Travertine in Ancient Egypt, London 2010

Pierre Tallet und El-Sayed Mahfouz (Hrsg.), The Red Sea in Pharaonic Times. Recent Discoveries along the Red Sea Coast, Kairo 2012

Gerd Weisgerber, Altägyptischer Hornsteinbergbau im Wadi el-Sheikh, in: Der Anschnitt 34, 1982, S. 186-210

Zu den Expeditionen auf den Sinai:

Mahmoud Abd el-Raziq et alii, Les inscriptions d'Ayn Soukhna, Kairo 2002

Mahmoud Abd el-Raziq et alii, Ayn Soukhna II. Les ateliers métallurgiques du Moyen Empire, Kairo 2011

Thomas Hikade, Economic Aspects of the New Kingdom: The Expeditions to the Copper Mines of the Sinai, in: BACE 9, 1998, S. 43-52

Pierre Tallet, La zone minière pharaonique du Sud-Sinaï – III. Les expéditions égyptiennes dans la zone minière du Sud-Sinaï du prédynastique à la fin de la XXe dynastie, Kairo 2018

Zu den Expeditionen nach Nubien:

(→ Handel mit Nubien)

Handwerk

Im alten Ägypten wurden Handwerk und Kunst nicht voneinander unterschieden; daher tauchen in diesem Kapitel auch Bereiche auf, die nach modernem Verständnis unter „Kunst“ fallen würden. Es sollen auch nicht die Handwerkstechniken im Vordergrund stehen, für die hinreichend Einzelstudien vorliegen, sondern die ökonomische Bedeutung von Handwerk. Aufschluß über das Handwerk liefern Darstellungen in Gräbern und archäologisches Material, seltener auch Texte. Wichtig ist festzuhalten, daß Darstellungen in Gräbern des Alten und Mittleren Reiches Szenen privater Haushalte, vor allem die Herstellung der Grabausstattung, wiedergeben, die des Neuen Reichs solche von Tempelwerkstätten[236]. Bemerkenswert ist die Vielzahl von Handwerkerbezeichnungen, die auf eine detaillierte Arbeitsteilung schließen läßt, die wiederum technischem Fortschritt Vorschub leistet[237]. Mit einer zunehmenden Professionalisierung und „Industrialisierung“ des Handwerks geht auch eine Verschiebung von Frauen- zu Männerarbeit einher[238]. Die soziale Stellung der Handwerker war auf Grund ihres Spezialistentums über der von Land- und Transportarbeitern, ja sogar über der von Polizisten und Wächtern angesiedelt[239]. Sie waren aber in der Regel nicht im Besitz eigener Produktionsmittel – diese wurden von den Auftraggebern gestellt –, sondern nur in Einzelfällen bei privaten Dienstleistungen[240]. Über die Bezahlung privat angestellter Handwerker geben biographische Texte des Alten Reichs Auskunft; sie wurden mit Naturalien, Kleidung und Kupfer entlohnt. Genaue Lohnangaben lassen sich den Texten jedoch nicht entnehmen. Nur für privat hergestellte Särge in Dēr al-Madīna lassen sich approximativ die reinen Herstellungskosten und die Kosten für die Dekoration mit jeweils 40%, das Material mit 20% der Gesamtkosten ermitteln[241]. Dies entspricht dem monatlichen Einkommen eines Arbeiters in Dēr al-Madīna[242].

---

[236] Zur Organisation von Tempelwerkstätten des Neuen Reichs s. Frank Steinmann, in: ZÄS 111, 1984, S. 37-40.
[237] Hierzu s. Joachim Śliwa, Studies in Ancient Egyptian Handicraft. Woodworking, Krakau 1975, S. 65f.
[238] S. E. Christiana Köhler, in: BACE 8, 1997, S. 83, 85, 87f.
[239] Frank Steinmann, in: ZÄS 118, 1991, S. 149-153.
[240] Loc.cit., S. 153-155.
[241] Kathlyn M. Cooney, The Cost of Death. The Social and Economic Value of Ancient Egyptian Funerary Art in the Ramesside Period, Leiden 2007, S. 111-113.
[242] Op.cit., S. 115.

Die handwerklichen Kenntnisse und Fähigkeiten wurden in der Regel vom Vater an den Sohn weitergereicht; Belege für die Ausbildung sind rar.

Viele Werkstätten wurden für verschiedene Zwecke genutzt, gleiches gilt für die Öfen, bei denen nicht immer klar ist, wofür sie verwendet wurden.

Literatur:

Rosemarie Drenkhahn, Die Handwerker und ihre Tätigkeiten im alten Ägypten, Wiesbaden 1976

Frank Steinmann, Untersuchungen zu den in der handwerklich-künstlerischen Produktion beschäftigten Personen und Berufsgruppen des Neuen Reichs, in: ZÄS 107, 1980, S. 137-157, ZÄS 109, 1982, S. 66-72, 149-156, ZÄS 111, 1984, S. 30-40, ZÄS 118, 1991, S. 149-161

Bäckerei und Bierbrauerei

Brot und Bier waren Grundnahrungsmittel und wurden vorwiegend in Privathaushalten produziert. Es sind aber auch staatliche sowie Tempelbäckereien und -brauereien bezeugt, und zwar häufig in benachbarter Lage; sie werden als *(pr.w) šnᶜ* bezeichnet. In diesen Einrichtungen wurde allerdings auch geschlachtet, es wurden Stoffe hergestellt, und im Alten Reich wurden sie auch als Magazine verwendet[243]. Die dort arbeitenden Leute waren in der 18. Dynastie häufig asiatische Kriegsgefangene.

Bäckereien sind nicht in erster Linie an den Öfen erkennbar – diese konnten möglicherweise auch für andere Zwecke genutzt werden –, sondern an der Vielzahl von Brotmodeln in der Umgebung. Diverse Bäckereien aus dem Ende des Alten Reichs und aus der 1. Zwischenzeit wurden in der *Ḥw.t-kꜣ*-Anlage und dem Gouverneurspalast in ᶜAin Aṣīl ergraben[244]. Zum großen Atontempel in Amarna gehörten 110 Backstuben von 11 x 4 m, die insgesamt zwischen 200 und 300 Öfen aufwiesen[245]. Falls 200 Öfen jeweils mit 5 Brot-

---

243 Petra Andrássy, Das *pr-šnᶜ* im Alten Reich, in: SAK 20, 1993, S. 17-35; Daniel Polz, Die *šnᶜ*-Vorsteher des Neuen Reiches, in: ZÄS 117, 1990, S. 43-60; Selke Susan Eichler, Die Verwaltung des "Hauses des Amun" in der 18. Dynastie, Hamburg 2000, S. 104, 112f.

244 Georges Soukiassian, Michel Wuttmann und Laure Pantalacci, Le palais des gouverneurs de l'époque de Pépy II. Les sanctuaires de ka et leurs dépendances, Kairo 2002, S. 291-302; Clara Jeuthe, Ein Werkstattkomplex im Palast der 1. Zwischenzeit in Ayn Asil, Kairo 2012, S. 352-357.

245 Barry J. Kemp, in: Rosemary-Margaret Luff und Peter Rowley-Conwy (Hrsg.), Whither Environmental Archaeology?, Oxford 1994, S. 147.

formen bestückt wurden und fünfmal am Tag gebacken wurde, ergäbe dies 20000 Brote am Tag[246]. Weitere Bäckereien wurden in Amarna beim kleinen Amuntempel und dem Tempel von Kōm al-Nana gefunden, letztere in Kombination mit einer Brauerei[247]. Eine solche Verbindung zeigt sich auch in der Produktionsanlage für den Totentempel Sesostris' III. in Abydos[248].

Die früheste nicht-private Brauerei stammt aus der Negade Ib-IIa-Zeit aus Hierakonpolis und konnte, den erhaltenen Bottichen nach zu urteilen, auf einmal mindestens 390 Liter Bier produzieren[249]. Spätere prädynastische große Brauereien wurden in Abydos, Mahasna und Tall al-Farḫa gefunden[250]. In Dēr al-Madīna scheint jeder Haushalt aus dem ihm zugewiesenen Getreide selbst Bier gebraut zu haben[251].

Literatur:

Dina Faltings, Die Bierbrauerei im AR, in: ZÄS 118, 1991, S. 104-116

Dina Faltings, Die Keramik der Lebensmittelproduktion im Alten Reich. Ikonographie und Archäologie eines Gebrauchsartikels, Heidelberg 1998

Delwen Samuel, Brewing and Baking, in: Paul T. Nicholson und Ian Shaw (Hrsg.), Ancient Egyptian Materials and Technology, Cambridge 2000, S. 537-576

Weinproduktion

Die Produktion von Wein wurde in größerem Stil erst im Neuen Reich betrieben. In Amarna wurde ein Weingarten von 1,26 ha gefunden, der einen Ertrag von 4600 kg Weintrauben bzw. 23 Hektoliter Wein erbracht haben könnte, falls die Trauben zu Wein verarbeitet worden sind[252]. Ein Text der 19. Dynastie nennt als Jahresertrag eines Weinguts 1500 *mn.t*-Krüge Wein und weitere Weinerzeugnisse. Legt man eine mittlere Größe des *mn.t*-Krugs

---

[246] Loc.cit., S. 148f.

[247] Barry J. Kemp, in: ders. (Hrsg.), Amarna Reports VI, London 1995, S. 435, 437; zu einigen weiteren archäologisch nachgewiesenen Tempelbäckereien s. B. J. J. Haring, Divine Households, Leiden 1997, S. 116f.

[248] Josef Wegner, in: Ä&L 10, 2000, S. 115-117.

[249] Jeremy Geller, in: Renée Friedman und Barbara Adams (Hrsg.), The Followers of Horus. Studies Dedicated to Michael Allen Hoffmann, Oxford 1992, S. 21-24.

[250] Krzysztof Cichowski, in: Béatrix Midant-Reynes und Yann Tristant (Hrsg.), Egypt at its Origins 2, Leuven-Paris-Dudley, MA 2008, S. 33-40.

[251] Jac. J. Janssen, Commodity Prices from the Ramessid Period, Leiden 1975, S. 346f.

[252] Claude und Françoise Traunecker, Sur la salle dite „du couronnement“ à Tell-el-Amarna, in: BSEG 9-10, 1984-85, S. 285-307, bes. S. 303f.

und dieselbe Ertragsmenge wie in Amarna zugrunde, hätte dieses Gut 8,5 ha umfaßt[253]. Die Amphoren zur Abfüllung des Weins wurden vermutlich zentral im memphitischen Raum hergestellt[254].

Wie Texte und Darstellungen zeigen, scheinen die mit Anbau, Lese und Produktion von Wein Beschäftigten durchweg Männer gewesen zu sein. Ob für die Produktion gerne Asiaten als Spezialisten eingesetzt wurden, wie dies für den Anbau belegt ist, bleibt unklar.

Literatur:

Annette Lerstrup, The Making of Wine in Egypt, in: GM 129, 1992, S. 61-82

Dimitri Meeks, Oléiculture et viticulture dans l'Égypte pharaonique, in: Marie-Claire Amouretti und Jean-Pierre Brun (Hrsg.), La production du vin et de l'huile en Méditerranée, Athen 1993, S. 3-38

Mary Anne Murray, Neil Boulton und Carl Heron, Viticulture and Wine Production, in: Paul T. Nicholson und Ian Shaw (Hrsg.), Ancient Egyptian Materials and Technology, Cambridge 2000, S. 577-608

Pierre Tallet, Quelques aspects de l'économie du vin en Égypte ancienne, au Nouvel Empire, in: Nicolas Grimal und Bernadette Menu (Hrsg.), Le commerce en Égypte ancienne, Kairo 1998, S. 241-267

Textilherstellung

Über Spinnerei und Weberei geben Darstellungen und Modelle aus Gräbern sowie materielle Hinterlassenschaften Auskunft[255]. In prädynastischer Zeit sind die meisten Textilien nicht aus Flachs, wohingegen Flachs ab dem Alten Reich die nahezu einzige Textilfaser darstellte; Schafwolle wird selten genutzt, das gleiche gilt für Ziegenhaare.

Die Flachsfasern wurden gekämmt, mit der Hand zu langen Fäden gedreht und zu Knäueln aufgewickelt. Dieses Vorgespinst wurde in Spinngefäßen angefeuchtet und durch zwei Ösen am Gefäßboden gezogen. Dann wurde es über einen weiteren Widerstand, z.B. eine Öse in der Wand, gezogen und mit der Spindel versponnen (s. Abb. 4 links); die Spinnwirtel konnte aus diversen

---

[253] Pierre Tallet, in: Nicolas Grimal und Bernadette Menu (Hrsg.), Le commerce en Égypte ancienne, Kairo 1998, S. 246.

[254] Loc.cit., S. 254.

[255] Eine Auflistung der Darstellungen, Modelle und Spinngefäße findet sich bei Susan Allen, in: Jacke Phillips (Hrsg.), Ancient Egypt, the Aegean, and the Near East. Studies in Honour of Martha Rhoads Bell, I, San Antonio 1997, S. 30-36.

Materialien wie Kalkstein, Alabaster, Ton, Sykomorenholz oder Zedernholz bestehen. Spinnen war überwiegend Arbeit von Frauen und Mädchen. Garn wurde nach Gewicht berechnet; die Preise sind unklar[256].

Abb. 4: Spinnen und Weben

Gewebt wurde anfangs mit einem horizontalen Webstuhl, der mit Pflöcken auf den Boden gesetzt wurde. Spätestens zu Beginn des Neuen Reichs wurde er in größeren Webereien vom vertikalen Webstuhl verdrängt, der möglicherweise aus Vorderasien übernommen wurde (s. Abb. 4 rechts); kleine Haushalte verwendeten allerdings weiterhin den einfacheren horizontalen[257]. Ob es Gewichtswebstühle gegeben hat, ist umstritten[258], auch wenn entsprechende Gewichte z.B. in Lišt und Kahun gefunden wurden[259]. Im Neuen Reich wurden für die Weberei großenteils asiatische Kriegsgefangene eingesetzt, die Tempeln zugewiesen waren, so z.B. in Gurob, wo sie speziell ange-

256 Jac. J. Janssen, Commodity Prices from the Ramessid Period, Leiden 1975, S. S. 436-438.

257 Giovanni Tata, The Development of the Egyptian Textile Industry, Diss. University of Utah 1986, S. 200f.

258 C. H. Johl, Altägyptische Webestühle und Brettchenweberei in Altägypten, Leipzig 1924, S. 37; Barry J. Kemp und Gillian Vogelsang-Eastwood, The Ancient Textile Industry at Amarna, London 2001, S. 392-394.

259 Giovanni Tata, The Development of the Egyptian Textile Industry, Diss. University of Utah 1986, S. 203.

lernt wurden[260]. Es stellt sich aber auch die Frage, inwieweit diese Arbeit an Privathaushalte ausgelagert wurde, die dann bestimmte Quoten zu erbringen hatten[261]. Anders als beim Spinnen waren in der Weberei auch viele Männer beschäftigt, auch wenn gegen Ende des Mittleren Reiches die Frauen noch dominierend waren[262].

Textilien waren überwiegend weiß, wurden nur selten gefärbt. Die häufigste Farbe war rot, das mit Eisenoxid oder Krapp erzielt wurde, mit großem Abstand danach blau mit Indigo, dann gelb oder durch mehrfaches Färben erzeugte Farben wie z.B. grün. Bis zum Beginn der 18. Dynastie wurden nur Eisenoxide verwendet, ab der Mitte der 18. Dynastie auch Pflanzenfarbstoffe, die vermutlich aus Palästina eingeführt wurden. Der Beruf des Färbers, eigtl. Kocher von *ỉns*-Leinen, taucht erst im Neuen Reich auf, war Domäne der Männer[263] und wurde zumindest zum Teil von Ausländern ausgeübt[264].

Textilien wurden natürlich in erster Linie für Kleidung verwendet, aber auch für Bettwäsche, Mumienbinden, Taschen, Segeltuch und anderes und – als Abfallprodukt – für Lampendochte. Kleidungsstücke waren in der Regel nicht maßgeschneidert, sondern tunikaartige Tücher, die sich nach Qualität des Stoffes und Größe unterscheiden konnten. Für Kleidungsstücke ist eine Vielfalt von Bezeichnungen und Preisen überliefert, die sich uns zumeist nicht erschließt[265]; sie konnten auch nach Gewicht abgerechnet werden[266].

Literatur:

Renate Germer, Die Textilfärberei und die Verwendung gefärbter Textilien im Alten Ägypten, Wiesbaden 1992

C. H. Johl, Altägyptische Webestühle und Brettchenweberei in Altägypten, Leipzig 1924

Barry J. Kemp und Gillian Vogelsang-Eastwood, The Ancient Textile Industry at Amarna, London 2001

---

[260] Sir Alan Gardiner, The Harem at Miwēr, in: JNES 12, 1953, S. 145-149.

[261] Barry J. Kemp und Gillian Vogelsang-Eastwood, The Ancient Textile Industry at Amarna, London 2001, S. 473.

[262] Stephen Quirke, The Administration of Egypt in the Late Middle Kingdom. The Hieratic Documents, New Malden 1990, S. 205 mit Anm. 9.

[263] Gillian Vogelsang-Eastwood, Die Kleider des Pharaos. Die Verwendung von Stoffen im Alten Ägypten, Hannover-Amsterdam 1995, S. 12.

[264] Renate Germer, Die Textilfärberei und die Verwendung gefärbter Textilien im Alten Ägypten, Wiesbaden 1992, S. 134f.

[265] Barry J. Kemp und Gillian Vogelsang-Eastwood, op.cit., S. 438-449.

[266] S. Eva Hofmann, Das Grab des Neferrenpet gen. Kenro (TT 178), Mainz 1995, S. 77 und Taf. XL.

Giovanni Tata, The Development of the Egyptian Textile Industry, Diss. University of Utah 1986
Gillian Vogelsang-Eastwood, Textiles, in: Paul T. Nicholson und Ian Shaw (Hrsg.), Ancient Egyptian Materials and Technology, Cambridge 2000, S. 268-298

Korb- und Seilherstellung

Korbwaren wurden aus Blättern von Dattel- und Dumpalmen, Halfagras, Schilfrohr, Pfahlrohr und Papyrus hergestellt. Des weiteren wurden Matten für Betten und Stühle hergestellt und diese auf horizontalen Webstühlen gewebt. Die ägyptische Terminologie für die diversen Produkte ist noch nicht hinreichend geklärt[267].

Seile wurden vornehmlich aus Halfagras hergestellt, aber auch aus Dumpalmen, Papyrus, Kamelhaar, Flachs und Leder. Schiffstaue aus Palmblättern kosteten 3/5 *dbn* per Elle[268].

Literatur:

Emily Teeter, Techniques and Terminology of Rope-Making in Ancient Egypt, in: JEA 73, 1987, S, 71-77
Willemina Wendrich, Basketry, in: Paul T. Nicholson und Ian Shaw (Hrsg.), Ancient Egyptian Materials and Technology, Cambridge 2000, S. 254-267

Lederhandwerk

Leder wurde zumeist aus Häuten von Rindern, Schafen und Ziegen gewonnen, auch von Gazellen und Antilopen; zudem wurden Felle von Gazellen und Antilopen verwendet. Eine „echte" Gerbung von Leder mit Hilfe von vegetabilen Gerbmitteln ist für pharaonische Zeit nicht nachweisbar, obwohl wichtige Gerbmittel wie Akazie und Tamariske vorhanden waren. Lediglich eine Ölgerbung mit *nḥḥ*-Öl oder, ab dem Neuen Reich, eine mineralische mit Alaun ist nachweisbar. Im Alten und Mittleren Reich wurde Leder für Sandalensohlen und -riemen verwendet, im Neuen Reich vorrangig für den Streitwagenbau und für Köcher. Rohleder kam vornehmlich im Möbelbau zur festen Verbindung einzelner Teile zur Anwendung, aber auch bei der Herstel-

---

267 S. Willeke Wendrich, The World According to Basketry. An Ethno-Archaeological Interpretation of Basketry Production in Egypt, Leiden 1999, S. 412-417.

lung von Schutzwesten. Ein Schwerpunkt der Lederverarbeitung im Alten Reich und der 1. Zwischenzeit wurde im Abydenischen Gau vermutet[269]. Eine Werkstatt zur Lederverarbeitung ist in der Ramessidenzeit in Qanṭīr belegt[270]. Ob Pergament hergestellt wurde, ist umstritten.

Literatur:

Carol van Driel-Murray, Leatherwork and Skin Products, in: Paul T. Nicholson und Ian Shaw (Hrsg.), Ancient Egyptian Materials and Technology, Cambridge 2000, S. 299-319

Stephanie Schwarz, Altägyptisches Lederhandwerk, Frankfurt 2000

Keramikproduktion

Keramik wurde entweder aus Nilschlamm, für gröbere Ware, oder aus Mergelton, für feinere Ware, hergestellt. Magerung des Tons mit organischen Bestandteilen ist die Regel, bei Ton für dickwandige Gefäße auch mit Sand und Gesteinspartikeln. Der Schlamm bzw. Ton wurde zuerst gestampft, um eine einheitliche Masse zu erhalten, dann geformt, getrocknet und schließlich gebrannt.

Spätestens seit der 5. Dynastie ist die Töpferscheibe, genauer: der Drehuntersatz, archäologisch und in Darstellungen bezeugt, mindestens seit der Ramessidenzeit auch die Fußschubscheibe[271]. Darstellungen von Töpferwerkstätten finden sich in Gräbern und als Modelle bis in die 18. Dynastie hinein, allerdings nicht in Abbildungen von Tempelwerkstätten[272].

Keramikwerkstätten sind vor allem erkennbar an den Brennöfen, auch wenn es mitunter schwierig ist, die Funktion der Öfen zu bestim-

---

[268] Jac. J. Janssen, Commodity Prices from the Ramessid Period, Leiden 1975, S. 438-440.

[269] Edward J. Brovarski, in: JNES 32, 1973, S. 458f. Anm. 21.

[270] Silvia Prell, in: André J. Veldmeijer und Salima Ikram (Hrsg.), Chasing Chariots. Proceedings of the First International Chariot Conference (Cairo 2012), Leiden 2013, S. 166.

[271] Zu den diversen Termini und Techniken s. Dorothea Arnold und Janine Bourriau (Hrsg.), An Introduction to Ancient Egyptian Pottery, Mainz 1993, S. 41-83; zur frühesten Darstellung der Fußschubscheibe s. David Klotz, The Earliest Representation of a Potter's Kick-Wheel in Egypt, in: ENiM 6, 2013, S. 169-176.

[272] S. die Aufstellung der Belege bei Rostislav Holthoer, New Kingdom Pharaonic Sites. The Pottery, Lund 1977, S. 6-16, und ergänzend Rosemarie Drenkhahn, Die Handwerker und ihre Tätigkeiten im alten Ägypten, Wiesbaden 1976, S. 86. Die Zusammenstellung des archäologischen Materials bei Holthoer, op.cit., S. 16f., ist inzwischen überholt; zu den Werkstätten s. auch op.cit., S. 27f.

men[273]. Sie sind an diversen Orten bezeugt, so z.B. in Elephantine von der Mitte der 4. bis zum Anfang der 5. Dynastie[274], in der Pyramidenanlage der Königin Chentkaus in Abūṣīr aus der 5. Dynastie[275], in Dāḫila aus der 6. Dynastie[276], in ᶜAin Aṣīl am Ende des Alten Reichs und in der 1. Zwischenzeit[277], in Abū Ġālib im Westdelta aus dem früheren Mittleren Reich[278], in Nagᶜ Baba in Nubien aus der 12. Dynastie[279], in Abydos beim Totentempel Sesostris III.[280], in den nubischen Festungen Serra East[281], Mirgissa[282] und Askūt[283] aus dem späten Mittleren Reich und in Amarna in der 18. Dynastie, wo sie den großen Privathäusern zuzuordnen sind[284]. Eine weitere Werkstatt der 18. Dynastie befand sich bei Haruba im Nord-Sinai und war offenbar staatlicher Natur[285]. Die Werkstätten lagen häufig außerhalb der Siedlung, so in Elephantine, ᶜAin Aṣīl und Haruba, um die Bewohner des Ortes vor der Rauchentwicklung zu schützen und den Nordwind zur Befeuerung zu nutzen. Auch in Dēr al-Madīna wurden Töpferwaren nicht selbst hergestellt, sondern von zwei Töpfern alle zehn Tage von außen in die Siedlung geliefert[286]. Für ᶜAin Aṣīl rechnet man bei einer Ausdehnung der Anlage von 25 x 20 m mit 5 bis 10 Arbeitern[287]. Vermutlich arbeiteten aber im Mittleren Reich größere Gruppen von

---

273 S. z.B. die Brennöfen des AR in Buhen: David O'Connor, The Old Kingdom Town at Buhen, London 2014, S. 203-228.

274 Stephan Seidlmayer, in: MDAIK 38, 1982, S. 296-299.

275 Miroslav Verner, The Discovery of a Potter's Workshop in the Pyramid Complex of Khentkaus at Abusir, in: CCE 3, 1992, S. 55-59, und ders., Abusir III. The Pyramid Complex of Khentkaus, Prag 1995, S. 26f., 34f., 41.

276 Colin A. Hope, in: JSSEA 10, 1979-80, S. 303-307.

277 Georges Soukiassian, Michel Wuttmann und Laure Pantalacci, Les ateliers de potiers d'ᶜAyn-Aṣīl, Kairo 1990.

278 Hjalmar Larsen, in: MDAIK 10, 1941, S. 3, 11 und Taf. 9b.

279 Site 228: Torgny Säve-Söderbergh, Middle Nubian Sites, Partille 1989, I, S. 265-267; II, Taf. 167-169.

280 Vanessa Smith, in: Expedition 48(2), 2006, S. 29f.

281 Bruce B. Williams, in: Oriental Institute Annual Report 1986-1987, 1987, S. 59f.

282 Jean Vercoutter, Mirgissa, I, Paris 1970, Abb. 23 und S. 80.

283 Kei Yamamoto, A Middle Kingdom Pottery Assemblage from North Abydos, Diss. University of Toronto 2009, S. 232f.

284 Paul T. Nicholson, The Pottery Workshop at Q48.4 at Tell el-Amarna, in: CCE 3, 1992, S. 61-70.

285 Eliezer D. Oren, in: Anson F. Rainey (Hrsg.), Egypt, Israel, Sinai. Archaeological and Historical Relationships in the Biblical Period, Tel Aviv 1987, S. 99-107.

286 Elizabeth Frood, in: Jac J. Janssen, Elizabeth Frood und Maren Goecke-Bauer, Woodcutters, Potters and Doorkeepers. Service Personnel of the Deir el-Medina Workmen, Leiden 2003, S. 41, 44.

287 Georges Soukiassian, Michel Wuttmann und Laure Pantalacci, Les ateliers de potiers d'ᶜAyn-Aṣīl, Kairo 1990, S. 163; s. allerdings zu den caveats dieser und ähnlicher Berech-

Töpfern zusammen und dies als Vollzeitarbeiter[288]. Vorwiegend waren Männer mit der Arbeit befaßt[289]. Über die Entlohnung von Töpfern hat man keinerlei Angaben[290]. Keramikwerkstätten waren häufig größeren Institutionen wie Festungen oder Totentempeln angeschlossen, „privat" arbeitende Werkstätten, wie wohl in Abū Ġālib, eher selten, aber dies mag auch auf Defizite bei Siedlungsgrabungen zurückzuführen sein.

Topfmarken, die vor dem Brennen angebracht wurden, werden mit Produktion und Distribution in Verbindung gebracht und weisen auf eine umfangreiche bzw. institutionelle Produktion hin, während Topfmarken, die nach dem Brennen eingeritzt wurden, auf den Eigentümer oder den Inhalt hindeuten[291].

Am meisten produziert wurden Brotmodeln und Bierkrüge, die kaum Standardisierung aufweisen.

Preise für Tongefäße sind nicht überliefert und dürften minimal gewesen sein[292].

Literatur:

Janine D. Bourriau, Paul T. Nicholson und Pamela J. Rose, Pottery, in: Paul T. Nicholson und Ian Shaw (Hrsg.), Ancient Egyptian Materials and Technology, Cambridge 2000, S. 121-147

E. Christiana Köhler, Socio-Economic Aspects of Early Pottery Production in the Nile Delta, in: BACE 8, 1997, S. 81-89

Leslie Anne Warden, The Organization and Oversight of Potters in the Old Kingdom, in: Miroslav Bárta, Filip Coppens und Jaromír Krejčí (Hrsg.), Abusir and Saqqara in the Year 2010, Prag 2011, S. 800-819

---

nungen Kei Yamamoto, A Middle Kingdom Pottery Assemblage from North Abydos, Diss. University of Toronto 2009, S. 239.

288 Kei Yamamoto, op.cit., S. 241, 246.

289 Rostislav Holthoer, New Kingdom Pharaonic Sites. The Pottery, Lund 1977, S. 27.

290 Kei Yamamoto, op.cit., S. 221.

291 S. Ben Haring, From Single Sign to Pseudo-Script. An Ancient Egyptian System of Workmen's Identity Marks, Leiden-Boston 2018, S. 16, 44, und insbesondere Colin A. Hope, Some Remarks on Potmarks of the Late Eighteenth Dynasty, in: Anthony Leahy and John Tait (Hrsg.), Studies on Ancient Egypt in Honour of H. S. Smith, London 1999, S. 121-146.

292 Jac. J. Janssen, Commodity Prices from the Ramessid Period. An Economic Study of the Village of Necropolis Workmen at Thebes, Leiden 1975, S. 407f.

Ziegelherstellung

Ziegel wurden aus Nilschlamm, gehäckseltem Stroh und Sand, manchmal Asche hergestellt. Diese Mischung wurde in eine hölzerne Form eingefüllt und anschließend etwa eine Woche lang in der Sonne getrocknet. Das Brennen von Ziegeln in Ziegelmeilern ist ab dem Mittleren Reich archäologisch bezeugt und in wenigen Fällen auch in Gräbern dargestellt (s. Abb. 5)[293]. Gebrannte Ziegel finden sich allerdings relativ selten, wohl auch, weil Brennmaterial kostbar war. Eine Ziegelwerkstatt aus dem Alten Reich ist in Abūṣīr belegt[294], eine aus dem Mittleren Reich in Mirgissa[295].

Im Neuen Reich haben vier Ziegelmacher durchschnittlich 3000 Ziegel am Tag hergestellt[296].

Literatur:

Barry Kemp, Soil (including mud-brick architecture), in: Paul T. Nicholson und Ian Shaw (Hrsg.), Ancient Egyptian Materials and Technology, Cambridge 2000, S. 78-103

A. J. Spencer, Brick Architecture in Ancient Egypt, Warminster 1979

Abb. 5: Brennen von Ziegeln

---

[293] Ursula Verhoeven, in: MDAIK 43, 1987, S. 259-266.

[294] Jaromír Krejčí, in: GM 148, 1995, S. 63-69.

[295] Jean Vercoutter, Mirgissa, I, Paris 1970, S. 214-216.

[296] A. J. Spencer, Brick Architecture in Ancient Egypt, Warminster 1979, S. 4.

Metallverarbeitung

An Metallen wurde hauptsächlich Kupfer, Gold, Elektron, Silber, Blei und Eisen verwendet. Über die Metallverarbeitung geben hauptsächlich Darstellungen in Gräbern sowie archäologische Hinterlassenschaften von Werkstätten Auskunft.

Kupferwerkstätten aus dem Alten Reich sind im Wādī Dāra am Roten Meer belegt[297] sowie in ᶜAin Aṣīl aus dem Ende des Alten Reichs bzw. der 1. Zwischenzeit[298]. Solche aus dem Neuen Reich, wohl vorwiegend der 18. Dynastie, finden sich in Sarābiyat al-H̱ādim[299] und Timnā[300] auf dem Sinai, Werkstätten für die Produktion von Objekten aus Kupfer oder Bronze aus der frühen Ramessidenzeit in Qanṭīr[301], in der wohl mehrere Hundert Arbeiter beschäftigt waren[302] und die knapp 9000 m² umfassen und als „großindustriell" bezeichnet werden[303]. Anhand dieser Funde werden überdies drei Wirtschaftskreise für Kupfer vermutet: einer für die Unterschichten, einer für die höheren Schichten, den staatlichen und den Tempelbedarf und ein dritter für spezielle Projekte, bei denen eingelagerte Kupferreserven zur Anwendung kamen[304]. An diese Werkstätten in Qanṭīr sind weitere zur Verarbeitung von Stein, Knochen, Leder und Holz angeschlossen, die zur Herstellung von Wa-

[297] G. Castel et alii, Wadi Dara Copper Mines, in: Esmael, Feisal A. (Hrsg.), Proceedings of the First International Conference on Ancient Egyptian Mining & Metallurgy and Conservation of Metallic Artifacts, Cairo, Egypt 10-12 April 1995, Kairo [1997], S. 15-31.

[298] Clara Jeuthe, Ein Werkstattkomplex im Palast der 1. Zwischenzeit in Ayn Asil, Kairo 2012, bes. S. 277-289.

[299] Itzhaq Beit-Arieh, Serâbît el-Khâdim: New Metallurgical and Chronological Aspects, in: Levant 17, 1985, S. 89-116.

[300] Beno Rothenberg, in: ders. (Hrsg.), The Ancient Metallurgy of Copper. Archaeology-Experiment-Theory, London 1990, S. 1-77.

[301] Edgar B. Pusch, Metallverarbeitende Werkstätten der frühen Ramessidenzeit in Qantir-Piramesse/Nord, in: Ä&L 1, 1990, S. 75-113.

[302] Edgar B. Pusch, in: Esmael, Feisal A. (Hrsg.), Proceedings of the First International Conference on Ancient Egyptian Mining & Metallurgy and Conservation of Metallic Artifacts, Cairo, Egypt 10-12 April 1995, Kairo [1997], S. 123.

[303] Edgar B. Pusch, in: Ä&L 4, 1994, S. 169.

[304] Thilo Rehren und Edgar B. Pusch, Alloying and Resource Management in New Kingdom Egypt: the Bronze Industry at Qantir – Pi-Ramesse and its Relationship to Egyptian Copper Sources, in: Vasiliki Kassianidou und George Papasavvas (Hrsg.), Eastern Mediterranean Metallurgy and Metalwork in the Second Millennium BC, Oxford 2012, S. 215-221, bes. S. 220.

gen, Waffen und ähnlichem dienten[305]. Das Wagenhandwerk war damit von den Tempelwerkstätten zur Waffenproduktion verlagert worden[306]. Verarbeitungsstätten für Gold sind die sog. Goldhäuser, die Tempeln angeschlossen waren[307]. Metallarbeiter, die mit der Verarbeitung von Gold befaßt sind, lassen sich anhand ihrer Titel seit dem Alten Reich nachweisen[308], und auf jeden Fall seit dem Neuen Reich waren sie im Goldhaus angestellt[309].

In der Spätzeit finden sich Kupfer- und vor allem Eisenwerkstätten in Tall Dafna[310]; in Naukratis wurden für die 26. Dynastie Eisenschlacke und -werkzeuge nachgewiesen[311]. In ᶜAin Manāwir sind in der 27. Dynastie Eisenwerkzeuge gang und gäbe[312]. Ein Eisenschmied ist in einem demotischen Papyrus der 26. Dynastie, der vermutlich aus Elephantine stammt, bezeugt[313].

Blei ist relativ selten und findet sich erst in der Spätzeit häufiger genutzt. Die meisten Bleiobjekte, weit über 1000, Statuetten, Votivgaben, Gewichte, aber auch große Vorratsgefäße, wurden in Thonis gefunden[314].

Gold und Silber wurde im Prinzip für die gleichen Objektgruppen verwendet, und auch in der Ikonographie wurde kaum zwischen Gold- und Silberverarbeitung unterschieden[315]; allenfalls die Beischriften geben bisweilen Aufschluß.

---

305 Anja Herold, in: Esmael, Feisal A. (Hrsg.), Proceedings of The First International Conference on Ancient Egyptian Mining & Metallurgy and Conservation of Metallic Artifacts Cairo, Egypt 10-12 April 1995, Kairo [1997], S. 133-137.

306 Heike Wilde, Technologische Innovationen im zweiten Jahrtausend vor Christus. Zur Verwendung und Verbreitung neuer Werkstoffe im ostmediterranen Raum, Wiesbaden 2003, S. 147.

307 Alexandra von Lieven, Im Schatten des Goldhauses. Berufsgeheimnis und Handwerkerinitiation im Alten Ägypten, in: SAK 36, 2007, S. 147-155.

308 Erika Schott, Die Titel der Metallarbeiter, in: GM 4, 1973, S. 29-34.

309 Heike Wilde, Innovation und Tradition. Zur Herstellung und Verwendung von Prestigegütern im pharaonischen Ägypten, Wiesbaden 2011, S. 152 mit Anm. 11. Zur Aufsicht über die Werkstätten s. Khaled Ahmed Hamza Awad, Untersuchungen zum Schatzhaus im Neuen Reich: Administrative und ökonomische Aspekte, Göttingen 2002, S. 120-124.

310 François Leclère, in: BSFE 186-187, 2013, S. 66, 75-77.

311 W. M. Flinders Petrie, Naukratis, Part I, 1884-5, London 1886, S. 39 und Taf. XI.

312 Michel Wuttmann, in: Mediterranean Archaeology 14, 2001, S. 207.

313 P. Berlin 13571: Eugene Cruz-Uribe, Saite and Persian Cattle Documents, Chico 1985, S. 3f.

314 Elsbeth M. van der Wilt, in: Anatolica 40, 2014, S. 220.

315 Heike Wilde, Innovation und Tradition. Zur Herstellung und Verwendung von Prestigegütern im pharaonischen Ägypten, Wiesbaden 2011, S. 94; zu Goldobjekten des Alten bis Neuen Reichs s. S. 21-68, zu Silberobjekten dieses Zeitraums S. 80-93.

In der Spätzeit setzte eine Massenproduktion von Kupferobjekten, die im Kult verwendet wurden, ein, die eine Verschlechterung der Qualität im Vergleich zur 3. Zwischenzeit nach sich zog[316].

Bei den Metallarbeitern läßt sich im Alten Reich eine soziale Struktur ausmachen, bei der die Grob- und Feinschmiede an der Spitze stehen, die Vergolder und Polierer nachfolgen und die Schmelzer und Schmelzeausgießer den untersten Rang einnehmen[317]. Für spätere Zeiten läßt sich dies mangels Beischriften im einzelnen nicht bestätigen. Goldschmiede nahmen allerdings neben Bildhauern stets den höchsten Rang ein[318]. Die Metallarbeiter in Sarābiyat al-Ḫādim waren Nomaden bzw. Asiaten[319], diejenigen in Qanṭīr z.T. Hethiter[320].

Literatur:

Bernd Scheel, Studien zum Metallhandwerk im Alten Ägypten I. Handlungen und Beischriften in den Bildprogrammen der Gräber des Alten Reiches, in: SAK 12, 1985, S. 117-177; Studien zum Metallhandwerk im Alten Ägypten II. Handlungen und Beischriften in den Bildprogrammen der Gräber des Mittleren Reiches, in: SAK 13, 1986, S. 181-205; Studien zum Metallhandwerk im Alten Ägypten III. Handlungen und Beischriften in den Bildprogrammen der Gräber des Neuen Reiches und der Spätzeit, in: SAK 14, 1987, S. 247-264

Jack Ogden, Metals, in: Paul T. Nicholson und Ian Shaw (Hrsg.), Ancient Egyptian Materials and Technology, Cambridge 2000, S. 148-176

Die Herstellung von Fayence, Ägyptisch Blau, Fritte und Glas

Diese vier Produkte werden hier zusammengefaßt, weil sie alle aus Kieselerde und weiteren Mineralien bestehen und in ähnlicher Weise hergestellt werden und zudem im alten Ägypten nicht sauber unterschieden wurden[321].

---

316 Jack Ogden, in: Paul T. Nicholson und Ian Shaw (Hrsg.), Ancient Egyptian Materials and Technology, Cambridge 2000, S. 160.

317 Bernd Scheel, in: SAK 12, 1985, S. 177; zur Diversifikation der Titel s. auch Georges Goyon, in: Kêmi 15, 1959, S. 11-15.

318 Heike Wilde, Innovation und Tradition. Zur Herstellung und Verwendung von Prestigegütern im pharaonischen Ägypten, Wiesbaden 2011, S. 152.

319 Itzhaq Beit-Arieh, in: Levant 17, 1985, S. 115f.

320 Anja Herold, in: Esmael, Feisal A. (Hrsg.), Proceedings of The First International Conference on Ancient Egyptian Mining & Metallurgy and Conservation of Metallic Artifacts Cairo, Egypt 10-12 April 1995, Kairo [1997], S. 137f.

321 Zur Problematik der Terminologie s. Edgar B. Pusch und Thilo Rehren, Hochtemperatur-Technologie in der Ramses-Stadt. Rubinglas für den Pharao, I, Hildesheim 2007, S. 17-19, und M. S. Tite und A. J. Shortland, Production Technology of Faience and Related Early Vitreous Materials, Oxford 2008, S. 21.

Fayence besteht aus Kieselerde, Kalk und Soda, das zerrieben, mit Wasser vermischt und in Gußformen gefüllt wurde. Nach dem Trocknen an der Luft wurde es im Ofen gebrannt. Glasuren erhielt man auf ähnliche Weise durch Mal- oder Tauchglasur, Effloreszenzglasur oder, ab Sesostris I., Zementationsglasur. Die Produktion von Fayence geht in ihren Anfängen auf prädynastische Zeit zurück. Im Alten Reich findet sich eine Werkstatt in Abydos, im Mittleren Reich eine in Lišt und in Kirma, im Neuen Reich solche in Malqata, Amarna, Gurob, Qanṭīr und Tall al-Yahūdīya, in der Spätzeit in Naukratis und Buto. In Amarna existierten große staatliche Werkstätten, die für den Palast und Tempel produzierten, sowie private kleine, die für den Eigen- oder lokalen Gebrauch herstellten[322]. Für die anderen Orte lassen sich anhand der Grabungsbefunde keine vergleichbaren Ergebnisse gewinnen. Die einzige Darstellung der Herstellung von Fayence findet sich im Grab des Ibi in Theben aus der 26. Dynastie[323]. Fayence kam bei der Herstellung von Gefäßen, Schmuck, Kleinplastiken, Fliesen u.a. zur Anwendung[324].

Ägyptisch Blau bzw. Fritte ist ein künstlich erzeugtes Farbpigment, das aus Kieselerde, Kupfer und Natron bestand, später, als man Bronze statt Kupfer verwendete, auch aus Zinn, und erhitzt wurde. Fritte enthält mehr Soda und wird auch als die erste, aber nicht notwendige Stufe bei der Glasherstellung bezeichnet; sie wurde in Ägypten hauptsächlich als Pigment genutzt. Blaue Fritte bzw. Ägyptisch Blau wurde seit dem Alten Reich, wenn nicht früher, produziert, grüne möglicherweise erst seit dem Neuen Reich[325]. Während die Produktion blauer Fritte auch ins Ausland exportiert wurde, beschränkte sich die grüne auf Ägypten. Blaue Fritte muß im Neuen Reich in erheblichem Umfang produziert worden sein. So waren für die Dekoration des Grabes der Königin Nefertari 37 kg und für die von Medinet Habu 1400 kg erforderlich[326].

---

322 S. Bart Vanthuyne, in: Ä&L 22/23, 2012/2013, S. 418.

323 Klaus P. Kuhlmann und Wolfgang Schenkel, Das Grab des Ibi, Obergutsverwalters der Gottesgemahlin des Amun (thebanisches Grab Nr. 36), Mainz 1983, Bd. 1, S. 104, Bd. 2, Taf. 30.

324 Zu den Objekten bis zum Ende des Neuen Reichs s. Heike Wilde, Innovation und Tradition. Zur Herstellung und Verwendung von Prestigegütern im pharaonischen Ägypten, Wiesbaden 2011, S. 99-138; darüber hinaus s. Birgit Schlick-Nolte, Ägyptische Fayence und Ägyptisch Blau im Alten Ägypten, in: Ralf Busz und Peter Gercke (Hrsg.), Türkis und Azur. Quarzkeramik im Orient und Okzident, Kassel 1999, S. 41-47.

325 M. S. Tite und A. J. Shortland, Production Technology of Faience and Related Early Vitreous Materials, Oxford 2008, S. 148.

326 Op.cit., S. 168.

Glas erscheint in Ägypten ab der 18. Dynastie, zuerst als Import aus Vorderasien, dann seit der Zeit Thutmosis' III. auch im Land selbst hergestellt. Die Rohmaterialien für ägyptisches Glas sind Soda, Kalk und Kieselerde. Sie wurden fein zerrieben und in Brennöfen erhitzt. Das flüssige Glas wurde dann auf unterschiedliche Arten, für die es in der Ägyptologie diverse Vorschläge gibt, z.B. mit Hilfe von Gußformen, in die endgültige Form gebracht. Um Glas einer bestimmten Farbe zu erhalten, mußten weitere Zusatzstoffe zugesetzt werden wie Kobalt für blau, Zinn für hell oder Kupfer für rot.

Glaswerkstätten werden für das Neue Reich in Malqata, Kōm Madīnat Ġurāb, Amarna, Lišt und Qanṭīr angenommen[327]. Glasbrennöfen sind jedoch an keinem dieser Orte sicher bezeugt[328]. An zwei Orten steht die Produktion in Verbindung mit anderen Industrien, die ebenfalls hohe Temperaturen erfordern, in Amarna mit der Herstellung von Fayence und Fritte, in Qanṭīr mit der von Bronzeobjekten, Fayence und Ägyptisch Blau[329]. Ab dem 11. Jh. tritt bei der Glasherstellung eine Stagnation ein, die erst unter Amasis wieder überwunden wird[330].

Literatur:

Friedman, Florence Dunn (Hrsg.), Gifts of the Nile. Ancient Egyptian Fayence, London 1998

Paul T. Nicholson, Brilliant Things for Akhenaten. The Production of Glass, Vitreous Materials and Pottery at Amarna Site O45.1, London 2007

Paul Nicholson und Julian Henderson, Glass, in: Paul T. Nicholson und Ian Shaw (Hrsg.), Ancient Egyptian Materials and Technology, Cambridge 2000, S. 195-224

Paul T. Nicholson und Edgar Peltenburg, Egyptian faience, in: Paul T. Nicholson und Ian Shaw (Hrsg.), Ancient Egyptian Materials and Technology, Cambridge 2000, S. 177-194

---

327 Edgar B. Pusch und Thilo Rehren, Hochtemperatur-Technologie in der Ramses-Stadt. Rubinglas für den Pharao, I, Hildesheim 2007, S. 140-145.

328 Op.cit., S. 142-144; Thilo Rehren, in: BiOr 70, 2013, Sp. 106f.

329 Edgar B. Pusch und Thilo Rehren, Hochtemperatur-Technologie in der Ramses-Stadt. Rubinglas für den Pharao, I, Hildesheim 2007, S. 158. Ein Schaubild zur Produktion in Amarna findet sich in Andrew J. Shortland, Vitreous Materials at Amarna. The production of glass and faience in 18th Dynasty Egypt, Oxford 2000, S. 145.

330 Heike Wilde, Technologische Innovationen im zweiten Jahrtausend vor Christus. Zur Verwendung und Verbreitung neuer Werkstoffe im ostmediterranen Raum, Wiesbaden 2003, S. 148.

Edgar B. Pusch und Thilo Rehren, Hochtemperatur-Technologie in der Ramses-Stadt. Rubinglas für den Pharao, 2 Bde., Hildesheim 2007

Birgit Schlick-Nolte, Ägyptische Fayence und Ägyptisch Blau im Alten Ägypten, in: Ralf Busz und Peter Gercke (Hrsg.), Türkis und Azur. Quarzkeramik im Orient und Okzident, Kassel 1999, S. 12-51

Andrew J. Shortland, Vitreous Materials at Amarna. The production of glass and faience in 18th Dynasty Egypt, Oxford 2000

Bart Vanthuyne, Amarna Factories, Workshops, Faience Moulds and their Produce, in: Ä&L 22/23, 2012/2013, S. 395-429

Papyrusherstellung

Der Beschreibstoff Papyrus wurde aus der gleichnamigen Pflanze (*Cyperus papyrus L.*) hergestellt. Zur Art der Produktion gibt es weder ägyptische Darstellungen noch Texte; auch Werkstätten wurden nicht ermittelt. Für eine Rekonstruktion der Herstellung ist man auf Plinius angewiesen. Die Stengel der Pflanze wurden in handhabbare Längen geschnitten, die Rinde entfernt und der Rest in Streifen geschnitten. Diese wurden aneinander oder leicht überlappend in eine Richtung gelegt, dann quer darüber und anschließend gepreßt und getrocknet. In der Regel wurden 20 Blätter mit einer Mehlpaste zu einer Rolle aneinander geklebt.

Papyrus scheint knapp gewesen zu sein, da er häufig recycelt wurde. Er war allerdings nicht teuer: Eine Rolle bestehend aus 20 Blättern kostete in der Ramessidenzeit 2 *dbn* Kupfer[331].

Literatur:

Bridget Leach und John Tait, Papyrus, in: Paul T. Nicholson und Ian Shaw (Hrsg.), Ancient Egyptian Materials and Technology, Cambridge 2000, S. 227-253

Richard Parkinson und Stephen Quirke, Papyrus, London 1995

Holzverarbeitung

Es wurde sowohl einheimisches Holz verarbeitet, wie z.B. das von Akazie, Sykomore und Tamariske, als auch ausländisches wie vor allem das der Li-

---

[331] Jac. J. Janssen, The Price of Papyrus, in: DE 9, 1987, S. 33-35.

banonzeder[332] und des *ʿš*-Baumes, der neuerdings als Esche aufgefaßt wird[333]. Holz der Tamariske oder des Christusdorns war teurer als das der Akazie und der Sykomore[334]. Bereits genutztes Holz wurde häufig wiederverwendet, insbesondere einheimisches, da importiertes sowieso teuer war[335].

Über die Bearbeitung von Holz unterrichten zahlreiche Darstellungen in Gräbern[336]. Die wichtigsten Handwerksgeräte waren Axt, Säge, Dächsel, Bogenbohrer und Meißel[337]. Im Alten und Mittleren Reich wurden sie in einer Kiste verstaut, im Neuen Reich in einem Korb.

Zu unterscheiden sind private Anlagen, die im Alten Reich belegt sind, und staatliche, die dem Schatzhaus unterstanden (*wḫr.t n.t pr.w-ʿꜣ*)[338]. Staatliche Arbeiter konnten auch an Privatpersonen vermittelt werden[339].

Eine königliche Werkstatt (*wḫr.t*) für Holzverarbeitung mit einer angeschlossenen Kupferwerkstatt für Reparaturen des notwendigen Werkzeugs ist für das Mittlere Reich in This belegt[340]. Der betreffende Text registriert Lieferungen an diese und von dieser Werkstatt für die Jahre 15 bis 18 Sesostris' I. Holzlieferungen an eine offenbar staatliche Schiffswerkstatt in *Pr.w-nfr*[341] über 8 Monate hinweg sind für die Zeit Thutmosis' III. bezeugt[342]. Archäologisch ist eine Holzwerkstatt in der Ramessidenzeit in Qanṭīr nachzuweisen[343]. Schiffswerften sind durch die pharaonische Zeit hinweg am Roten Meer in ʿAin Suḫna, Wādī al-Ǧarf und Marsā Gawāsīs belegt (→ Expeditionen, Handel mit Punt).

---

332 Zu den einzelnen Holzsorten und ihrer Verwendung s. Rowena Gale, Peter Gasson und Nigel Hepper, in: Paul T. Nicholson und Ian Shaw (Hrsg.), Ancient Egyptian Materials and Technology, Cambridge 2000, S. 334-352.
333 Claudia M. Kemna, Im Schatten der Zeder. Eine kulturübergreifende Spurensuche zu Identität und kultischer Verwendung des *ʿš*-Baumes, Göttingen 2018.
334 Kathlyn M. Cooney, The Cost of Death. The Social and Economic Value of Ancient Egyptian Funerary Art in the Ramesside Period, Leiden 2007, S. 116f.
335 Pearce Paul Creasman, in: GM 240, 2014, S. 25f., 28.
336 S. die Zusammenstellung der Szenen bei Rosemarie Drenkhahn, Die Handwerker und ihre Tätigkeiten im alten Ägypten, Wiesbaden 1976, S. 98-120.
337 Hierzu s. Geoffrey Killen, Ancient Egyptian Furniture, I, Warminster 1980, S. 12-22.
338 Norbert Dürring, Materialien zum Schiffbau im Alten Ägypten, Berlin 1995, S. 200.
339 Op.cit., S. 206f.
340 William Kelly Simpson, Papyrus Reisner II, Boston 1965.
341 Die Identifizierung von *Pr.w-nfr*, Memphis bzw. Auaris, ist umstritten; s. Irene Forstner-Müller, in: EA 45, 2014, S. 35.
342 S. R. K. Glanville, Records of a Royal Dockyard of the Time of Thutmosis III: Papyrus British Museum 10056, in: ZÄS 66, 1930, S. 105-121, und ZÄS 68, 1932, S. 7-41.
343 Silvia Prell, in: André J. Veldmeijer und Salima Ikram (Hrsg.), Chasing Chariots. Proceedings of the First International Chariot Conference (Cairo 2012), Leiden 2013, S. 166.

Holz wurde u.a. verwendet für Schiffe, Wagen, Möbel, Särge, Statuen, Waffen, Musikinstrumente und kleine Gerätschaften.

Minderwertiges Holz wurde natürlich auch als Brennholz und zur Herstellung von Holzkohle verwendet. Die Arbeitersiedlung von Dēr al-Madīna wurde in normalen Zeiten von sechs Holzfällern beliefert, drei pro Seite, gelegentlich einem mehr[344]; diese Personen brachten nicht nur Brennholz, sondern auch Dung und Reisig als Brennmaterial[345].

Literatur:

Pearce Paul Creasman, Reflections of a Timber Economy: The Interpretation of Middle Kingdom Ship and Boat Timbers, in: GM 240, 2014, S. 19-35

Norbert Dürring, Materialien zum Schiffbau im Alten Ägypten, Berlin 1995

Rowena Gale, Peter Gasson und Nigel Hepper, Wood, in: Paul T. Nicholson und Ian Shaw (Hrsg.), Ancient Egyptian Materials and Technology, Cambridge 2000, S. 334-371

344 Jac. J. Janssen, in: ders., Elizabeth Frood und Maren Goecke-Bauer, Woodcutters, Potters and Doorkeepers. Service Personnel of the Deir el-Medina Workmen, Leiden 2003, S. 12f.

345 Op.cit., S. 16.

Ökonomische Institutionen

Viele dieser Institutionen sind vorwiegend über die Titel ihres Personals belegt, aber es finden sich auch archäologische Belege, sogenannte Modelle sowie Darstellungen in Gräbern und Tempeln.

Literatur:

Brigitte Gratien, Départements et institutions dans les forteresses nubiennes au Moyen Empire, in: Catherine Berger, Gisèle Clerc und Nicolas Grimal (Hrsg.), Hommages à Jean Leclant, Bd. 2, Kairo 1994, S. 185-197

Hratch Papazian, The Central Administration of the Resources in the Old Kingdom: Departments, Treasuries, Granaries and Work Centers, in: Juan Carlos Moreno García (Hrsg.), Ancient Egyptian Administration, Leiden-Boston 2013, S. 41-83

Schatzhäuser

Das staatliche Schatzhaus ist von der Frühzeit über das Alte, Mittlere und Neue Reich und in der Spätzeit als zweigeteilte Instanz belegt. In den ersten beiden Zwischenzeiten übernahmen wohl Tempelschatzhäuser (s.u.) weitgehend ihre Funktionen.

Bis zum Ende der 3. Dynastie existiert neben dem eigentlichen Schatzhaus *pr.w-ḥḏ* ein weiteres mit der Bezeichnung *pr.w-dšr*, die jeweils für die Einkünfte aus den beiden Landeshälften zuständig gewesen sein könnten[346]. Ob dies auch für die Institutionen im danach auftretenden Dual *pr.wwỉ-ḥḏ* gilt, ist unklar. Unterabteilungen des Schatzhauses waren die Lebensmittelverwaltung, das Waffenhaus, die „beiden Kammern des Königsschmucks“, die „beiden Goldhäuser“ sowie die „beiden Werkstätten“[347]. Darstellungen des Schatzhauses gibt es aus dem Alten Reich nicht, aber Texte bezeugen, daß aus ihm Objekte für Bestattungen sowie allgemein Zuwendungen an Beamte geliefert wurden[348], nicht aber Lebensmittel, für die die Scheune, das *pr.w-ḥr.ỉ-wḏb* und das *ỉs-ḏfꜣ* zuständig waren. Im Mittleren Reich war das Schatzhaus, dessen Beamte nun mit anderen Titeln ausgestattet waren, hauptsächlich für Expeditionen und die Sammlung und Verwaltung ihrer Produkte zu-

[346] Toby A. H. Wilkinson, Early Dynastic Egypt, London 1999, S. 125-128.
[347] Petra Andrassy, in: ZÄS 118, 1991, S. 6.
[348] Hratch Papazian, in: Juan Carlos Moreno García (Hrsg.), Ancient Egyptian Administration, Leiden-Boston 2013, S. 72f.

ständig. Die nubischen Festungen in Simna-Süd, Uronarti, Askūt, Mirgissa, Buhen und Bigga besaßen ebenfalls Schatzhäuser, die die nubischen Güter verwahrten und die Expeditionen ausstatteten[349]. Im Neuen Reich war das nubische Schatzhaus, das möglicherweise schon auf das Mittlere Reich zurückgeht, in Aniba ansässig und für Wawat, also Obernubien, zuständig, während es offenbar kein eigenständiges Schatzhaus für Kusch in Unternubien gab. Zu Beginn der 18. Dynastie war das ägyptische staatliche Schatzhaus offensichtlich noch im Tempel von Karnak beheimatet; dies trifft jedenfalls für das auch archäologisch nachweisbare Schatzhaus Thutmosis' I. zu, wobei auch dieser Tempel eine eigene Schatzhausabteilung besaß[350]. Ab Thutmosis III. und dem massiven Zufluß von Gütern aus unterworfenen Gebieten in Nubien und der Levante wurde das dortige Tempelschatzhaus auch zum staatlichen Schatzhaus. In der Folge war es dann auch für die Ausrüstung von Expeditionen und staatliche (Bau-)Arbeiten wie auch für die Versorgung der Arbeiter in Dēr al-Madīna verantwortlich. In der Ramessidenzeit diente es neben der staatlichen Scheune auch als Archiv für Landurkunden[351]. Die Verquickung von staatlichem und Tempelschatzhaus zeigt sich auch in der 22. Dynastie, als man gleichzeitig Beamter beider Schatzhäuser sein konnte[352]. Ein nördliches Schatzhaus scheint in der Bubastidenzeit nicht belegt zu sein[353]. In der 26. Dynastie unter Apries ist ein Vorsteher der beiden Schatzhäuser belegt, der gleichzeitig auch Obervermögensverwalter des Königs war[354].

---

349 Brigitte Gratien, in: Catherine Berger, Gisèle Clerc und Nicolas Grimal (Hrsg.), Hommages à Jean Leclant, Bd. 2, Kairo 1994, S. 188-190. Zur Architektur s. Sophie Desplancques, L'institution du trésor en Egypte des origines à la fin du Moyen Empire, Paris 2006, S. 413-415.

350 Selke Susan Eichler, Die Verwaltung des „Hauses des Amun" in der 18. Dynastie, Hamburg 2000, S. 115-119. Das Schatzhaus Thutmosis I. dürfte noch einen Vorgängerbau aus dem Mittleren Reich gehabt haben, wie Siegel aus der 13. Dynastie nahelegen; s. Sophie Desplancques, L'institution du trésor en Egypte des origines à la fin du Moyen Empire, Paris 2006, S. 411.

351 G. A. Gaballa, The Memphite Tomb-Chapel of Mose, Warminster 1977, S. 22 und Taf. 59 (N7).

352 S. den Fall des *Jw=f-ꜥꜣ*: Frédéric Payraudeau, in: BIFAO 105, 2005, S. 199f., 203, 206; s. hierzu auch Günter Vittmann, Der demotische Papyrus Rylands 9, Bd. 2, Wiesbaden 1998, S. 428f. mit weiteren Belegen.

353 Zum Schatzhaus in dieser Zeit und seinen Beamten s. Frédéric Payraudeau, Administration, société et pouvoir à Thèbes sous la XXIIe dynastie bubastide, Bd. 1, Kairo 2014, S. 209-218.

354 Diana Alexandra Pressl, Beamte und Soldaten. Die Verwaltung in der 26. Dynastie in Ägypten (664-525 v. Chr.), Frankfurt 1998, S. 31.

Die frühesten sicheren Belege für ein Schatzhaus in einem Totentempel stammen aus dem Archiv des Raneferef aus der 5. Dynastie[355]. Genannt werden ein Schatzhaus und ein großes Schatzhaus, wobei unklar bleibt, ob es sich um ein und dasselbe Gebäude handelt oder nicht. Auch kann es nicht sicher architektonischen Überresten zugeordnet werden. Vergleichbares zeigt sich für das Mittlere Reich, aus dem keine Schatzhäuser von Totentempeln archäologisch eindeutig zu identifizieren sind. Für den Totentempel Sesostris' III. in Abydos weisen aber Beamtentitel auf seine Existenz hin[356]. Die Totentempel des Neuen Reichs in Theben und Abydos liefern schon durch ihren guten Erhaltungszustand mitsamt Darstellungen und Inschriften Informationen über ihre Schatzhäuser. So wurden dort nicht nur Schätze, sondern auch Geräte und Materialien für den Kult aufbewahrt (s. Abb. 6). In einem anderen Typ von Schatzhaus, das wohl in Ziegeln errichtet war und außerhalb des eigentlichen Tempels lag, wurden verderbliche Güter, die u.a. als

Abb. 6: Schatzhaus von Medinet Habu

[355] Paule Posener-Kriéger†, Miroslav Verner und Hana Vymazalová, Abusir X. The Pyramid Complex of Raneferef. The Papyrus Archive, Prag 2006, S. 342f.
[356] Josef Wegner, The Mortuary Temple of Senwosret III at Abydos, New Haven-Philadelphia 2007, S. 208f.

Opfergaben bestimmt waren, gelagert[357]. Diese Güter wurden aber auch an den Karnaktempel und die Arbeiterschaft in Dēr al-Madīna weitergeleitet.

Auch die Institution der Gottesgemahlin des Amun besaß ein eigenes bzw. doppeltes Schatzhaus, das allerdings archäologisch nicht nachgewiesen werden kann[358].

Schatzhäuser von Göttertempeln[359] sind im Alten und Mittleren Reich ebenfalls auf Grund ihrer vergänglichen Ziegelarchitektur archäologisch nicht bezeugt; auch finden sich keine expliziten Schatzhaustitel[360]. Solche des Neuen Reiches finden sich archäologisch in Theben belegt und hier und an vielen anderen Orten durch entsprechende Titel. Das wichtigste von ihnen, das des Amuntempels in Karnak, wird überdies in zahlreichen Grabreliefs seiner Beamten dargestellt. In dieses Schatzhaus eingeliefert wurden nahezu alle Arten von Waren mit Ausnahme von Getreide, das in die Scheune eingebracht wurde. Vor allem Güter aus dem Ausland und Rohstoffe, die bei Expeditionen gewonnen wurden, wurden eingeliefert, dort gewogen und archiviert. Sie verblieben dort aber nicht unbedingt auf Dauer, sondern wurden in der 18. Dynastie z.T. an die Totentempel auf dem thebanischen Westufer transferiert, z.T. aber auch an den Königshof. Rohstoffe wurden an die dem Schatzhaus angeschlossenen Werkstätten und Arbeitshäuser weitergereicht und dort verarbeitet. Die Produkte wurden jedoch nicht nur für den Tempel gebraucht, sondern auch veräußert, so z.B. Sarkophage[361], Waffen und Kriegswagen (s. Abb. 7). Außerhalb Thebens sind im ägyptischen Kernland noch eine Reihe von Schatzhäusern diverser Göttertempel zumeist anhand von Beamtentiteln, aber nicht unbedingt archäologisch, bezeugt[362]. Das

[357] Zu diesen beiden Typen von Schatzhäusern s. B. J. J. Haring, Divine Households. Administrative and Economic Aspects of the New Kingdom Royal Memorial Temples in Western Thebes, Leiden 1997, S. 196f., 367f.; zum ersten Typus in Medinet Habu s. S. 127-134.

[358] Erhart Graefe, Untersuchungen zu Verwaltung und Geschichte der Institution der Gottesgemahlin des Amun vom Beginn des Neuen Reiches bis zur Spätzeit, Bd. 2, Wiesbaden 1981, S. 19f., 75.

[359] Eigentlich sollte man besser von “Schatzkammern” sprechen; diese dürften wahrscheinlich in jedem Tempel vorhanden gewesen sein. S. Stefan Baumann, Schatzkammern. Ihre Dekoration und Raumkonzeption in ägyptischen Tempeln der griechisch-römischen Zeit, Teil I, Wiesbaden 2018, S. 15.

[360] S. Stephen Quirke, Titles and Bureaux of Egypt 1850-1700 BC, London 2004, S. 119-129.

[361] S. die Darstellung im Grab des *Nfr-rnpt*: Walter Wreszinski, Atlas zur altägyptischen Kulturgeschichte, I, Leipzig 1923, Taf. 74.

[362] Khaled Ahmed Hamza Awad, Untersuchungen zum Schatzhaus im Neuen Reich. Administrative und ökonomische Aspekte, Göttingen 2002, S. 178-188.

Schatzhaus des Atontempels in Amarna ist aus Grabdarstellungen bekannt s. Abb. 8) und dürfte gleichzeitig als staatliches Schatzhaus fungiert haben.

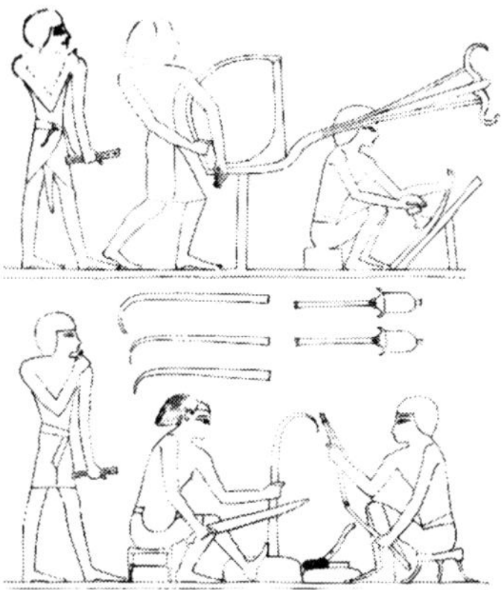

Abb. 7: Produkte einer Tempelwerkstatt

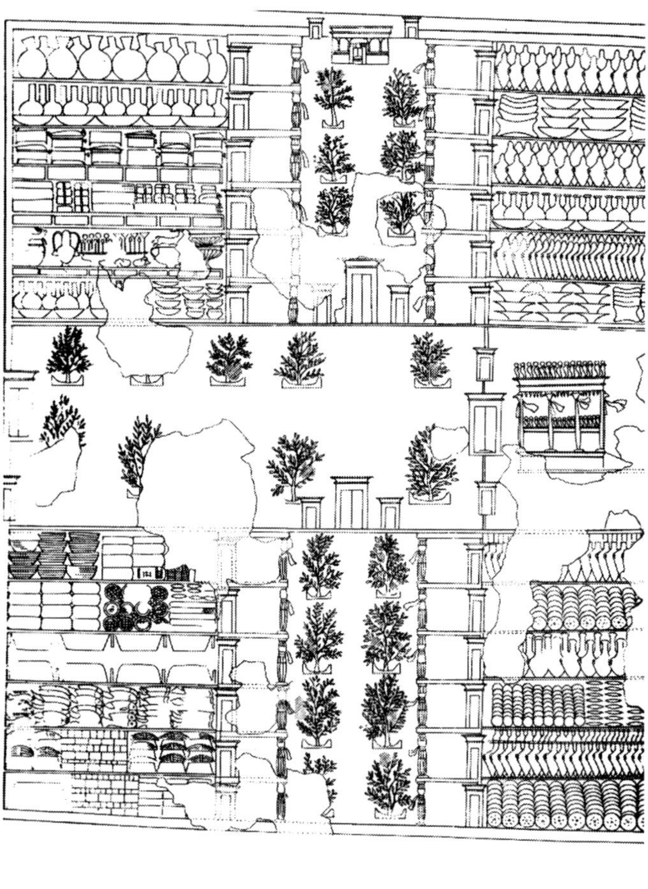

Abb. 8: Schatzhaus des Atontempels in Amarna

In Nubien gab es solche in Abū Simbil, Buhen und Derr. In Abū Simbil erbaute Ramses II. ein Schatzhaus für Amun und füllte es mit allen möglichen Edelsteinen[363]; dieses ist anhand einer Weiheinschrift auch archäologisch nachweisbar[364]. Letzteres gilt nicht für das Schatzhaus des Min-Amun in Buhen, dessen Werkstätten (*šnᶜ*) Sethos I. mit Sklaven und Sklavinnen füllte[365], und das des Re-Harachte in Derr, wo im Tempel hinter einer Darstellung von Gefangenen die Beischrift steht, daß Ramses II. sie für das Schatzhaus bestimmt hat[366]. Von Interesse ist hier noch der Text des sog. Elephantineskandals, demzufolge der Vorsteher des staatlichen Schatzhauses ausgesandt wird, um Mißstände im Schatzhaus des Chnumtempels in Elephantine zu untersuchen[367]. Zur Verbindung des Schatzhauses des Amun mit dem staatlichen in der 22. Dynastie s. oben[368]. Aus der 25. Dynastie ist archäologisch und philologisch ein Schatzhaus des Amun in Karnak belegt, das von Schabaka errichtet wurde, aber eventuell schon einen Vorläufer an derselben Stelle hatte[369]. Ein bestimmter Teil der Anlage war handwerklichen Tätigkeiten vorbehalten[370]. Nur in Texten, genauer: abnormal-hieratischen und demotischen Texten, erscheint ein Tempelschatzhaus in Verkaufsurkunden als Garant des beim Kauf verwendeten Silbers, und zwar von der 22. Dynastie bis zu Psammetich I. ein Schatzhaus des Harsaphes, wohl in Herakleopolis, danach bis zur persischen Eroberung ein Schatzhaus der Stadt, d.i. Theben, danach ein Schatzhaus des Ptah, d.h. in Memphis. Das Schatzhaus des Tempels des Stammsitzes der Dynastie garantierte also die Qualität des ausgegebenen

---

363 KRI II 762, 12f.

364 S. Donadoni, H. El-Achirie und C. Leblanc, Grand temple d'Abou Simbel. Les salles du trésor sud, I, Kairo 1975; Fouad Abdel Hamid, op. cit., II, Kairo 1975. Zum Dekorationsprogramm s. Benoît Lurson, Lire l'image égyptienne. Les „Salles du Trésor“ du Grand Temple d'Abou Simbel, Paris 2001, bes. S. 27-39 und Taf. 5.

365 KRI I 38,8f.

366 KRI II 202,16.

367 T. Eric Peet, in: JEA 10, 1924, S. 121, 125.

368 Zu den Beamten dieses Schatzhauses s. Frédéric Payraudeau, Administration, société et pouvoir à Thèbes sous la XXIIᵉ dynastie bubastide, Bd. 1, Kairo 2014, S. 209-218.

369 J. Leclant, Recherches sur les monuments thébaines de la XXVᵉ dynastie dite éthiopienne, Bd. 1, Kairo 1965, S. 19-23; Nadia Licitra, Christophe Thiers und Pierre Zignani, in: Elena Pischikova, Julia Budka und Kenneth Griffin (Hrsg.), Thebes in the First Millennium BC, Newcastle upon Tyne 2014, S. 557-561.

370 Nadia Licitra, in: BSFE 199, 2018, S. 52-54.

Silberstücks. In allerspätester Zeit war das *šnᶜ wᶜb* oder „temple haut“ das ökonomische Zentrum eines Sanktuars[371].

Literatur:

Khaled Ahmed Hamza Awad, Untersuchungen zum Schatzhaus im Neuen Reich: Administrative und ökonomische Aspekte, Göttingen 2002

Sophie Desplancques, L'institution du trésor en Egypte des origines à la fin du Moyen Empire, Paris 2006 [hauptsächlich zu Beamtentiteln]

Renate Müller-Wollermann, Die ökonomische Bedeutung von Tempelschatzhäusern, in: Martin Fitzenreiter (Hrsg.), Das Heilige und die Ware. Zum Spannungsfeld von Religion und Ökonomie, London 2007, S. 171-178

Scheunen

Staatliche Scheunen und Tempelscheunen wurden als *šnw.t* bezeichnet, während private Speicher *mḫr* genannt wurden[372]. Bis zur 4. Dynastie war die staatliche Scheune bzw. waren die staatlichen Scheunen vermutlich dem königlichen Schatzhaus unterstellt[373]. Danach bezeugen Beamtentitel bis zum Ende des Neuen Reichs und noch länger, wenn auch spärlich,[374] die Zweiteilung der obersten Scheuneneinrichtung, wie sie auch beim Schatzhaus zu beobachten ist (die Zweiteilung findet sich auch bei Scheunen von Göttertempeln). Für die 1. Zwischenzeit sind keine öffentlichen Scheunen bezeugt[375]. Aus dem Mittleren Reich sind staatliche Scheunen in den nubischen Festungen Mirgissa, Askūt, Šalfak, Uronarti, Simna und Kumma archäologisch nachgewiesen. Für sie wurde eine Speicherkapazität von 389 m^3 (Šalfak) bis 1632 m^3 (Askūt) ermittelt und Askūt auch anhand des Grundrisses als befestigte Speicheranlage bestimmt[376]. Durch Siegel sind weitere Scheunen in

---

[371] Claude Traunecker, Les «temples hauts» de Basse Époque. Un aspect du fonctionnement économique des temples, in: RdE 38, 1987, S. 147-162.

[372] S. Adeline Bats, in: NeHeT 5, 2017, S. 159-166.

[373] Briant Bohleke, The Overseers of Double Granaries of Upper and Lower Egypt in the Egyptian New Kingdom, 1570-1085 B.C., Ann Arbor 1993, S. 14.

[374] Frédéric Payraudeau, Administration, société et pouvoir à Thèbes sous la XXIIᵉ dynastie bubastide, Bd. 1, Kairo 2014, S. 218f.; Diana Alexandra Pressl, Beamte und Soldaten. Die Verwaltung in der 26. Dynastie in Ägypten (664-525 v. Chr.), Frankfurt 1998, S. 38f.; A. Barsanti, in: ASAE 1, 1900, S. 189f.

[375] Leslie Anne Warden, in: NeHeT 5, 2017, S. 147.

[376] Barry J. Kemp, in: ZÄS 113, 1986, S. 131, 133f.

Buhen, Sirra und Bigga bezeugt[377]. Kommunale Getreidespeicher der 2. Zwischenzeit sind in Edfu[378] und Tall Habwa[379] ergraben worden. Letzteren sind staatliche Bäckereien angegliedert, die das Getreide verarbeiteten und damit die Truppen auf dem Weg nach Vorderasien versorgten. Im Palastbezirk von Tall ad-Dabᶜa fanden sich Speicheranlagen der frühen 18. Dynastie[380]. Scheunen des Palastes und des Atontempels sind neben privaten in Amarna zu finden[381]. Im späteren Neuen Reich versorgte die staatliche Scheune u.a. die Arbeiterschaft von Dēr al-Madīna, aber archäologisch kann sie nicht lokalisiert werden[382]. Außerdem diente sie neben dem Schatzhaus als Archiv für Landurkunden[383]. Von der Scheune des Amuntempels in Karnak hingegen hat man anhand von Abbildungen in Gräbern eine gute Vorstellung[384] (s. Abb. 9). Im Ramesseum wurden die nördlichen tunnelartigen Speichergebäude, die eine Breite von 3,20 m und eine Höhe von 3,50 m aufwiesen, als Getreidespeicher gedeutet[385]. Wie Abbildungen in Gräbern verdeutlichen, wurden sie von oben befüllt (s. Abb. 10). Nach dem Neuen Reich dünnt die Beleglage insgesamt aus, und oft kann nicht entschieden werden, ob es sich um eine staatliche Scheune oder die eines Tempels handelt[386]. Auch die Insti-

[377] Brigitte Gratien, in: Catherine Berger, Gisèle Clerc und Nicolas Grimal (Hrsg.), Hommages à Jean Leclant, Bd. 2, Kairo 1994, S. 191-194.
[378] Nadine Moeller, in: JARCE 46, 2010, S. 81-111.
[379] Mohamed Abd el-Maksoud, Tell Heboua (1981-1991). Enquête archéologique sur la Deuxième Période Intermédiaire et le Nouvel Empire à l'extrémité orientale du Delta, Paris 1998, S. 59-66, 113-115 und 122.
[380] Manfred Bietak und Irene Forstner-Müller, in: Ä&L 17, 2007, S. 38-41.
[381] Nadine Moeller, in: Salima Ikram und Aidan Dodson (Hrsg.), Beyond the Horizon: Studies in Egyptian Art, Archaeology and History in Honour of Barry J. Kemp, Bd. 1, Kairo 2009, S. 264-267.
[382] Richard Mandeville, Wage Accounting in Deir el-Medina, Wallasey 2014, S. 146f.
[383] G. A. Gaballa, The Memphite Tomb-Chapel of Mose, Warminster 1977, S. 22 und Taf. 59 (N7); Ricardo A. Caminos, Late-Egyptian Miscellanies, London 1954, S. 326.
[384] Charles Cornell Van Siclen III, Two Theban Monuments from the Reign of Amenhotep II, San Antonio 1982, S. 18-46; dort auch Verweise auf Scheunen anderer Tempel.
[385] Uvo Hölscher, The Excavation of Medinet Habu, Bd. 3. The Mortuary Temple of Ramses III, Teil 1, Chicago 1941, S. 78-82 und Taf. 10.
[386] S. z.B. Sven P. Vleeming, Papyrus Reinhardt. An Egyptian Land List from the Tenth Century B.C., Berlin 1993, S. 56; die Scheune war hier offenbar nicht nur mit der Einsammlung und Wiederverteilung von Getreide bafaßt, sondern auch mit dessen Produktion.

tution der Gottesgemahlin verfügte über eine eigene bzw. doppelte Scheune, die aber archäologisch nicht nachgewiesen werden kann[387].

Abb. 9: Scheune des Amuntempels in Karnak

Abb. 10: Befüllung von Getreidespeichern

[387] Erhart Graefe, Untersuchungen zu Verwaltung und Geschichte der Institution der Gottesgemahlin des Amun vom Beginn des Neuen Reiches bis zur Spätzeit, Bd. 2, Wiesbaden 1981, S. 15-17, 73f.

Literatur:

Briant Bohleke, The Overseers of Double Granaries of Upper and Lower Egypt in the Egyptian New Kingdom, 1570-1085 B.C., Ann Arbor 1993

Barry J. Kemp, Large Middle Kingdom Granary Buildings (and the Archaeology of Administration), in: ZÄS 113, 1986, S. 120-136

Speicher, Vorratsräume und Produktionsstätten

Das *ỉs-ḏfꜣ* ist seit dem Ende der 2. Dynastie belegt und diente zur Verwaltung von Naturalien; als solches ist es dem Schatzhaus unterstellt[388]. In der 3. Dynastie wurde es vom *st-ḏfꜣ* abgelöst, das in der 1. Hälfte der 6. Dynastie gleichfalls seine Bedeutung verlor.

Ein Ort zur Verarbeitung von Nahrungsmitteln sowie ein Magazin zur Aufbewahrung aller möglichen Dinge ist das *pr.w-šnᶜ* oder *šnᶜ*, das ebenfalls seit der 2. Dynastie bezeugt ist[389]. Im Mittleren Reich ist es eine Produktionsanlage bzw. ein Arbeitshaus, in dem ägyptische und ausländische Arbeitskräfte tätig waren[390]. Es war nicht nur bei staatlichen Institutionen angesiedelt, sondern auch bei höheren Beamten und in Tempeln. Beim Totentempel Sesostris' III. in Abydos wurde ein *šnᶜ*-Gebäude freigelegt, dessen Funde Aufschluß über seine Funktion liefern[391]. Demzufolge war seine Hauptaufgabe die Produktion von Brot und Bier, aber auch von Wein sowie die Weiterverarbeitung von Fleisch, Fisch, Obst und Gemüse; daneben wurden Töpferwaren, Textilien und Metallobjekte produziert. Auch im Neuen Reich war das *šnᶜ* eine Produktionsstätte für die Verarbeitung von Grundnahrungsmitteln oder der Textilherstellung[392] und nicht vorrangig ein Magazin[393]. Wäh-

---

388 Petra Andrassy, in: ZÄS 118, 1991, S. 9.

389 S. grundlegend Petra Andrássy, Das *pr-šnᶜ* im Alten Reich, in: SAK 20, 1993, S. 17-35.

390 Detlef Franke, in: GM 53, 1982, S. 17.

391 Vanessa E. Smith, Modeling the Mechanics of Temple Production in the Middle Kingdom: An Investigation of the Shena of Divine Offerings Adjacent to the Mortuary Temple of Senwosret III at Abydos, Egypt, Ann Arbor 2011.

392 Barry J. Kemp und Gillian Vogelsang-Eastwood, The Ancient Textile Industry at Amarna, London 2001, S. 433f., 476.

393 S. Daniel Polz, Die *šnᶜ*-Vorsteher des Neuen Reiches, in: ZÄS 117, 1990, S. 43-60, bes. S. 47.

rend im Alten Reich ein *pr.w-šnᶜ* eine Scheune besitzen konnte, verfügten im Neuen Reich die Scheunen mitunter über mehrere *šnᶜ.w*[394].

Staatliche Magazine, als *wḏꜣ* bezeichnet, finden sich durch Siegel belegt in den nubischen Festungen von Mirgissa, Askūt, Šalfak und Simna-Süd.[395].

Eindeutig ein Magazin, auch als *pr.w-ḥḏ* bezeichnet, ist aus der 18. Dynastie archäologisch und durch Inschriften im Tempel von Karnak bezeugt; es diente zur Aufbewahrung von Weihrauch und war wohl nach der Punt-Expedition von Hatschepsut angelegt worden[396]. Schon im Mittleren Reich existierte in Karnak ein Magazin für Räucherwerk, wie die dekorierten Torpfosten nahelegen[397].

Archäologisch gut nachgewiesen sind die Magazine der großen Totentempel in Theben und Abydos, die tunnelartig in Ziegelbauweise errichtet waren[398]. Im Totentempel Sethos' I. in Abydos waren sie jeweils über 37 m lang und 3,50-6 m breit[399]. Was genau dort gelagert wurde, kann nur gemutmaßt werden, da keine originalen Funde erhalten sind.

Literatur:

Hratch Papazian, Domain of Pharaoh. The Structure and Components of the Economy of Old Kingdom Egypt, Hildesheim 2012 (s. auch die Rezension von Massimiliano Nuzzolo, in: BiOr 73, 2016, Sp. 696-706)

394 Hratch Papazian, Domain of Pharaoh. The Structure and Components of the Economy of Old Kingdom Egypt, Hildesheim 2012, S. 74.

395 Brigitte Gratien, in: Catherine Berger, Gisèle Clerc und Nicolas Grimal (Hrsg.), Hommages à Jean Leclant, Bd. 2, Kairo 1994, S. 194f.

396 P. Lacau, Deux magasins à encens du temple de Karnak, in: ASAE 52, 1954, S. 185-198.

397 Françoise Le Saout, Un magasin à onguents de Karnak et le problème du nom de Tyr: mise au point, in: Cahiers de Karnak VIII. 1982-1985, Paris 1987, S. 325-338.

398 Zum Ramesseum s. Uvo Hölscher, The Excavation of Medinet Habu, Bd. 3. The Mortuary Temple of Ramses III, Teil 1, Chicago 1941, S. 78-82 und Taf. 10, zu Medinet Habu op.cit., S. 60-66.

399 Edouard B. Ghazouli, in: ASAE 58, 1964, S. 143-165 mit einem Plan auf S. 111.

Steuern und andere Zwangsabgaben

Ob es im alten Ägypten überhaupt Steuern gegeben hat, hängt von der Definition ab und ist in der Ägyptologie umstritten[400]. Legt man die Definition des Brockhaus zugrunde, so sind Steuern "von Staaten, Gemeinden u. a. öffentl. Gewalten als Träger der Steuerhoheit ihren Bürgern ohne besondere Gegenleistung auferlegte Zwangsabgaben zur Bestreitung des Finanzbedarfs oder zur Verwirklichung gesellschafts-, wirtschafts-, sozialpolitischer u. a. Ziele"[401]. Des weiteren ist in der Ägyptologie umstritten, ob Staat und Tempel voneinander unabhängige Institutionen waren, die beide Abgaben eintrieben, oder ob die Tempel dem Staat untergeordnet waren. Schließlich ist umstritten, inwieweit das vielfältige ägyptische Vokabular zum Thema „Abgaben" terminologisch genau bestimmt werden kann. Darüber hinaus ist zu unterscheiden zwischen Abgaben an ägyptische Institutionen und Abgaben des ägyptischen Staates nach außen, so in Zeiten von Fremdherrschaften. Als Sonderform einer Abgabe ist Zwangsarbeit zu betrachten, die ebenfalls eine Leistung beinhaltet. Inwieweit eine Korrelation zwischen Zwangsarbeit und Abgaben besteht, ob also z.B. Zahlungen durch Arbeit abgeglichen werden können, ist unklar. In den Königsdekreten des Alten Reichs werden Arbeitsleistungen und Abgaben nebeneinander aufgeführt.

Literatur:

Sally L. D. Katary, Taxation (until the End of the Third Intermediate Period), in: UCLA Encyclopedia of Egyptology, Los Angeles 2011 (https://escholarship.org/uc/item/9p13z2vp)

Sabine Kubisch, Überblick über die Terminologie der Abgaben in den altägyptischen Schriftquellen vom Alten bis zum Neuen Reich, in: H. Klinkott, S. Kubisch und R. Müller-Wollermann (Hrsg.), Geschenke und Steuern, Zölle und Tribute. Antike Abgabenformen in Anspruch und Wirklichkeit, Leiden-Boston 2007, S. 65-85

Renate Müller-Wollermann, Steuern, Zölle und Tribute in der ägyptischen Spätzeit, in: op. cit., S. 87-106

Stephan Johannes Seidlmayer, Gaben und Abgaben im Ägypten des Alten Reiches, in: op. cit., S. 31-63

---

[400] Zur Problematik der Definition von „Steuer" s. Malte Römer, Gottes- und Priesterherrschaft in Ägypten am Ende des Neuen Reiches, Wiesbaden 1994, S. 373-376, und B. J. J. Haring, Divine Households. Administrative and Economic Aspects of the New Kingdom Royal Memorial Temples in Western Thebes, Leiden 1997, S. 17f., 300f.

[401] Brockhaus Enzyklopädie, Bd. 18, Wiesbaden 1973, S. 110.

Die Terminologie

Trotz vielfältiger Bemühungen, die Bedeutung der diversen ägyptischen Wörter zu bestimmen, muß mittlerweile konstatiert werden, daß sie von den Ägyptern nicht konsequent als Termini verwendet wurden. Vielmehr kommen bei den einzelnen Wörtern unterschiedliche Aspekte zum Tragen[402]. Auch Bedeutungsverschiebungen im Laufe der Zeit müssen in Rechnung gestellt werden. Nichtsdestotrotz lassen sich bestimmte Tendenzen herausarbeiten.

ỉn.w: Derlei Lieferungen können aus dem Inland wie Ausland erfolgen, oft auf unregelmäßige Weise. Der Zwang zur Abgabe steht nicht im Vordergrund, auch nicht das Produkt, das geliefert wird.

bꜣk.w: Auch diese Abgaben können aus dem Inland und Ausland geliefert werden. Betont wird, daß die Abgaben produziert werden, durch Arbeit hergestellt werden und sich von daher ihre Höhe bemißt.

bḥ.w: Corvée-Arbeit, die vom Steinebrechen bis zur Felderbestellung reichen kann; die Verpflichtung hierzu kann in der Befehlshierarchie nach unten weitergegeben werden[403].

mḏd: Art Naturalsteuer, die häufig, aber nicht ausschließlich in der Residenz gezählt wurde[404].

hꜣ.w/hꜣ.yt: Traditionell als Corvée-Arbeit gedeutet, zu der im Prinzip alle Personen für lokale oder staatliche Zwecke temporär ad hoc herangezogen werden konnten[405]; ausgehend von den Alten-Reichs-Dekreten neuerdings als „Anteil (an Pflichtarbeiten)“ interpretiert[406]. Im Neuen Reich bezieht es sich ausschließlich auf Steintransporte[407].

ḥtr.w: Hiermit werden Abgabenverpflichtungen im allgemeinen Sinn bezeichnet, aber nicht nur Steuern, sondern auch die obligatorischen Lieferungen des königlichen Schatzhauses an die Arbeiterschaft von Dēr al-

---

[402] D. B. Redford, in: J. W. Wevers und D. B. Redford (Hrsg.), Studies on the Ancient Palestinian World Presented to Professor F. V. Winnett on the Occasion of his Retirement 1 July 1971, Toronto 1972, S. 145 nennt sie “terms of reference”.

[403] Sven P. Vleeming, Papyrus Reinhardt. An Egyptian Land List from the Tenth Century B.C., Berlin 1993, S. 51-55.

[404] Ingelore Hafemann, in: AoF 12, 1985, S. 10f.

[405] Stephen Quirke, Titles and bureaux of Egypt 1850-1700 BC, London 2004, S. 12f.

[406] Eva Pardey, in: Wolfgang Waitkus (Hrsg.), Diener des Horus. Festschrift für Dieter Kurth zum 65. Geburtstag, Gladbeck 2008, S. 191-202.

[407] Ogden Goelet, Jr., in: Piotr Steinkeller und Michael Hudson (Hrsg.), Labor in the Ancient World, Dresden 2015, S. 560 Anm. 122.

Madīna, die Rationen, mit Ausnahme von Getreide, dem Lohn; letztere werden als *dỉ.w* bezeichnet. Auch Zuwendungen des Königs an Tempel können derart bezeichnet werden[408].

ẖrp.wt: Dieser Begriff wird im Neuen Reich parallel zu *ỉn.w* gebraucht; er bezieht sich wohl nur auf Abgaben aus dem Norden[409].

šꜣy.t: Abstrakter Begriff, der sich nicht auf bestimmte Objekte bezieht; die betreffenden Abgaben fallen aber unter die jährlichen *ḥtr.w*. Möglicherweise war ihre Höhe im voraus festgesetzt, während die *bꜣk.w* produktionsabhängig waren[410].

šm.w: Erntesteuer, betrug in der Spätzeit offenbar 10 % der Ernte und wurde vom Eigentümer des Landes entrichtet[411]. In bezug auf eroberte Gebiete kann es sich sowohl um eine reguläre Ernteabgabe als auch eine Totalabgabe ägyptischer Domänen handeln[412].

škr/šgr: Allgemeines Wort für „Steuer, Abgabe", auch „Miete"[413].

šdy.t: Entnahme, keine vollständige Ablieferung[414].

gꜣw.t: Dies ist eine innerägyptische Abgabe, kann aber auch Abgaben aus dem Ausland wie *ỉn.w* oder *bꜣk.w* bezeichnen, nachdem sie die Grenze nach Ägypten passiert haben[415]. Im Neuen Reich werden damit nur Abgaben aus Nubien bezeichnet[416].

tp-ḏr.t: Dies scheint eine Art Kopfsteuer von Beamten zu sein, die möglicherweise regelmäßig entrichtet werden mußte[417].

Die Typen von Abgaben in den jeweiligen Texten, die auch die Amarna-Korrespondenz miteinschließen, wurden wie folgt tabellarisch dargestellt[418]:

---

408 S. hierzu Pierre Grandet, Le Papyrus Harris I (BM 9999), Bd. 2, Kairo 1994, S. 62-66, und Silke Hallmann, Die Tributszenen des Neuen Reiches, Wiesbaden 2006, S. 294f.

409 Op.cit., S. 294.

410 Pierre Grandet, Le Papyrus Harris I (BM 9999), Bd. 2, Kairo 1994, S. 61.

411 Koenraad Donker van Heel, Abnormal Hieratic and Early Demotic Texts Collected by the Theban Choachytes in the Reign of Amasis, Leiden 1996, S. 44-47.

412 Diamantis Panagiotopoulos, in: Eric H. Cline und David O'Connor (Hrsg.), Thutmose III. A New Biography, Ann Arbor 2006, S. 373-377. David A. Warburton, State and Economy in Ancient Egypt. Fiscal Vocabulary of the New Kingdom, Freiburg/Schweiz-Göttingen 1997, S. 286, übersieht die Umwandlung der Felder in Domänen.

413 S. Günter Vittmann, Der demotische Papyrus Rylands 9, Bd. 2, Wiesbaden 1988, S. 410f.

414 Wolfgang Helck, in: SAK 19, 1992, S. 203.

415 Anthony Spalinger, in: SAK 23, 1996, S. 373-375; Hartwig Altenmüller, Zwei Annalenfragmente aus dem frühen Mittleren Reich, Hamburg 2015, S. 95f.

416 Silke Hallmann, Die Tributszenen des Neuen Reiches, Wiesbaden 2006, S. 294.

417 S. die Diskussion der Belege bei Jac. J. Janssen, in: JEA 77, 1991, S.87f.

Art	**Bezeichnung**	**Lieferant**	**Zielort**	**Abnehmer**	**Belegstelle**
"Tribut"	*biltu*	Lokalherrscher	Ägypten	Pharao	Amarnabriefe
Domänenlieferungen	*šm.w*, *b3k.w*	Domänen	Ägypten	Palast, Tempel	Annalen Thutmosis III., Urk. IV, 1841
Geschenke	*qištu*, *tāmartu*, *šulmānu*, *ỉn.w*	Lokalherrscher	Ägypten	Pharao	Amarnabriefe, Annalen Thutmosis III.
"Steuer"	*šm.w*, *b3k.w*	Bevölkerung	abhängiges Territorium	ägyptische administrative Einrichtungen	Annalen Thutmosis III.
Versorgung der Truppen	–	Bevölkerung	abhängiges Territorium	ägyptische Truppen	Amarnabriefe

Literatur:

Anthony Spalinger, From Local to Global: The Extension of an Egyptian Bureaucratic Term to the Empire, in: SAK 23, 1996, S. 353-376

Jac. J. Janssen, *B3kw*: From Work to Product, in: SAK 20, 1993, S. 81-94

David A. Warburton, State and Economy in Ancient Egypt. Fiscal Vocabulary of the New Kingdom, Freiburg/Schweiz-Göttingen 1997 (s. hierzu auch die Rezensionen von Toby A. H. Wilkinson, in: DE 39, 1997, S. 149-151, Joachim Friedrich Quack, in: WdO 29, 1998, S. 174-177, und Christopher J. Eyre, in: JESHO 42, 1999, S. 575-577, sowie die Besprechungsartikel von Eckhard Eichler, Fiskalisches Vokabular und die Wirtschaft des Neuen Reiches, in: DE 44, 1999, S. 37-47, und Malte Römer, Staat und Wirtschaft im Alten Ägypten, in: OrNS 69, 2000, S. 407-429)

[418] Nach Diamantis Panagiotopoulos, in: Ä&L 10, 2000, S. 154.

Abgaben an staatliche Institutionen
Als früheste Hinweise auf Steuern wurden Inschriften auf Gefäßen, die sog. Steuervermerke, aus der 0. Dynastie betrachtet, die Abgaben in Form von Öl aus Ober- und Unterägypten nennen; ihre Interpretation ist allerdings umstritten, u.a., weil die Herkunftsangaben sehr unspezifisch sind[419]. Von der Zeit des Königs Ninetjer an ist das sog. Horusgeleit, d.h. Reisen des Königs durch das Land, bezeugt, das die Grundlagen für die Eintreibung von Abgaben erfaßte. Zur selben Zeit ist auch das *ỉs-ḏfȝ* als Institution der Abgabeneintreibung belegt. Von der frühen 2. Dynastie an wurden regelmäßig alle 2 Jahre Gold und Felder gezählt. In all diesen Fällen dürfte es sich um die Erfassung der Güter königlicher Domänen handeln, die Abgaben an den König zu liefern hatten. Für eine Besteuerung der gesamten Bevölkerung gibt es keinerlei Hinweise.

Ein ähnliches Bild ergibt sich für das Alte Reich. Königliche Annalen und wenige andere Texte bezeugen unregelmäßig „Jahre (nach) der Zählung“ von Vieh, gelegentlich spezifiziert in Rinder und Kleinvieh[420]; die Zählung von Gold und Feldern taucht nach der 2. Dynastie nicht mehr auf. Auch hier dürfte es sich wieder um die Erfassung königlicher Domänen und zunehmend auch Ortschaften handeln, die an den König bzw. königliche Institutionen Abgaben liefern mußten. Kollektive Abgabenpflichten von Haushalten bezeugen auch die Gebelein-Papyri aus dem Ende der 4. bis Anfang der 5. Dynastie[421]. Für die Zählung war in oberster Instanz der *ỉm.ỉ-rȝ šmʿ.w* verantwortlich, dessen wichtigste Aufgaben wohl fiskalischer Natur waren[422]. Für die Einziehung der Abgaben waren konkret diverse Gaubeamte zuständig. Getreide wurde letztlich in der staatlichen Scheune eingelagert, die übrigen

---

[419] S. Jochem Kahl, Zur Problematik der sogenannten Steuervermerke im Ägypten der 0.-1. Dynastie, in: Cäcilia Fluck et alii (Hrsg.), Divitiae Aegypti. Koptologische und verwandte Studien zu Ehren von Martin Krause, Wiesbaden 1995, S. 168-176.

[420] Zu den Viehzählungen s. John S. Nolan, The Original Lunar Calendar and Cattle Counts in Old Kingdom Egypt, in: Susanne Bickel und Antonio Loprieno (Hrsg.), Basel Egyptology Prize 1. Junior Research in Egyptian History, Archaeology, and Philology, Basel 2003, S. 75-97. Nolan hält im übrigen die Viehzählung für ein Ritual, nicht für eine Steuertaxierung, s. S. 80.

[421] Hierzu s. Sergey Agapov, Soziale Strukturen und wirtschaftliche Aktivitäten in Gebelein zur Zeit der 4.-5. Dynastie (nach Angaben der Gebelein-Papyri), in: P. Kousoulis und N. Lazaridis (Hrsg.), Proceedings of the Tenth International Congress of Egyptologists. University of the Aegean, Rhodes 22-29 May 2008, Bd. 1, Leuven-Paris-Bristol, CT 2015, S. 583-594, bes. S. 587f.

[422] Eva Martin-Pardey, Untersuchungen zur ägyptischen Provinzialverwaltung bis zum Ende des Alten Reiches, Hildesheim 1976, S. 154-156.

Güter, insbesondere handwerkliche Produkte, im Schatzhaus mit diversen unter- oder nebengeordneten Abteilungen[423]. Gelegentlich lieferten die Produzenten auch offiziell direkt an den staatlichen Endabnehmer, ohne daß die Zentrale dazwischengeschaltet wurde, d.h. auf einem verkürzten Dienstweg, vor allem dann, wenn sich der Abnehmer in der Peripherie befand[424].

Für die 1. Zwischenzeit lassen sich infolge des Fehlens einer Zentralregierung keinerlei Aussagen treffen.

Für das Mittlere Reich ist die Quellenlage ein wenig besser. Den deutlichsten Hinweis für die Besteuerung von Feldern liefert Papyrus Harageh 3, das Tagebuch eines Steuerbeamten aus dem späten Mittleren Reich[425]. Aufgelistet sind u.a. Feldervermesser, die die Felder in einer bestimmten Region vermessen sollen, um die Abgaben für den König eintreiben zu können. In welcher Höhe die Felder besteuert wurden, ergibt sich aus dem Text nicht. Auch aus den Briefen des Heqanachte aus der 12. Dynastie geht nicht hervor, wie hoch seine Felder besteuert wurden[426]. Weideland hingegen dürfte nicht besteuert worden sein[427]. Auch Vieh von Privatleuten wurde nicht besteuert[428].

Im Neuen Reich werden die Quellen zahlreicher, aber es ist auch hier oft schwierig zu entscheiden, ob es sich um Abgaben von königlichem Land oder Steuern von privatem Land handelt, zumal dann, wenn dieses Land vom König einer Privatperson zugeteilt war. Einen eindeutigen Fall von privatem Landbesitz stellt der des *Ms* dar, der über Generationen vererbt wurde und über den ein Prozeß geführt wurde. Zum Beweis werden Dokumente aus dem Schatzhaus und einer Behörde der königlichen Scheune angefordert[429]. In

---

423 Zu diesen Institutionen s. Petra Andrássy, Untersuchungen zum ägyptischen Staat des Alten Reiches und seinen Institutionen, London 2008, S. 81-104.

424 S. Dominic Perry, Requisition Economics in Provincial Centres and Abusir in the Old Kingdom, in: Miroslav Bárta, Filip Coppens und Jaromír Krejčí (Hrsg.), Abusir and Saqqara in the Year 2015, Prag 2017, S. 331-343.

425 Paul C. Smither, A Tax Assessor's Journal of the Middle Kingdom, in: JEA 27, 1941, S. 74-76.

426 James P. Allen, The Heqanakht Papyri, New York 2002, S. 161.

427 Op. cit., S. 165 mit Anm. 134.

428 Gegen op. cit., S. 161-163; s. Schafik Allam, Taxe (?) sur le bétail dans l'Egypte ancienne, in: Istituto Gramsci Toscano. Seminario di Orientalistica antica (Hrsg.), Stato Economia Lavoro nel Vicino Oriente antico, Mailand 1988, S. 52-72.

429 G. A. Gaballa, The Memphite Tomb-Chapel of Mose, Warminster 1977, S. 22 und Taf. 59 (N7). Daß derartige Dokumente in einem Büro der Scheune Pharaos aufbewahrt wurden, zeigt auch ein Text der Miscellanies: Ricardo A. Caminos, Late-Egyptian Miscellanies, London 1954, S. 326.

diesen beiden Behörden wurden also Landregister geführt, die nicht nur über die Besitzverhältnisse Auskunft gaben, sondern vermutlich auch über die damit verbundenen Steuerpflichten. Ein kodifiziertes System der Steuereintreibung wird auch für das Neue Reich in Abrede gestellt[430].

Die elementare Steuer bestand aus Getreide und wurde zur Erntezeit im Sommer erhoben. Grundlage für die Steuer war die Größe der Felder und die Qualität des Bodens. Die Feldervermesser, die aus dem Mittleren Reich nur von einem Text her bekannt sind, finden sich nun auch in Darstellungen (s. Abb. 11). Zentrale Sammelplätze für das Getreide waren die Dreschplätze in den einzelnen Ortschaften, anschließend wurde es mit Schiffen zur zentralen Scheune gebracht. Dies konnte die in Theben oder in Memphis sein[431]. Für die Steuereintreibung waren in den einzelnen Orten die *ḥȝt.ỉw-ʿ.w* bzw. *ḥqȝ.w-ḥw.t* zuständig, die die Arbeit wiederum an lokale Agenten, sog. *rwḏ.w*, delegierten[432]. Die Kapitäne der Schiffe sowie diese selbst wurden hingegen von der Zentrale gestellt. Ein zentraler Steuereintreiber war seit der späten 18. Dynastie der *ʿȝ-n-št*, der Obersteuermeister[433]. Dieser behielt einen

Abb. 11: Vermessung von Feldern

[430] Barry J. Kemp, Ancient Egypt. Anatomy of a Civilization, London/New York ²2006, S. 306.

[431] Zu Lieferungen nach Memphis s. Alan H. Gardiner, in: JEA 27, 1941, S. 56-58. Zu den Scheunenvorstehern des NR s. Briant Bohleke, The Overseers of Double Granaries of Upper and Lower Egypt in the Egyptian New Kingdom, 1570-1085 B.C., Ann Arbor 1993.

[432] Zu diesen Instanzen s. Christopher J. Eyre, in: Alan K. Bowman und Eugene Rogan (Hrsg.), Agriculture in Egypt. From Pharaonic to Modern Times, Oxford 2001, S. 44.

[433] Hierzu s. Jac. J. Janssen, in: JEA 77, 1991, S. 83f., Hans-Werner Fischer-Elfert, in: Hartwig Altenmüller und Renate Germer (Hrsg.), Miscellanea Aegyptologica. Wolfgang Helck zum 75. Geburtstag, Hamburg 1989, S. 43-46, und ders., in: Enchoria 18, 1991, S. 27-29, 34-36 (Auflistung der Belege).

Teil der Steuer für seine und der Schiffer Arbeit gleich ein. Steuerrückstände wurden im darauffolgenden Jahr nachgeliefert[434].

Papyrus Wilbour und anderen fragmentarischen Papyri zufolge betrug die Abgabenquote auf staatlichem Boden 30%, wovon in einzelnen Fällen ¼ an einen Verwalter, ¾ an den Eigentümer ging[435]. Privateigentümer von Land zahlten hingegen nur wenige Prozent der Ernte an den Staat[436].

Aus der Zeit Ramses II. stammt ein nur sehr fragmentarisch erhaltener Papyrus[437], der die Abgaben des Fayyūm, Nubiens, des Horusweges und der Oasen, also der Randgebiete Ägyptens, auflistet sowie Abgaben einzelner Funktionsträger, häufig angegeben als ein Rind.

Die Abgaben aus den besetzten Gebieten in Vorderasien setzten sich zum einen aus wertvollen Gütern wie Holz, Metallen, Edelsteinen oder Tieren und zum anderen aus Massengütern, fast ausschließlich Lebensmitteln, zusammen. Während erstere in ihrer Gänze nach Ägypten transportiert wurden, verblieben letztere überwiegend im Land und wurden in Lagerhäusern in Küstenstädten wie Jaffa oder Yarimuta gesammelt und für die Versorgung der ägyptischen Beamten und des Militärs vor Ort genutzt. Die jährlichen Lieferungen an Getreide scheinen beträchtlich gewesen zu sein, wie hieratische Gefäßaufschriften aus dem südlichen Palästina bezeugen[438].

Eine Darstellung der Ablieferung diverser Abgaben des südlichen Oberägypten findet sich im Grab des *Rḫ-mỉ-Rꜥw* aus der 18. Dynastie, der in seiner Eigenschaft als Vezir diese Vorgänge beaufsichtigt (s. Abb. 12)[439]. Es

---

[434] S. Mounir Megally, Recherches sur l'économie, l'administration et la comptabilité égyptiennes à la XVIIIe dynastie d'après le papyrus E. 3226 du Louvre, Kairo 1977, S. 224.

[435] Jac. J. Janssen, in: BiOr 43, 1986, Sp. 359f.

[436] Loc. cit., Sp. 361f.

[437] KRI II 815-827. Die Rekonstruktion des Textes durch Wolfgang Helck, in: SAK 19, 1992, S. 194-215, läßt sich wohl nicht erhärten; s. K. S. B. Ryholt, The Political Situation in Egypt During the Second Intermediate Period c. 1800-1550 B.C., Kopenhagen 1997, S. 21.

[438] Carolyn R. Higginbotham, Egyptianization and Elite Emulation in Ramesside Palestine. Governance and Accommodation on the Imperial Periphery, Leiden-Boston-Köln 2000, S. 59-63, und Ellen Morris, in: Birgitta Eder und Regine Pruzsinszky (Hrsg.), Policies of Exchange. Political Systems and Modes of Interaction in the Aegean and the Near East in the 2nd Millennium B.C.E., Wien 2015, S. 184f.

[439] Norman de Garis Davies, The Tomb of Rekh-mi-Rēꜥ at Thebes, New York 1943, S. 32-36, 103-106, Taf. 29-35.

ist allerdings zweifelhaft, inwieweit die Realität widergespiegelt wird, zumal Anleihen bei den Tributbringerdarstellungen vorliegen[440].

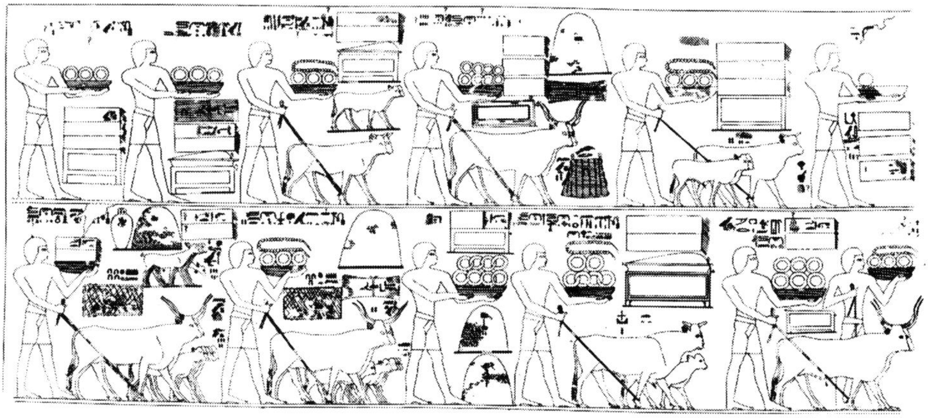

Abb. 12: Abgaben von Oberägypten

Nach dem Neuen Reich sind keine staatlichen Landregister mehr bezeugt[441], auch wenn man ihre Existenz annehmen möchte. Zu Beginn der Saitenzeit leitet Psammetich I. eine Steuerreform ein, die Amasis fortsetzt und die der politischen Situation und militärischen Aufrüstung geschuldet ist. Sie läßt sich vor allem an den Titeln neuer Steuerbeamter ablesen. Zunächst ist der Schiffsmeister für die Steuereintreibung zuständig[442], unter Amasis dann der Vorsteher der Schiffe des Königs, schließlich der *snti*͗[443]. Über staatliche Scheunen und Schatzhäuser ist man erst in der zweiten Hälfte der 26. Dynastie anhand von Beamtentiteln informiert; ihre Lage ist unbekannt[444]. Papyrus Rylands IX zufolge wurden zu einer bestimmten Zeit – wohl der 1. Hälfte des 6. Jh. – den großen Tempeln und den Städten Steuern auferlegt, die allerdings

440 S. hierzu Silke Hallmann, Die Tributszenen des Neuen Reiches, Wiesbaden 2006, S. 182f.

441 Die Zwischenüberschrift „Field Surveys" bei Brian Muhs, The Ancient Egyptian Economy 3000-30 BCE, Cambridge 2016, S. 149, ist irreführend.

442 Günter Vittmann, Der demotische Papyrus Rylands 9, Wiesbaden 1998, Bd. 1, S. 130f., Bd. 2, S. 398f.

443 Jean Yoyotte, Le nom égyptien du «ministre de l'économie» - de Saïs a Méroé -, in: CRAIBL 1989, S. 73-88. Günter Vittmann, Der demotische Papyrus Rylands 9, Wiesbaden 1988, Bd. 2, S. 298 Anm. 168, erwägt eine schon frühere Einrichtung dieses Amtes. Zu den diversen Titeln s. auch Damien Agut-Labordère, in: Juan Carlos Moreno García (Hrsg.), Ancient Egyptian Administration, Leiden-Boston 2013, S. 996-1002.

444 Diana Alexandra Pressl, Beamte und Soldaten. Die Verwaltung in der 26. Dynastie in Ägypten (664-525 v. Chr.), Frankfurt 1998, S. 31-35, 38f.

später bezüglich der größten Tempel wieder zurückgenommen wurden[445]. Möglicherweise war die dadurch ausgelöste Steuerflucht die Ursache für den Politikwandel. Ob Amasis, wie Herodot berichtet[446], eine Einkommensteuererklärung verfügt hat, läßt sich ägyptischen Quellen nicht entnehmen. In der 27. Dynastie werden die Abgaben an das Perserreich geliefert; für die restliche pharaonische Zeit liegen keine Daten vor.

Literatur:

Schafik Allam, Taxe (?) sur le bétail dans l'Egypte ancienne, in: Istituto Gramsci Toscano. Seminario di Orientalistica antica (Hrsg.), Stato Economia Lavoro nel Vicino Oriente antico, Mailand 1988, S. 52-72

Alan H. Gardiner, Ramesside Texts Relating to the Taxation and Transport of Corn, in: JEA 27, 1941, S. 19-73

Jochem Kahl, Zur Problematik der sogenannten Steuervermerke im Ägypten der 0.-1. Dynastie, in: Cäcilia Fluck et alii (Hrsg.), Divitiae Aegypti. Koptologische und verwandte Studien zu Ehren von Martin Krause, Wiesbaden 1995, S. 168-176

Mounir Megally, Le papyrus hiératique comptable E. 3226 du Louvre, Kairo 1971

Mounir Megally, Recherches sur l'économie, l'administration et la comptabilité égyptiennes à la XVIIIe dynastie d'après le papyrus E. 3226 du Louvre, Kairo 1977

Paul C. Smither, A Tax-Assessor's Journal of the Middle Kingdom, in: JEA 27, 1941, S. 74-76

I. A. Stučevskij, Zemledel'cy gosudarstvennogo chozjajstva drevnego Egipta epochi Ramessidov, Moskau 1982 (s. auch den Besprechungsartikel von Jac. J. Janssen, Agrarian Administration in Egypt During the Twentieth Dynasty, in: BiOr 43, 1986, Sp. 351-366)

Leslie Anne Warden, Centralized Taxation during the Old Kingdom, in: Peter Der Manuelian und Thomas Schneider (Hrsg.), Towards a New History for the Egyptian Old Kingdom. Perspectives on the Pyramid Age, Leiden-Boston 2015, S. 470-495

Abgaben an Tempel

Unter „Tempel" seien hier Göttertempel, Totentempel und die nur in der 5. Dynastie bestehenden Sonnentempel verstanden. Götter- und Totentempel nehmen vom Alten zum Neuen Reich an Bedeutung zu, danach existieren nur noch Göttertempel.

---

[445] Günter Vittmann, Der demotische Papyrus Rylands 9, Bd. 1, Wiesbaden 1988, S. 132-135.

[446] Herodot II, 177.

Die Archive der Totentempelanlagen des Neferirkare[447] und des Raneferef[448] aus der 5. Dynastie erlauben Einblicke in das ökonomische Geflecht zwischen Residenz, Sonnentempel, Totentempel und dem Ptahtempel in Memphis[449]. Während der Totentempel des Neferirkare hauptsächlich von der Residenz über den Sonnentempel versorgt wurde, spielt die Residenz bei Raneferef eine geringere Rolle; statt dessen erfolgen Lieferungen aus dem Ptahtempel, der wiederum vom Sonnentempel des Neferirkare beliefert wurde und selbst keine bedeutende wirtschaftliche Rolle spielte. Außerdem wurden die Totentempel von anderen, bereits bestehenden, versorgt sowie Totentempel und Sonnentempel von den königlichen Domänen, und zwar nicht nur von ihren eigenen, sondern auch von denen ihrer Vorgänger. Die Sonnentempel verfügten über Bäckereien, Brauereien und Schlachthäuser und waren vorrangig für die Versorgung des königlichen Totenkults mit Fleisch verantwortlich[450].

Nach Stučevskij gingen Getreideabgaben im Neuen Reich grundsätzlich an die staatliche Scheune, auch wenn sie an Tempelscheunen geliefert wurden, da auch diese dem Staat unterstanden[451]. In der frühen Regierungszeit Echnatons läßt der König *ḥtr*-Abgaben an die Domäne der Sonnenscheibe in Theben liefern[452]. Sie umfassen zum einen fixe jährliche Abgaben aller Göttertempel des Landes, bestehend aus Silber, Weihrauch, Wein und Gewändern, zum anderen aus variablen, stärker diversifizierten Abgaben der Bürgermeister und königlicher Domänen, bestehend auch aus anderen Metallen und

---

447 Paule Posener-Kriéger, Les archives du temple funéraire de Néferirkarê-Kakaï (Les papyrus d'Abousir). Traduction et commentaire, 2 Bde., Kairo 1976, bes. Bd. 2, S. 611-641.

448 Paule Posener-Kriéger†, Miroslav Verner und Hana Vymazalová, Abusir X. The Pyramid Complex of Raneferef. The Papyrus Archive, Prag 2006, bes. S. 381-389.

449 Hratch Papazian, The Temple of Ptah and Economic Contacts Between Memphite Cult Centers in the Fifth Dynasty, in: Monika Dolińska und Horst Beinlich (Hrsg.), 8. Ägyptologische Tempeltagung: Interconnections Between Temples. Warschau, 22.-25. September 2008, Wiesbaden 2010, S. 137-153; s. des weiteren Hana Vymazalová, The Abusir Papyrus Archives and the Fifth Dynasty Royal Funerary Cults, in: ibid., S. 197-203.

450 Hana Vymazalová, The Economic Connection between the Royal Cult in the Pyramid Temples and the Sun Temples in Abusir, in: Nigel Strudwick und Helen Strudwick (Hrsg.), Old Kingdom, New Perspectives. Egyptian Art and Archaeology 2750-2150 BC, Oxford 2011, S. 295-303.

451 S. Jac. J. Janssen, in: BiOr 43, 1986, Sp. 354. Janssen unterstreicht, daß sämtliches im Papyrus Wilbour verzeichnetes Land staatliches Land ist, auch die Tempelländereien, da die Tempel eine Unterabteilung des Staates bildeten, s. loc. cit., Sp. 364.

452 Claude Traunecker, Amenhotep IV. Percepteur royal du Disque, in: Akhénaton et l'époque amarnienne, Paris 2005, S. 145-182.

verschiedenen Lebensmitteln. In der Ramessidenzeit wurden Getreide- und möglicherweise auch Stoff- und Honigabgaben von diversen Ländereien an Institutionen des Karnaktempels in Theben geliefert[453]. Sie wurden von Schiffskapitänen aus Theben von den lokalen Dreschplätzen und Anlegestellen transportiert. Der Amuntempel in Karnak war vermutlich auch der Empfänger von Abgaben anderer Tempel und Privatpersonen; diese bestanden aus Metall, Textilien, Vieh, Gemüse und diversen handwerklich gefertigten Produkten[454]. Ein Übersoll an Getreide, Wein und Honig lieferte sogar ein Beamter im Delta von den ihm unterstellten Feldern an die Amundomäne in Theben[455]. Umgekehrt gibt es aber auch Beschwerden, daß zu hohe Steuern oder Steuern auf Felder, die gar nicht bestellt wurden, erhoben werden. So beklagt sich der Bürgermeister von Elephantine beim Obersteuermeister *ꜥꜣ-n-št*, also dem obersten Finanzbeamten des Staates, daß ein Steuereintreiber von ihm unrechtmäßige Abgaben für das Haus der Gottesgemahlin des Amun einfordert[456].

Für die 3. Zwischenzeit wurde als ein Gebäude in Karnak, in das Abgaben von außen eingeliefert und zwischengelagert wurden, das Gebäude A im Mut-Bezirk außerhalb des eigentlichen Muttempels in Anschlag gebracht[457].

Abgaben an einen Tempel können auch von königlicher Seite dekretiert werden. So ordnet Scheschonq I. auf Veranlassung des Prinzen Namrud in der 3. Zwischenzeit an, daß jährlich 365 Rinder von diversen Priestern, Beamten und Ortschaften des Herakleopolitanischen Gaues an den Herischef-Tempel in Herakleopolis geliefert werden sollen, nachdem Namrud festgestellt hatte, daß diese Abgaben und damit die Tempelwirtschaft zum Erliegen gekommen waren[458].

---

[453] Jac. J. Janssen, Grain Transport in the Ramesside Period. Papyrus Baldwin (BM EA 10061) and Papyrus Amiens, London 2004.

[454] Jac. J. Janssen, Requisitions from Upper Egyptian Temples (P. BM 10401), in: JEA 77, 1991, S. 79-94.

[455] Alan H.Gardiner, The Stele of Bilgai, in: ZÄS 50, 1912, S. 49-57.

[456] Sir Alan Gardiner, A Protest Against Unjustified Tax-Demands, in: RdE 6, 1951, S. 115-133. Auch in literarischen Texten wird die Steuerlast thematisiert, s. S. Allam, in: ZÄS 127, 2000, S. 110 mit Anm. 41. Zu Fiskaldelikten allgemein s. Wolfgang Boochs, in: DE 10, 1988, S. 9-19.

[457] Elaine A. Sullivan, A Glimpse into Ancient Thebes. Excavations at South Karnak (2004-2006), Oxford 2013, S. 159f.

[458] Paul Tresson, L'inscription de Chechanq Ier, au Musée du Caire: un frappant exemple d'impôt progressif en matière religieuse, in: Mélanges Maspero, I,2, Kairo 1935-38, S. 817-840; Malte Römer, in: JNES 77, 2018, S. 142, bezeichnet diese Abgaben ausdrücklich als Kollekte, nicht als Steuern.

In der Spätzeit trieb die Amundomäne in Theben eine Erntesteuer von 10 % des Ertrags von den Priestern ein, denen sie die Felder überlassen hatte[459]. Beim Empfang der Abgabe wurde vom Gerstenschreiber eine Steuerquittung ausgestellt. Generell waren die Türhüter der Tempel unter anderem für die Entgegennahme von Lieferungen zuständig[460].

Gleichfalls ab der Spätzeit erheben Tempel eine Begräbnissteuer, die von den Totenpriestern bzw. den Käufern von Gräbern erhoben wird[461].

Literatur:

Juan Carlos Moreno Garcia, Les temples provinciaux et leur rôle dans l'agriculture institutionnelle de l'Ancien et du Moyen Empire, in: CRIPEL 25, 2005, S. 93-124

Jac. J. Janssen, Grain Transport in the Ramesside Period. Papyrus Baldwin (BM EA 10061) and Papyrus Amiens, London 2004

Zwangsarbeit

Zwangsarbeiten umfaßten Bauarbeiten im weitesten Sinn, Handwerkerarbeiten, Expeditionen in Steinbrüche und Minen sowie Kriegsdienste. In der Landwirtschaft spielte Zwangsarbeit wohl nur eine untergeordnete Rolle. Feste oder periodisch anfallende Dienste sind nicht belegt; vielmehr wurden die Arbeiter je nach Bedarf ausgehoben und eingesetzt[462]. Eine Ausnahme dürften Arbeiten an den Bewässerungsanlagen gebildet haben, die jeweils nach dem Rückgang der Überschwemmung anfielen. Auch Schiffahrtskanäle mußten jährlich freigehalten werden, wie eine Inschrift Thutmosis' III. bei Elephantine zeigt[463].

Zwangsarbeit von ägyptischen ungelernten Arbeitskräften nachzuweisen ist schwierig. Arbeiter, die zu staatlichen Arbeiten eingesetzt waren, wurden

---

459 Von den direkt vom Tempel bewirtschafteten Ländereien wurde keine Steuer erhoben; s. Damien Agut-Labordère, in: Juan Carlos Moreno García (Hrsg.), Ancient Egyptian Administration, Leiden-Boston 2013, S. 1020.

460 S. E. Jelínková-Reymond, Recherches sur le role des «gardiens des portes» *(iry-ꜥꜣ)* dans l'administration générale des temples égyptiens, in: CdE 28, 1953, S. 39-59, mit Angaben zur Funktionserweiterung.

461 Brian Muhs, The Ancient Egyptian Economy 3000-30 BCE, Chicago 2016, S. 185f.

462 Ingelore Hafemann, Dienstverpflichtung im Alten Ägypten während des Alten und Mittleren Reiches, Berlin-London 2009, S. 161.

463 Urk. IV 815,1f.

versorgt und teilweise sogar gut versorgt (s. aber unten zur Arbeitersiedlung von Amarna). Ob sie angeworben oder verpflichtet wurden, ist nicht eindeutig zu entscheiden. Es deutet aber vieles darauf hin, daß sie lokal requiriert wurden, und zwar von den Bürgermeistern bzw. Gaufürsten. Die Arbeitszeit scheint allenfalls wenige Monate betragen zu haben; danach kehrten die Arbeiter in ihre Heimatorte zurück[464]. Für das Mittlere Reich ist bezeugt, daß Personen, die nicht zur Arbeit antreten wollten oder konnten, eine Ersatzperson aus ihrem Haushalt schicken konnten[465]. Alle Arbeiter wurden, zumindest im Mittleren Reich, strikt überwacht und solche, die sich dem Arbeitseinsatz komplett entzogen, bestraft, wenn man ihrer habhaft werden konnte. Königliche Dekrete aus dem Alten und Neuen Reich nehmen bestimmte Bevölkerungsgruppen von Arbeiten für den Staat aus – damit sie andere Arbeiten, so für Tempel oder königliche Institutionen, ausführen können. Sie belegen aber nicht den Umfang der Arbeiten.

Ramses III. rühmt sich im Papyrus Harris, daß er nicht wie frühere Könige 1/10 der Tempelbelegschaften zu Diensten in der Infanterie und Kavallerie eingesetzt hat[466], was einiges über die zuvor herrschenden Verhältnisse aussagt.

Baustellen- und Arbeitersiedlungen

Streng genommen ist zwischen Baustellensiedlungen und Arbeitersiedlungen zu unterscheiden[467]. Erstere haben nur eine kurze Laufzeit und liegen unmittelbar neben den Baustellen; letztere weisen eine zusammenhängende Wohnstruktur auf, und in ihnen leben längerfristig Arbeiter mit ihren Familien. Siedlungen in Expeditionsgebieten dürften grundsätzlich als Baustellensiedlungen anzusprechen sein und sind im betreffenden Kapitel (→ Expeditionen und Rohstoffgewinnung) neben Werkstätten erwähnt[468]. Die Art und Weise

---

464 Felix Arnold, The Control Notes and Team Marks, New York 1990, S. 22; Micòl Di Teodoro, Labour Organisation in Middle Kingdom Egypt, London 2018, S. 61, 163-166.
465 Micòl Di Teodoro, Labour Organisation in Middle Kingdom Egypt, London 2018, S. 83.
466 57,8-9; s. Pierre Grandet, Le Papyrus Harris I (BM 9999), Bd. 1, Kairo 1994, S. 304, Bd. 2, Kairo 1994, S. 187f., 214.
467 Richard Bußmann, in: MDAIK 60, 2004, S. 33. Werkstätten, Priestersiedlungen und Pyramidenstädte werden oben ausgeklammert.
468 Zu einer Typologie s. Ian Shaw, Hatnub: Quarrying Travertine in Ancient Egypt, London 2010, S. 128f.

der Unterbringung von Arbeitern in Baustellensiedlungen ist der von Soldaten vergleichbar[469]; es handelt sich um eine Kasernierung.

Häufig existierten nahe beieinander gelegene „Zwillingssiedlungen“, von denen die eine gelernte, die andere ungelernte Arbeiter beherbergte oder von denen die eine die andere durch bestimmte Dienstleistungen unterstützte[470].

Baustellensiedlungen:

Sadd al-Kafara: Die frühestbezeugte Baustellensiedlung ist die bei der nicht fertiggestellten Talsperre Sadd al-Kafara im Wādī Garāwī[471]. Sie ist an das Ende der 3. bzw. Anfang der 4. Dynastie zu datieren. Die größeren und kleineren Bauten dürften etwa 450 Personen beherbergt haben, wobei die kleinen Bauten einzelnen Spezialisten vorbehalten waren. Lebensmittel und Wasser mußten aus dem Niltal herangeschafft werden.

Dahšūr: Neben der Roten Pyramide des Snofru fanden sich einige Barakken auf einer Fläche von etwa 200 m^2; die Anlage war nur kurz in Betrieb und wurde von außen beliefert[472].

Tal der Könige: In unmittelbarer Nähe der Königsgräber sind seit Thutmosis III. Arbeiterhütten archäologisch belegt; die Hütten der späteren Ramessidenzeit lassen sich nur indirekt erschließen[473]. Im Übergang von der 20. zur 21. Dynastie wurden sie erneut genutzt. In diesen meist nur einräumigen Hütten wohnten die Arbeiter während der Woche, d.h. 8 Tage; am Wochenende kehrten sie nach Dēr al-Madīna zurück. Die Hütten können zum Teil namentlich zugewiesen werden, wurden als Privatbesitz betrachtet, und die erwachsenen Männer lebten dort mitunter mit ein oder zwei Söhnen zusammen, die als Nachwuchs ausgebildet wurden. Versorgt wurden offenbar alle von Dēr al-Madīna aus, die Einzelheiten sind aber unklar. Es hat aber jedenfalls staatliche Magazine zur Aufbewahrung von Lebensmitteln und Arbeitsmaterialien

---

469 Micòl Di Teodoro, Labour Organisation in Middle Kingdom Egypt, London 2018, S. 110f.

470 Op.cit., S. 168f.

471 Günter Dreyer und Horst Jaritz, Die Arbeiterunterkünfte am Sadd-el-Kafara, in: Günther Garbrecht und Heinz-Ulrich Bertram, Der Sadd-el-Kafara. Die älteste Talsperre der Welt (2600 v. Chr.), Bremen 1983, Anhang B.

472 Richard Bußmann, in: MDAIK 60, 2004, S. 20, 32; Nicole Alexanian und Tomasz Herbich, The Workmen’s Barracks South of the Red Pyramid at Dahshur, in: MDAIK 70/71, 2014/2015, S. 13-23.

473 Andreas Dorn, Arbeiterhütten im Tal der Könige. Ein Beitrag zur altägyptischen Sozialgeschichte aufgrund von neuem Quellenmaterial aus der Mitte der 20. Dynastie (ca. 1150 v. Chr.), 3 Bde., Basel 2011, hier bes. Bd. 1, S. 175-181.

gegeben[474]. Auch das Verhältnis dieser Hüttenansammlungen zu der gleich beschriebenen an der Station de Repos ist unklar.

Station de Repos / Col: Am Weg von Dēr al-Madīna zum Tal der Könige liegt auf der Kuppe eine Ansammlung von 141 Arbeiterhütten aus der 19./20. Dynastie[475]. Für die Arbeiter war nämlich der tägliche Weg vom Wohnort zur Arbeitsstätte zu weit. Die Versorgung der Arbeiter erfolgte von Dēr al-Madīna aus.

Arbeitersiedlungen:

aš-Šēẖ Saᶜīd: Beim Eingang des Wādī Zubēda, das zu den Calcit-Alabasterminen des Maġāra Abū ᶜAzīz führt, liegt eine Arbeitersiedlung aus der Zeit des Cheops[476]. Da sie bislang nur teilweise ergraben und publiziert ist, können über ihre Größe keine Angaben gemacht werden. Deutlich ist aber, daß dort der abgebaute Calcit-Alabaster weiterverarbeitet wurde und die Menschen weitgehend von außen versorgt wurden.

Gīza-Süd: Südlich des Mykerinos-Aufwegs liegt eine Arbeitersiedlung aus der Zeit von Cheops und Chephren; über Größe und Einwohnerzahl ist nichts bekannt[477]. Brot und Bier wurde offenbar vor Ort hergestellt.

Ha'it al-Ġurāb: Diese Siedlung[478] aus der 4. Dynastie liegt auf dem Gīza-Plateau und umfaßt eine Fläche von fast 30000 m^2, die von Mauern umschlossen ist. Sie könnte 1600 Menschen oder mehr beherbergt haben[479], die aus verschiedenen Orten und gesellschaftlichen Schichten stammten und z.T. auch aus dem Ausland nach Ägypten verschleppt worden waren. Sie wurden von außen versorgt, insbesondere mit Schafen, Ziegen und Rindern aus Kōm

---

474 Op. cit., Bd. 1, S. 68.

475 Zum Grabungsbericht und den Funden s. Bernard Bruyère, Rapport sur les fouilles de Deir el Médineh (1934-1935), Teil 3, Kairo 1939, S. 345-364; zur Anzahl der Hütten s. Jaana Toivari-Viitala, in: dies., Turo Vartiainen und Saara Uvanto (Hrsg.), Deir el-Medina Studies. Helsinki June 24-26, 2009 Proceedings, [Helsinki] 2014, S. 193.

476 Zu einem Vorbericht s. Harco Willems et alii, An Industrial Site at al-Shaykh Saᶜīd/ Wādī Zabayda, in: Ä&L 19, 2009, S. 293-331, bes. S. 322-325.

477 Richard Bußmann, in: MDAIK 60, 2004, S. 23-25, 32.

478 Einen umfassenden Überblick bietet Mark Lehner, Labor and the Pyramids. The Heit el-Ghurab "Workers Town" at Giza, in: Piotr Steinkeller und Michael Hudson (Hrsg.), Labor in the Ancient World, Dresden 2015, S. 397-522.

479 Je nachdem, wie viele Geschosse man annimmt: loc. cit., S. 408; s. auch S. 437f.

al-Ḥiṣn. Die Aufseher erhielten dabei, was Fleisch und Fisch angeht, eine höherwertige Verpflegung als die einfachen Arbeiter[480].

Kahun: Die geplante Siedlung östlich der Pyramide Sesostris' II. besteht aus zwei Teilen, die durch eine Mauer voneinander getrennt sind. Der östliche größere Teil war Beamten vorbehalten, der westliche kleinere den eigentlichen Arbeitern (s. Abb. 13). Deren Häuser waren deutlich kleiner und umfaßten vier oder fünf Räume. Der gesamte Komplex war von einer Umfassungsmauer umgeben mit nur einem Eingang im Osten, der den Zutritt regulierte.

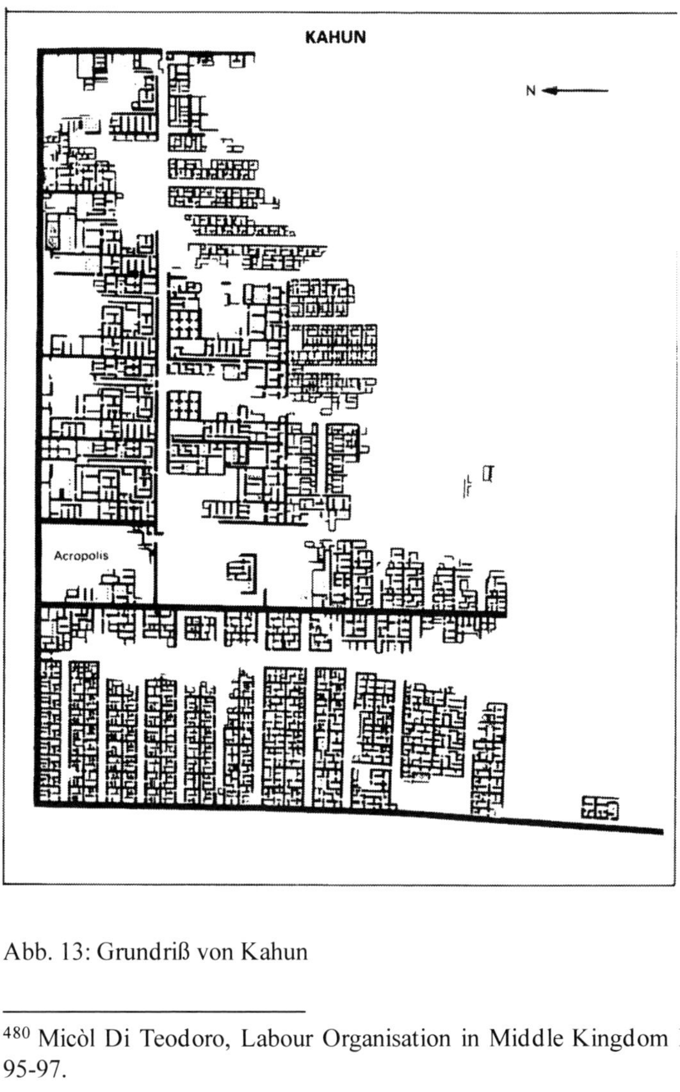

Abb. 13: Grundriß von Kahun

480 Micòl Di Teodoro, Labour Organisation in Middle Kingdom Egypt, London 2018, S. 95-97.

Die Wohnverhältnisse im Westteil geben Anlaß, ihn als Ghetto zu bezeichnen[481]. Gegen Ende der 13. Dynastie wurde die gesamte Siedlung nach rund 100 Jahren aufgegeben. Über die Zahl der Einwohner – mehrere Tausend – , darunter viele Asiaten, gehen die Vorstellungen auseinander. Über die Arbeiter wurden Namenslisten und Vermerke über ihre Abwesenheit vom Arbeitsplatz geführt[482].

Dēr al-Madīna: Dies ist die bei weitem bestbezeugte Arbeitersiedlung und die bestbezeugte Siedlung im alten Ägypten überhaupt[483]. Es handelt sich um eine geplante Siedlung für die Arbeiter in der thebanischen Nekropole und ihre Familien, die von der Zeit Thutmosis I. bis zum Ende der 20. Dynastie Bestand hatte und zweimal erweitert wurde. In ihrer wichtigsten Phase bestand sie aus 68 Häusern auf einer Fläche von ca. 5600 m^2. Die durchschnittliche Größe der Häuser, deren Grundrisse nahezu identisch sind, betrug 72 m^2. Gelegentlich wurden die dort wohnenden Arbeiter auch anderswo beschäftigt[484], zumal in der 18. Dynastie die Siedlung nicht permanent bewohnt war[485].

Gurob: Dieser Ort lag beim sog. Haremspalast am Fayyūmeingang; er wurde unter Thutmosis III. gegründet und war bis in die 20. Dynastie hinein besiedelt[486]. Anders als andere Arbeitersiedlungen war es keine geplante Siedlung; zwar war sie mit einer Mauer umgeben, ihr Zugang aber nicht bewacht. Die Zahl der Einwohner könnte zwischen 1500 und 3400 gelegen haben[487] und dürfte auch Ausländer umfaßt haben. Die hauptsächliche industri-

481 David Mazzone, The Dark Side of a Model Community: The 'Ghetto' of el-Lahun, in: Journal of Ancient Egyptian Architecture 2, 2017, S. 19-54.
482 Loc. cit., S. 41f.
483 Die Literatur zum Ort ist nahezu unüberschaubar; zwei Standardwerke sind: Jaroslav Černý, A Community of Workmen at Thebes in the Ramesside Period, Kairo 1973, und Dominique Valbelle, "Les ouvriers de la Tombe". Deir el-Médineh à l'époque ramesside, Kairo 1985.
484 Ben Haring, From Single Sign to Pseudo-Script. An Ancient Egyptian System of Workmen's Identity Marks, Leiden-Boston 2018, S. 54f.
485 Andreas Dorn, in: MDAIK 67, 2011, S. 35.
486 Zu diesem Ort existiert wenig Literatur; s. Rosalie David, The Pyramid Builders of Ancient Egypt. A Modern Investigation of Pharaoh's Workforce, London 1986, S. 89-98, Angela P. Thomas, Gurob: A New Kingdom Town, Bd. 1, Warminster 1981, S. 1-28.
487 Angela P. Thomas, Gurob: A New Kingdom Town, Bd. 1, Warminster 1981, S. 5 mit Anm. 34 auf S. 24.

elle Beschäftigung war die Herstellung von Textilien[488], ansonsten die Fischerei; auch Landwirtschaft und Viehhaltung wurden betrieben[489].

Amarna: Die Arbeitersiedlung wurde für den Bau der Gräber in Amarna unter Echnaton angelegt und zu Beginn der Regierungszeit Tutanchamuns wieder verlassen; in den späten Jahren fungierte sie vornehmlich als Wachtposten[490]. Die Siedlung bestand aus 73 gleich großen Häusern plus einem größeren, das wohl dem Vorsteher vorbehalten war, insgesamt etwa für 300-400 Personen. Umgeben war sie von einer quadratischen Umfassungsmauer von ca. 70x70 m, die einen einzigen Zugang aufwies. Die gesamte Verpflegung einschließlich Wasser wurde vom Hauptort herangebracht, der Abfall außerhalb der Siedlung entsorgt. Zusätzlich hielten die Bewohner Ziegen und Schweine, z.T. innerhalb der Siedlung, z.T. in Ställen außerhalb. Da nicht jedes Haus eine Herdstelle besaß, waren die Familien auf Zusammenarbeit untereinander angewiesen. Bestattet wurden die Arbeiter in der Nekropole im Süden (sog. South Tombs); die Skelette weisen auf Unterernährung und schwere körperliche Arbeit hin[491]. Letztere bestand z.B. aus dem Schleppen von Talatat-Blöcken, die jeweils 70 kg schwer waren.

Das sog. Stone Village liegt südöstlich der Arbeitersiedlung und umfaßt eine mit einer Umfassungsmauer umgebene Fläche von 55 x 65-85 m, ist aber offenbar keine geplante Siedlung[492]. Die Einwohnerzahl lag bei ca. 100-150 Personen. Die Versorgung erfolgte wie bei der Arbeitersiedlung vom Hauptort aus; Hinweise auf eigenen landwirtschaftlichen Anbau oder Viehhaltung fehlen. Die Bewohner waren wohl auch für den Bau der königlichen Gräber zuständig, aber die Arbeitsteilung zwischen dieser und der eigentlichen Arbeitersiedlung bleibt unklar.

---

488 Elfriede Reiser, Der königliche Harim im alten Ägypten und seine Verwaltung, Wien 1972, S. 57-59.

489 Op. cit., S. 48-54.

490 Zu einem Überblick s. Barry J. Kemp, Patterns of Activity at the Workmen's Village, in: ders. (Hrsg.), Amarna Reports I, London 1984, S. 1-13, und ders., The Amarna Workmen's Village in Retrospect, in: JEA 73, 1987, S. 21-50. Möglicherweise war auch die Textilproduktion eine ihrer Aufgaben, s. ders. und Gillian Vogelsang-Eastwood, The Ancient Textile Industry at Amarna, London 2001, S. 476.

491 Barry Kemp et alii, Life, Death and Beyond in Akhenaten's Egypt: Excavating the South Tombs Cemetery at Amarna, in: Antiquity 87, 2013, S. 64-78.

492 S. die Publikation der Siedlung: Anna Stevens, Akhenaten's Workers: The Amarna Stone Village Survey, 2005-9, 2 Bde., London 2012.

Literatur:

Richard Bußmann, Krieg und Zwangsarbeit im pharaonischen Ägypten, in: Kerstin von Lingen und Klaus Gestwa (Hrsg.), Zwangsarbeit als Kriegsressource in Europa und Asien, Paderborn 2014, S. 57-72

R. David, The Pyramid Builders of Ancient Egypt. A Modern Investigation of Pharaoh's Workforce, London 1986

Micòl Di Teodoro, Labour Organisation in Middle Kingdom Egypt, London 2018

Ogden Goelet, Jr., Problems of Authority, Compulsion, and Compensation on Ancient Egyptian Labor Practices, in: Piotr Steinkeller und Michael Hudson (Hrsg.), Labor in the Ancient World, Dresden 2015, S. 523-582

Ingelore Hafemann, Dienstverpflichtung im Alten Ägypten während des Alten und Mittleren Reiches, Berlin-London 2009

Sklaverei und Knechtschaft

Das Wortfeld für personale Abhängigkeitsverhältnisse wie Sklaverei und Knechtschaft ist im pharaonischen Ägypten eher ökonomisch als juristisch bestimmt und für Ägyptologen schwer zu analysieren[493]. Abgesehen vom Neuen Reich, wo Tausende von Kriegsgefangenen auf den syrischen Feldzügen erbeutet wurden, waren keine größeren Menschenmengen von Sklaverei betroffen. In der Spätzeit tritt die Selbstversklavung, wohl auf Grund von Verschuldung, in den Vordergrund. Die Eigentümer können staatliche Institutionen, Tempel und Privatpersonen sein. Sklaven konnten verkauft und vererbt, aber auch in die Freiheit entlassen werden. Sie konnten über Eigentum verfügen und übten diverse Berufe aus, waren also nicht per definitionem arm. Männliche Sklaven waren mit 2 *dbn* nur halb so teuer wie weibliche, die im Schnitt 4 *dbn* kosteten[494]; der Grund hierfür dürfte sein, daß Sklavinnen Kinder und damit weitere Arbeitskräfte gebären konnten. Männliche Sklaven wurden großenteils in der Landwirtschaft eingesetzt, weibliche in Privathaushalten und der Weberei.

---

[493] Antonio Loprieno, Slavery and Servitude, in: Elizabeth Frood und Willeke Wendrich (Hrsg.), UCLA Encyclopedia of Egyptology (https://escholarship.org/uc/item/8mx2073f), S. 2.

[494] Wolfgang Helck, in: LÄ V, Sp. 984 mit Anm. 27 in Sp. 986.

Literatur:

Abd el-Mohsen Bakir, Slavery in Pharaonic Egypt, Kairo 1952

Eugene Cruz-Uribe, Slavery in Egypt during the Saite and Persian Periods, in: RIDA 29, 1982, S. 47-71

Tobias Hofmann, Zur sozialen Bedeutung zweier Begriffe für ‹Diener›: *bꜣk* und *ḥm*, Basel 2005

Antonio Loprieno, Slavery and Servitude, in: Elizabeth Frood und Willeke Wendrich (Hrsg.), UCLA Encyclopedia of Egyptology, Los Angeles 2012

Befreiung von Abgaben und Zwangsarbeit

Befreiung von Abgaben und Zwangsarbeit durch königliche Dekrete ist vorwiegend im Alten und Neuen Reich bezeugt. In fast allen Fällen werden Tempel- und Pyramidenanlagen und deren Personal von Abgaben an und Arbeiten für die Residenz befreit. Lediglich im Dekret des Haremhab werden breite Bevölkerungsschichten, die nicht der Beamtenschaft zuzurechnen sind[495], von der Ablieferung von Abgaben ausgenommen. Eine andere Ausnahme sind nahezu identische Proklamationen Amenophis' III. im Tempel von Soleb und Osorkons II. im Tempel von Bubastis anläßlich des Sedfestes, wo nicht nur der Harem der Amunsdomäne in Tanis und Theben von Arbeiten befreit wird, sondern auch Theben in seiner Gänze[496]. Der Zweck des Dekrets ist allerdings nicht die Besserstellung der betreffenden Personen, sondern eine Begünstigung des Gottes Amun.

Literatur:

S. Allam, Der Steuer-Erlaß des Königs Haremheb (Urk. IV 2156, 17ff.), in: ZÄS 127, 2000, S. 103-111

José M. Galán, The Ancient Egyptian *Sed*-Festival and the Exemption from Corvée, in: JNES 59, 2000, S. 255-264

Hans Goedicke, Königliche Dokumente aus dem Alten Reich, Wiesbaden 1967

---

[495] Zur Personengruppe der *nmḥy.w* in diesem Dekret s. Andrea Gnirs, in: SAK 16, 1989, S. 104-110.

[496] S. Charles Cornell van Siclen III, in: JNES 32, 1973, S. 296-299; Eva Roswitha Lange, Ritualepisoden. Das Sedfesttor Osorkons II. in Bubastis, Diss. Leipzig 2008, bes. S. 200-205 und 318-321. Anders als Lange annimmt, sollte wegen der Verwendung des Wortes *bꜣk* (s.o.) nicht von Steuerbefreiung, sondern der Befreiung von Arbeitspflichten gesprochen werden.

Abgaben des Staates nach außen

In Zeiten von Fremdherrschaften war Ägypten auch gezwungen, an andere Länder Abgaben zu entrichten bzw. Zwangsarbeit zu leisten. Selbstredend wird man darüber eher durch nicht-ägyptische Quellen unterrichtet.

In der Assyrerzeit unter Asarhaddon wurden, abgesehen von der Beute der Kriegszüge, zahllose Pferde und Textilien in das Assyrerreich geliefert, des weiteren wurden Kunsthandwerker wie z.B. Goldschmiede, Ärzte und Wahrsager dorthin verbracht[497]. Als jährlicher Tribut werden des weiteren Gold, Priestergewänder, Ebenholz, Felle, Schafe und Malz eingefordert[498].

Für die erste Perserherrschaft sind bei Herodot Zahlen überliefert. Ihm zufolge mußte Ägypten zusammen mit Libyen, Kyrene und Barka 700 Talente Silber, d.i. etwas über 200 Kilo, und den Ertrag des Fischfangs aus dem Moerissee im Fayyūm an das Perserreich zahlen sowie 120 Maß Getreide, ca. 70.000 hl, an die persische Garnison in Memphis[499]. Die Fischerei im Fayyūm erbrachte nach Herodot 6 Monate lang 1 Talent Silber pro Tag und die übrigen 6 Monate 20 Minen pro Tag[500], das sind rund 240 Talente im Jahr. Ob alle Abgaben, deren Wert in Silber angegeben ist, tatsächlich in Silber gezahlt wurden oder vielmehr in Naturalien, ist unklar, des weiteren, inwieweit die Abgaben nach Persien geliefert wurden oder bei der Besatzungsmacht im Land verblieben. Die Höhe der Abgaben scheint, wenn man sie vergleichbaren Zahlen anderer Abgabenleistungen gegenüberstellt, mäßig; dies wird aber auch anders beurteilt[501]. Inschriften aus Susa belegen zudem, daß neben Silber auch Ebenholz geliefert wurde[502].

Für die zweite Perserherrschaft liegen keine Angaben vor.

Literatur:

Moshe Elat, The Economic Relations of the Neo-Assyrian Empire with Egypt, in: JAOS 98, 1978, S. 20-34

---

[497] Moshe Elat, in: JAOS 98, 1978, S. 24-26, und Hans-Ulrich Onasch, Die assyrischen Eroberungen Ägyptens, Bd. 1, Wiesbaden 1994, S. 59.

[498] Hans-Ulrich Onasch, op. cit., S. 32.

[499] Herodot III, 91.

[500] Herodot II, 149.

[501] Zu dieser Diskussion s. Renate Müller-Wollermann, in: H. Klinkott, S. Kubisch und R. Müller-Wollermann (Hrsg.), Geschenke und Steuern, Zölle und Tribute. Antike Abgabenformen in Anspruch und Wirklichkeit, Leiden-Boston 2007, S. 103.

[502] Zu diesen Texten und ihrer Interpretation s. Melanie Wasmuth, Ägypto-persische Herrscher- und Herrschaftspräsentation in der Achämenidenzeit, Stuttgart 2017, S. 45-49.

Handel

Binnenhandel

Die Quellen für den innerägyptischen Handel sind im Vergleich zu denen für den Außenhandel relativ spärlich. Für alle Perioden gibt es direkte und indirekte textliche Belege, für das Alte Reich und in geringem Umfang auch für das Neue Reich zudem Darstellungen in Gräbern. Waren aus dem Delta und den Oasen tauchen auch in den sogenannten Tributszenen des Neuen Reichs auf[503]. Archäologische Funde sind hingegen selten auswertbar, weil in der Regel nicht nachvollziehbar ist, auf welche Weise Objekte zu einem anderen Ort als ihrem Herstellungsort gelangt sind. Das verstärkte Auftreten von Eselknochen in Siedlungen kann allerdings auf Handel hindeuten, wie das Beispiel von Tall al-Farḫa zeigt[504].

Handelsgüter

Gemäß den Marktdarstellungen in Gräbern des Alten Reichs (s. Abb. 14) wurden zum einen Lebensmittel wie Getreide, Brot, Kuchen, Bier, Gemüse, Obst, Fleisch, Fisch (frisch oder gedörrt)[505] und Öl gehandelt, zum anderen

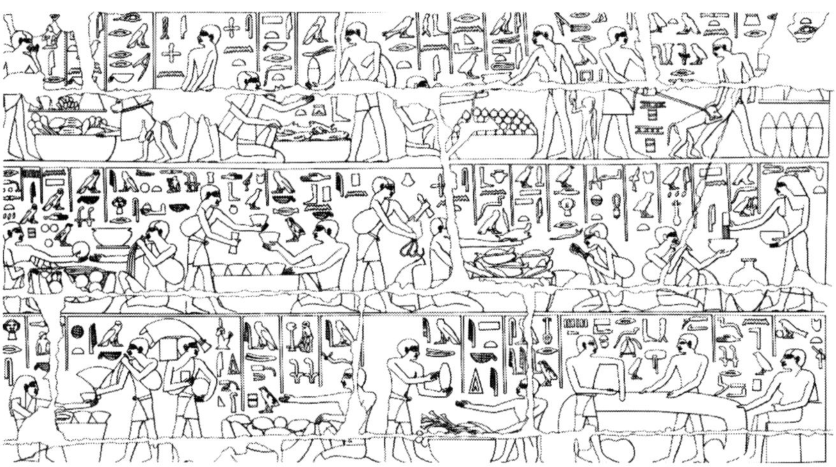

Abb. 14: Marktszene aus dem Alten Reich

---

503 Hierzu s. Silke Hallmann, Die Tributszenen des Neuen Reiches, Wiesbaden 2006, S. 272-276.

504 Renata Abłamowicz, in: M. Chłodnicki, K. M. Ciałowicz und A. Mączyńska (Hrsg.), Tell el-Farkha I. Excavations 1998-2011, Poznań-Kraków 2012, S. 419f.

505 Zu den Darstellungen des Handels mit Fisch im Alten Reich s. Michael Johannes van Elsbergen, Fischerei im Alten Ägypten. Untersuchungen zu den Fischfangdarstellungen in den Gräbern der 4. bis 6. Dynastie, Berlin 1997, S. 115-124.

Fertigprodukte wie Stoffe, Sandalen, Kästchen, Gefäße, Stöcke, Fächer, Spinngeräte, Angelhaken, Perlen und Spiegel[506]. Kurzum, es handelt sich um Objekte des Alltags, die bei bestimmten Personen im Überschuß vorhanden waren. Texte zum Binnenhandel liegen aus dem Alten Reich nicht vor.

Aus der 1. Zwischenzeit gibt es weder Darstellungen noch Texte zum innerägyptischen Handel. Es gibt aber eine Reihe von biographischen Phrasen, in denen betont wird, daß man Schiffe erworben hat; dieser Besitz von Schiffen dürfte den Binnenhandel befördert haben[507].

Aus dem Mittleren Reich liegen wiederum keine Darstellungen und dokumentarischen Texte vor. Allerdings liefert der literarische Text des Beredten Bauern Angaben darüber, was aus dem Wādī an-Naṭrūn ins Niltal gebracht wurde, um es dort zu verkaufen. Zu diesen Objekten gehören Schilfrohr, Palmwedel, Natron, Salz, Stöcke, Leoparden- und Wolfsfelle, diverse Steine, Früchte, Pflanzen und Vögel[508]. Diese Waren stammen nicht alle aus dem Wādī an-Naṭrūn, sondern wurden, wie z.B. die Felle, aus der Wüste weiterverhandelt. Ansonsten sind es zum großen Teil exotische Güter, z.T. Pflanzen, die für medizinische Zwecke verwendet wurden.

Mit dem Neuen Reich setzt eine Flut von Quellen ein, hauptsächlich Texten. An Darstellungen ist nur eine bezeugt, derzufolge Brot, Getränke und Fisch gehandelt wurden[509] (zu weiteren Darstellungen → Außenhandel).

Ein früher Fall staatlichen Handels findet sich im Papyrus Louvre E. 3226, der Lieferungen aus den Jahren 28-35 Thutmosis' III. notiert. Getreide wird von diversen Orten Oberägyptens an die staatliche Scheune nach Theben geliefert und ein Teil davon gegen Datteln im ungefähren Verhältnis 1:1 eingetauscht. Der Grund für diesen Handel dürfte darin liegen, daß staatliche Stellen zwar Zugriff auf großflächig angebautes Getreide hatten, nicht aber auf verstreut geerntete Datteln[510].

---

[506] Eine tabellarische Auflistung findet man bei Miroslav Bárta, in: SAK 26, 1998, S. 31f.

[507] Renate Müller-Wollermann, in: SAK 26, 1998, S. 237.

[508] Zu diesen Objekten s. R. B. Parkinson, The Tale of the Eloquent Peasant: A Reader's Commentary, Hamburg 2012, S. 30-35.

[509] S. Mohamed Ibrahim Aly, in: Khaled Daoud, Shafia Bedier und Sawsan Abd el-Fatah (Hrsg.), Studies in Honor of Ali Radwan, Bd. I, Kairo 2005, S. 94.

[510] Mounir Megally, Recherches sur l'économie, l'administration et la comptabilité égyptiennes à la XVIIIe dynastie d'après le papyrus E. 3226 du Louvre, Kairo 1977, S. 254-257. Bernadette Menu, in: Zoltán Csabai (Hrsg.), Studies in Economic and Social History of the Ancient Near East in Memory of Péter Vargyas, Budapest 2014, S. 208-212, interpretiert hingegen diesen Text als Indiz für ein staatliches Monopol auf Datteln. Für staatliche Monopole gibt es jedoch in pharaonischer Zeit keinerlei Hinweise; s. auch Barry J. Kemp, Ancient Egypt. Anatomy of a Civilization, London-New York ^{2}2006, S. 317-319.

Einen umgekehrten Fall staatlichen Handels, ebenfalls aus der 18. Dynastie, findet man im Papyrus Bulaq XI (= CGC 58070) und dem dazugehörigen Papyrus CGC 58081[511]. Eine offizielle Stelle, offenbar ein Tempel, veräußert Fleisch, Wein und Brot, augenscheinlich Opfergaben, für die man keine Verwendung mehr hatte, an diverse Händler. Die diversen Lebensmittel werden dabei gegen Gold- oder Silberstücke *šʿ.t* (→ Wertmesser und Zahlungsmittel) umgerechnet. Die Abnehmer dürften besser gestellte Leute gewesen sein, denn Fleisch und Wein gehörten nicht zu den Grundnahrungsmitteln.

Eine weitere, z.T. schwer zu interpretierende Sorte von Textquellen sind die sogenannten Schiffstagebücher. Hierzu gehören zum einen Papyrus Brooklyn 35.1453 A und B[512], die in die Amarnazeit[513] oder den Beginn der 19. Dynastie[514] datiert werden, zum anderen Papyrus Leiden I 350 vso. und Papyrus Turin 2008+2016, die aus der Zeit Ramses' II. bzw. der späten Ramessidenzeit stammen[515]. Gemäß dem Brooklyner Papyrus veräußern Frauen am Nilufer Güter an die Schiffsbesatzung, zumeist Textilien und Honig, gelegentlich auch andere Dinge. Daß es sich um den Verkauf lokal produzierter Güter handelt, ist wahrscheinlich, wenn auch nicht in seiner Gänze abzusichern[516]. In den Papyri aus Leiden und Turin werden Lebensmittel und manch andere Güter entlang des Nils eingesammelt und z.T. an andere Personen wieder ausgegeben; im Brooklyner und Turiner Papyrus liegen auch Preisangaben vor. Das Schiff des Leidener Papyrus gehörte offenbar dem Ptahtempel in Memphis, das Schiff des Turiner Papyrus dem Amuntempel in Karnak, der dort gefertigte Kleidungsstücke gegen Öl in der Gegend von Memphis einhandelte. Trotz der offiziellen Stellen kann man wohl nicht von

---

[511] T. Eric Peet, in: Mélanges Maspero I, Kairo 1935-1938, S. 185-199; Mounir Megally, in: BIFAO 74, 1974, S. 161-169; ders. in: BIFAO 75, 1975, S. 165-181.

[512] Virginia Condon, Two Account Papyri of the Late Eighteenth Dynasty (Brooklyn 35.1453 A and B), in: RdE 35, 1984, S. 57-82.

[513] So die Herausgeberin a.a.O.

[514] So Jac. J. Janssen, in: VA 1, 1985, S. 112. Zur Interpretation des Textes s. auch ders., De markt op de oever, Leiden 1980, S. 18-21.

[515] Jac. J. Janssen, Two Ancient Egyptian Ship's Logs. Papyrus Leiden I 350 verso and Papyrus Turin 2008+2016, Leiden 1961.

[516] Zur Interpretation der Texte s. auch Christopher J. Eyre, in: Nicolas Grimal und Bernadette Menu (Hrsg.), Le commerce en Égypte ancienne, Kairo 1998, S. 181-183, und Andrea Paula Zingarelli, Trade and Market in New Kingdom Egypt. Internal Socio-Economic Processes and Transformations, Oxford 2010, S. 44-47.

Steuern sprechen, da die Menge der abgegebenen Sachen jeweils relativ klein war[517]; außerdem finden sich bei Abgaben und Steuern keine Preisangaben, sondern nur Mengenangaben.

Eindeutige Fälle privaten Handels in Form von barter findet man in den Ostraka aus Dēr al-Madīna. Alle Arten von Dingen des täglichen Lebens, auch handwerkliche Produkte, Grabausstattung und Tiere, werden hier getauscht; all diese Objekte mit ihren Preisen hier aufzulisten, würde den Rahmen dieser Arbeit sprengen[518].

Handelsplätze

Als Umschlagplätze für den Handel dienten in erster Linie Anlegestellen am Nil, *mr.yt* genannt, wie es die oben angeführten Schiffstagebücher und diverse Ostraka aus Dēr al-Madīna zeigen. Archäologisch sind diese Plätze nicht nachweisbar. Archäologisch und philologisch besser belegt sind Hafenanlagen in Theben, Amarna, Memphis und Tall ad-Dabᶜa, die auch als Warenumschlagplätze gedient haben dürften[519]. In diesen Häfen mußten die Schiffer offenbar eine Hafensteuer zahlen[520]. Anzunehmen sind Märkte auch an wichtigen Straßen oder Straßenkreuzungen. Diese mögen sogar die Herausbildung von Siedlungen gefördert haben, wie auch der Name der Stadt Aswān, der von *swn.t* „Handel“ abgeleitet ist, nahelegt. Der Tauschhandel von Bewohnern Dēr al-Madīnas dürfte unmittelbar vor dem Ort stattgefunden haben, auch wenn dies den Texten nicht direkt zu entnehmen ist[521].

Händler

Das Wort für „Händler“ *šw.tỉ* ist seit dem Neuen Reich in Texten belegt. Händler werden als Personen beschrieben, die ständig – zumeist mit dem Schiff – unterwegs sind, um Dinge zu kaufen oder verkaufen. Meist sind sie den Schatzhäusern von Tempeln angegliedert, aber auch selbständige Kaufleute sind bezeugt. Ihre gesellschaftliche Stellung ist relativ niedrig und wenig angesehen. Ihre Verwicklung in die thebanischen Grabräubereien zeigt, daß ihre Funktion darin bestand, das Diebesgut „weiß zu waschen“. Neben

---

[517] Jac. J. Janssen, Two Ancient Egyptian Ship’s Logs. Papyrus Leiden I 350 verso and Papyrus Turin 2008+2016, Leiden 1961, S. 104f.

[518] Dazu s. Jac. J. Janssen, Commodity Prices from the Ramessid Period, Leiden 1975.

[519] S. hierzu Birgit Schiller, On the Administration and Organization of Harbors in the New Kingdom, in: JSSEA 39, 2012-13, S. 211-217.

[520] Ricardo A. Caminos, The Chronicle of Prince Osorkon, Rom 1958, S. 69f.

[521] Jac. J. Janssen, Commodity Prices from the Ramessid Period, Leiden 1975, S. 560.

den *šw.tỉw* gab es noch Personen, die quasi nebenberuflich Handelsgeschäfte vermittelten[522]. Auch Frauen betrieben Handel, zumeist mit Produkten aus ihrem Haushalt[523].

Formen des Handels

Der Handel spielte sich als direkter Tausch von Gütern ab; lediglich die *šw.tỉw* fungierten als Handelsagenten, die nicht im eigenen Interesse des Erwerbs von Gütern handelten. Im Neuen Reich wurden dem Tausch Rechnungseinheiten zugrunde gelegt, nämlich Silber-*snỉ.w*, Kupfer-*dbn* und Getreide-*ḥꜣr*, die als Funktionsträger von Geld, nicht aber als Allzweckgeld betrachtet werden können.

Handel mit Nubien

Der Handel mit Nubien wird unter Binnenhandel erörtert, weil Nubien zeitweise zum ägyptischen Staat gehörte, auch wenn dieser Region immer eine Sonderrolle zukam.

In prähistorischer Zeit beschränkte sich der Handel auf relativ wenige Güter, wobei mehr ägyptische Güter in Nubien als umgekehrt zu finden waren. Von Ägypten nach Nubien verhandelt wurde hauptsächlich Keramik, die aber wohl nur als Verpackungsmaterial anzusehen ist, vermutlich für Öl, Bier, Wein oder ähnliches. Weitere Güter waren Prunkkeulen, Paletten, Kupferobjekte und Amulette, die aber fast ausschließlich in Elitegräbern auftauchen. In Qusṭūl wurde auch syrisch-palästinensische Keramik gefunden, in der wohl Wein transportiert wurde. Nach Süden hin nehmen ägyptische Fundobjekte kontinuierlich ab mit der Ausnahme von Qusṭūl. Von Nubien nach Ägypten wurden hauptsächlich Luxusgüter gehandelt wie exotische Tiere, ihre Felle und Hörner, Gold und Hölzer, allerdings in geringem Umfang. Als Handelsplätze sind Elephantine und Ḫor Dawūd gegenüber von Ikkur anzusprechen. Die Form des Handels dürfte reziproker Austausch gewesen sein[524], wobei man über die Mittelsmänner mangels Texten nur spekulieren kann.

Für die Zeit des Alten Reichs geben hauptsächlich die biographischen Inschriften des *Sꜣb-n=ỉ* und *Ḥrw-ḫwỉ=f* aus der 6. Dynastie Auskunft. *Sꜣb-n=ỉ*

---

522 Hierzu s. Schafik Allam, in: SAK 26, 1998, S. 3-10.

523 S. insbesondere Christopher J. Eyre, The Market Women of Pharaonic Egypt, in: Nicolas Grimal und Bernadette Menu (Hrsg.), Le commerce en Égypte ancienne, Kairo 1998, S. 173-191.

524 Jane Roy, The Politics of Trade. Egypt and Lower Nubia in the 4th Millennium BC, Leiden-Boston 2011, S. 309.

bringt Öle, Honig und Kleidung nach Nubien und nimmt Weihrauch und Elefantenzähne nach Ägypten mit. *Ḥrw-ḫwi̯=f* erwähnt keinerlei Güter, die er nach Nubien mit sich führt, sondern nur solche, die er nach Ägypten zurückbringt, nämlich Weihrauch, Ebenholz, Öl, Pantherfelle, Elfenbein, Wurfhölzer und „alle guten Dinge“[525]. All diese Luxusgüter werden an den Königshof geliefert, denn der König ist auch der Auftraggeber für alle Expeditionen nach Nubien. Auf nubischer Seite sind Stammesfürsten die jeweiligen Handelspartner. Die Form des Austauschs kann also wiederum als reziprok bezeichnet werden.

In der 1. Zwischenzeit bricht der Handel, wie auch der gesamte Außenhandel, zusammen, da keine für die Aussendung von Expeditionen hinreichend starke politische Macht mehr existiert.

Für das Mittlere Reich existieren disparate Textquellen sowie archäologische Befunde. In den Annalen Amenemhets II. aus Memphis werden Lieferungen aus Nubien als Tribute deklariert. Sie umfassen hauptsächlich Weihrauch, daneben Edelsteine, Mineralien, Waffen, Pflanzen, Hölzer und Holzprodukte, Perücken, Rinder, Gazellen und Giraffenschwänze[526]. Die Produkte werden aus *Kꜣš* und *Wbꜣt-spt* geliefert. Während letzteres nicht lokalisiert werden kann, bezeichnet ersteres eindeutig Obernubien, das nicht unter ägyptischer Herrschaft stand[527]. Es kann sich also nicht um Tribute handeln, sondern nur um Handelsgüter oder Geschenkhandel. Als Mittelsmänner dürften Leute aus Unternubien fungiert haben, die die Güter weiterleiteten. Den Grenzverkehr regelt die Simna-Stele Sesostris' III., in der dekretiert wird, daß kein Nubier die Grenze bei Simna nach Norden zu Wasser oder Land überschreiten darf, es sei denn, er will Handel in der Festung *ꜣIqn*, d.i. Mirgissa, treiben[528]. Neben Mirgissa fungierte aber auch Simna selbst als Handelsplatz. Dies bezeugen die sog. Semna Despatches aus der Zeit Amenemhets III., die in Theben gefunden wurden[529]. Was die Nubier, die zur Festung kamen, um Handel zu treiben, mitbrachten, wird nicht gesagt, auch

525 Zur Biographie und zu den dort erwähnten Gütern s. ausführlich op.cit., S. 248-257.

526 Zu diesem Abschnitt s. Hartwig Altenmüller und Ahmed M. Moussa, in: SAK 18, 1991, S. 9f. und 33f. sowie Hartwig Altenmüller, Zwei Annalenfragmente aus dem frühen Mittleren Reich, Hamburg 2015, S. 34-45.

527 Hierzu s.noch Silvia Lupo, in: GM 198, 2004, S. 52f.

528 Stephan J. Seidlmayer, Pharao setzt die Grenzen, Berlin 1999, S. 19f. Zu den Häfen der Festungen s. Andrea Manzo, “*They shall come to trade at* Iken.” Ports and River in Second Millennium BCE Nubia, in: Ilaria Incordino und Pearce Paul Creasman (Hrsg.), Flora Trade Between Egypt and Africa in Antiquity, Oxford 2017, S. 75-99.

nicht das, was sie dafür bekamen, mit Ausnahme von Brot und Bier. Möglicherweise handelte es sich um Getreide und Tiere wie später im Neuen Reich[530]. Die Pfannengräberleute der Ostwüste dürften jedenfalls diverse Tiere und ihre Produkte veräußert haben[531]. Explizit wird aber erwähnt, daß die Nubier unmittelbar nach Abschluß des Handels an ihren Herkunftsort zurückgeschickt wurden. Nubische Keramik fand sich z.B. in geringem Umfang in Askūt[532], war aber eventuell nur „Verpackungsmaterial". Gleiches gilt für ägyptische Keramik in Unternubien.

In der 2. Zwischenzeit steigt der Anteil nubischer Keramik in Askūt deutlich an; daneben finden sich auch nubischer Schmuck und Figurinen[533]. Der Austausch mit der lokalen Bevölkerung nimmt deutlich zu und verweist darauf, daß der Ort von einer Festung zu einer Handel treibenden Siedlung mutiert ist.

Im Neuen Reich, als Nubien zu Ägypten gehört, steigt der Austausch deutlich an. Aus Nubien exportiert wurde in erster Linie Gold, aber auch diverse Edelsteine. Rinder wurden aus der Region von Dongola ausgeführt, wie die Annalen Thutmosis' III. belegen, aber auch Produkte aus Leder wie z.B. Schilde. Des weiteren gehören diverse pflanzliche Produkte, so von Palmen, und Früchte zu den Ausfuhrgütern. Aus weiter südlich gelegenen Regionen wurden Elfenbein, Ebenholz und Weihrauch transportiert. Andere exotische Waren waren Tiere und ihre Produkte wie Leoparden- und Gepardenfelle, Straußenfedern und -eier, Affen, Jagdhunde, Giraffen und Gazellen.

Von Ägypten nach Nubien wurden hauptsächlich Wein und Textilien, insbesondere Leinen, exportiert, des weiteren auch mykenische Keramik.

Die Importe aus Unter- und Obernubien werden als *ἰn.w* bezeichnet – im Gegensatz zu den regelmäßigen Abgaben, die *bꜣk.w* heißen (→ Steuern und andere Zwangsabgaben); aus den peripheren Gebieten werden nur *ἰn.w* geliefert[534].

---

529 Paul C. Smither, The Semnah Despatches, in: JEA 31, 1945, S. 3-10; eine Neuübersetzung und Kommentierung findet sich bei Carola Vogel, Ägyptische Festungen und Garnisonen bis zum Ende des Mittleren Reiches, Hildesheim 2004, S. 78-87.

530 Brigitte Gratien, in: Timothy Kendall (Hrsg.), Nubian Studies 1998, Boston 2004, S. 80.

531 Claudia Näser, in: Hans Barnard und Kim Duistermaat (Hrsg.), The History of the Peoples of the Eastern Desert, Los Angeles 2012, S. 85.

532 Stuart Tyson Smith, Askut in Nubia, London 1995, S. 80.

533 Op.cit., S. 102-106.

534 Robert Morkot, in: CRIPEL 17, 1995, S. 183; Silke Hallmann, Die Tributszenen des Neuen Reiches, Wiesbaden 2006, S. 324.

In späterer Zeit ist der Handel mit Kusch nicht in ägyptischen, sondern vorwiegend in assyrischen Quellen überliefert; der Handel muß aber über Ägypten verlaufen sein[535]. Hauptsächliche Handelsgüter waren wiederum Elfenbein, Ebenholz und Pferde; letztere tauchen allerdings auch als Beute der Assyrer auf[536].

Literatur:

Renate Müller-Wollermann, Warenaustausch im Ägypten des Alten Reiches, in: JESHO 28, 1985, S. 121-168

Andrea Paula Zingarelli, Trade and Market in New Kingdom Egypt. Internal Socio-Economic Processes and Transformations, Oxford 2010 [s. hierzu auch die gewichtige Rezension von Bernard Van Rinsveld, Le marché local au carrefour de l'égyptologie, de l'économie et de l'histoire. À propos d'un livre récent, in: BiOr 71, 2014, Sp. 5-29]

Zu den Marktszenen:

Mohamed Ibrahim Aly, The Scenes of the Local Market in Pharaonic Egypt (an Analytic Study), in: Khaled Daoud, Shafia Bedier und Sawsan Abd el-Fatah (Hrsg.), Studies in Honor of Ali Radwan, Bd. I, Kairo 2005, S. 79-100

Miroslav Bárta, Die Tauschhandelszenen aus dem Grab des Fetekty in Abusir, in: SAK 26, 1998, S. 19-34

Peter Der Manuelian, Market Scene from the Tomb of Tep-em-ankh, in: Egyptian Art in the Age of the Pyramids, New York 1999, S. 404-407

Jason Livingstone-Thomas, The Old Kingdom Market-Place Scenes Revisited: with Special Reference to Tep-em-ankh II (*tp-m-ꜥnḫ*), in: Miroslav Bárta, Filip Coppens und Jaromír Krejčí (Hrsg.), Abusir and Saqqara in the Year 2010, Bd. 2, Prag 2011, S. 551-569

Cristina Pino, The Market Scene in the Tomb of Khaemhat (TT57), in: JEA 91, 2005, S. 95-105

Zu den Handelsplätzen:

Jac. J. Janssen, De markt op de oever, Leiden 1980

Birgit Schiller, On the Administration and Organization of Harbors in the New Kingdom, in: JSSEA 39, 2012-13, S. 211-217

Zu Händlern:

Schafik Allam, Vermittler im Handel zur Zeit des Neuen Reiches, in: SAK 26, 1998, S. 3-18

Susanne Bickel, Commerçants et bateliers au Nouvel Empire. Mode de vie et statut d'un groupe social, in: Nicolas Grimal und Bernadette Menu (Hrsg.), Le commerce en Égypte ancienne, Kairo 1998, S. 157-172

---

[535] Robert Morkot, loc.cit., S. 185f.

[536] Zu Pferden als Handelsgut und Beute s. Lisa Heidorn, in: JNES 56, 1997, S. 105-110.

Christopher J. Eyre, The Market Women of Pharaonic Egypt, in: Nicolas Grimal und Bernadette Menu (Hrsg.), Le commerce en Égypte ancienne, Kairo 1998, S. 173-191

Walter F. Reineke, Waren die *šwtjw* wirklich Kaufleute?, in: AoF 6, 1979, S. 5-14

Malte Römer, Der Handel und die Kaufleute im Alten Ägypten, in: SAK 19, 1992, S. 257-284

Zum Handel mit Nubien:

Robert Morkot, The Economy of Nubia in the New Kingdom, in: CRIPEL 17/1, 1995, S. 175-189

Jane Roy, The Politics of Trade. Egypt and Lower Nubia in the 4th Millennium BC, Leiden-Boston 2011

Außenhandel

Für den Außenhandel mit diversen Ländern liegt eine Fülle von Texten und Darstellungen aus der gesamten pharaonischen Zeit vor. Auch die sogenannten Tributdarstellungen des Neuen Reichs dürften weitgehend Handelsgüter zeigen[537]. Gaben an Gottheiten im Zielland können als verbrämte Exporte gedeutet werden, um die im Gegenzug gewünschten Importe in die Wege zu leiten[538]. Bei archäologischen Funden ist schwieriger zu entscheiden, auf welche Weise die Güter nach Ägypten bzw. von Ägypten ins Ausland gekommen sind, sofern es sich nicht überhaupt um Imitate handelt[539]. Einzelfunde sind da weniger aussagekräftig als massenhaft auftretende Objekte, die auf Handel schließen lassen. Gehäuft auftretende ausländische Gewichte weisen auf die Anwesenheit ausländischer Kaufleute hin. Bei Gefäßen ist zu beachten, daß sie häufig wiederverwendet wurden, der möglicherweise nachzuweisende Inhalt also nicht unbedingt der ursprüngliche war.

---

537 Hierzu s. Silke Hallmann, Die Tributszenen des Neuen Reiches, Wiesbaden 2006, insbes. S. 324-326. Zur Interpretation als Steuern s. Diamantis Panagiotopoulos, in: Eric H. Cline und David O'Connor (Hrsg.), Thutmose III. A New Biography, Ann Arbor 2006, S. 378.

538 Ellen Morris, Exchange, Extraction, and the Politics of Ideological Money Laundering in Egypt's New Kingdom Empire, in: Birgitta Eder und Regine Pruzsinszky (Hrsg.), Policies of Exchange. Political Systems and Modes of Interaction in the Aegean and the Near East in the 2nd Millennium B.C.E., Wien 2015, S. 167-190.

539 Zu den Problemen, Güterbewegungen als Handel zu interpretieren, s. Hector W. Catling, Bronze Age Trade in the Mediterranean: A View, in: N. H. Gale (Hrsg.), Bronze Age Trade in the Mediterranean, Jonsered 1991, S. 1-13, und A. M. Snodgrass, Bronze Age Exchange: A Minimalist Position, in: op. cit., S. 15-20.

Die Handelsrouten im Mittelmeerraum verliefen ab dem Neuen Reich entweder im Uhrzeigersinn oder gegen den Uhrzeigersinn entlang der Küsten oder auch direkt übers Meer wie z.B. zwischen Ägypten und Kreta[540].

Handel mit Vorderasien

Die frühesten Handelskontakte bestanden zwischen Maᶜādī und Südpalästina. Neben Keramikgefäßen, vermutlich mit Inhalt, die in beide Richtungen verhandelt wurden, wurde Kupfer importiert und Silex sowie Nilfisch und -muscheln exportiert[541]. Als Händler fungierten die jeweils im Ausland lebenden Personen. Das Königsgrab U-j in Abydos, das in die Negadezeit IIa2 zu datieren ist, belegt einen umfangreichen Weinimport aus Palästina, ca. 4500 l allein in diesem Grab. In der Negade-IIb-Kultur erscheinen in Mittelägypten Türkis- und Lapislazuliperlen, die wohl über Zwischenhändler aus Mesopotamien oder Elam importiert wurden. Die Wellenhenkelgefäße aus Palästina, die ab Negade IIc in Ägypten auftauchen, belegen eine Einfuhr kosmetischer Öle[542]. In der Negade IIc-d-Kultur kommen Objekte aus Obsidian hinzu. Solange die Negade-Kultur sich noch nicht im Norden Ägyptens etabliert hat, übernehmen kanaanäische Händler eine führende Rolle[543]. Die Ausfuhrprodukte in die Levante müssen aus vergänglichen Materialien wie z.B. Leinen oder aus Gold, das weiterverwendet wurde, bestanden haben[544]. Für Tall al-Farḫa, das in der Negade-III-Zeit einen Handelsknotenpunkt darstellte, ist der Export von Getreide, Bier, Fisch und Schweinefleisch bezeugt[545] sowie der Import von Kupfer, vermutlich aus Aschkalon[546]. Gegen Ende der prädynastischen Zeit wurde der Handel wieder von Ägyptern übernommen, und zu diesem Zweck wurden Stationen in Südpalästina eingerichtet, die

---

540 S. Eric H. Cline, Sailing the Wine-Dark Sea, Oxford 1994, S. 91-94.

541 Ulrich Hartung, in: SAK 26, 1998, S. 40f.; Timothy P. Harrison, in: Biblical Archaeologist 56, 1993, S. 87.

542 Stan Hendrickx, Elkab V. The Naqada III Cemetery, Brüssel 1994, S. 83f.

543 Gräber kanaanäischer Kaufleute, die mit Ägypten handelten, wurden z.B. in Hazor vermutet; s. Ruth Amiran, Canaanite Merchants in Tombs of the Early Bronze Age I at Azor, in: ʻAtiqot 17, 1985, S. 190-192.

544 Petra Andrassy, in: Erika Endesfelder (Hrsg.), Probleme der frühen Gesellschaftsentwicklung im alten Ägypten, Berlin 1991, S. 115.

545 Marcin Czarnowicz, in: Jana Mynářová (Hrsg.), Egypt and the Near East – the Crossroads, Prag 2011, S. 117-138, bes. S. 133.

546 Marcin Czarnowicz, in: Karolina Rosińska-Balik et alii (Hrsg.), Copper and Trade in the South-Eastern Mediterranean. Trade Routes of the Near East in Antiquity, Oxford 2015, S. 15-20.

allerdings in der 1. Dynastie wieder aufgegeben wurden[547].

Im Alten Reich treten zu den archäologischen Befunden Texte und Darstellungen als Quellen hinzu. Wichtigstes Einfuhrgut waren Hölzer diverser Koniferen und Baumprodukte wie Harz und Pech. Die Annalen des Snofru berichten vom „Holen von 40 Schiffen mit *ʿš*-Holz“[548], was ein Indiz für den Umfang der Einfuhren liefert. Für die Organisation des Imports war ein *pr.w-ʿš* verantwortlich, von dem einige Beamte bekannt sind. Des weiteren wurden Öl, Wein und Honig importiert, deren Verpackungsmaterial, die Kannen und Amphoren, in Ägypten erhalten sind[549]. Die syrischen Bären, die im Totentempel des Sahure und im Unas-Aufweg dargestellt sind, dürften eher Prestigegüter denn ökonomisch relevante Handelsware gewesen sein. Die exportierten Güter waren Nilfische[550] bzw. sind wie schon in der vorhergehenden Zeit großenteils nicht bezeugt und dürften vergänglich oder aus Gold (und eingeschmolzen) gewesen sein. In Ebla wurden allerdings eine Anzahl von ägyptischen Steingefäßen gefunden, die wohl über Byblos ihren Weg dorthin genommen haben[551]. Insgesamt gesehen war der Außenhandel im Alten Reich in königlicher Hand; nach dem Ende der 6. Dynastie brach er weitestgehend auch ab, und für die 1. Zwischenzeit ist er nicht sicher belegt[552].

Im Mittleren Reich bezeugen Texte und vor allem archäologische Befunde die Wiederaufnahme des Handels. Die früheste Inschrift ist die Biographie des *Ḥnnw*, der unter Mentuhotep II. diente und in den Libanon fuhr, um dort *ʿš*-Holz zu schlagen bzw. schlagen zu lassen[553]. Die wichtigste Inschrift stellen die nur zwei Jahre abdeckenden Annalen Amenemhets II. dar, die von der Aussendung eines Trupps in den Libanon und die Heimkehr mit diversen Gü-

---

547 Ram Gophna, Egyptian Trading Posts in Southern Canaan at the Dawn of the Archaic Period, in: Anson F. Rainey (Hrsg.), Egypt, Israel. Sinai, Tel Aviv 1987, S. 13-21.

548 Urk. I 236,12.

549 Hierzu s. bspw. Wolfgang Helck, Die Beziehungen Ägyptens zu Vorderasien im 3. und 2. Jahrtausend v. Chr., Wiesbaden ²1971, S. 28-35.

550 Zum Export diverser Nilfische in die Levante, der in pharaonischer Zeit immer mehr zunahm, s. W. Van Neer et alii, in: Paléorient 30, 2004, S. 110-128.

551 Alexander Ahrens, in: Birgitta Eder und Regine Pruzsinszky (Hrsg.), Policies of Exchange. Political Systems and Modes of Interaction in the Aegean and the Near East in the 2nd Millennium B.C.E., Wien 2015, S. 142f.

552 Zu möglichen Belegen s. William A. Ward, Egypt and the East Mediterranean World 2200-1900 B.C., Beirut 1971, S. 49-58.

553 William C. Hayes, in: JEA 35, 1949, S. 43-49.

tern auf zwei Schiffen berichten[554]. Eingeführt werden Metalle, Mineralien und Pigmente, Steine, Amulette und Siegel, Öle, Aromata, Samen von Heilpflanzen, Heilkräuter, Bäume, Asiaten und Asiatinnen, Spiegel, Dolche, Pflanzen (unbekannter Art) und Koniferenholz; letzteres machte das Gros der Ladung aus[555]. Manche Produkte dürften aus dem libanesischen Zwischenhandel stammen[556]. Wie die Dinge in Ägypten weiterverteilt wurden, ist nicht überliefert; allerdings wird vermutet, daß einzelne Objekte in den Schatz von Ṭūd gewandert sind[557]. Was die Ägypter ausgeführt haben, ist abgesehen von Nilfisch wiederum unbekannt.

Objekt	**Angegebene Menge**	**Angegebenes Gewicht** (*dbn*)	**Angegebenes Volumen**	**Berechnetes Gewicht** (kg)	**Berechnetes Volumen** (Liter)
Silber		1675,5		22,79	
Bronze		4882		133,28	
Kupfer		15961		435,73	
Bleiweiß		1410		19,18	
Schmirgelsand		16588		225,60	
Grüne Fritte		39556		537,96	
Föhrenöl			66 ⅜ *ḥqꜣ.t*		317,6
Föhrenöl 5-l *hbn.t*-Krüge					880
Föhrenöl 10-l *hbn.t*-Krüge	176 *hbn.t*-Krüge				1760
Föhrenöl 30-l *hbn.t*-Krüge					5280
bꜣq-Öl			5 ⅜ *ḥqꜣ.t*		25,72
Zimt			271 Sack		12967,35
Koriander			55 ¾ *ḥqꜣ.t*		266,76
Weihrauch 5-l-Krüge					460

554 Hartwig Altenmüller, Zwei Annalenfragmente aus dem frühen Mittleren Reich, Hamburg 2015, S. 25f. und S. 82-93.
555 Zu einer Auflistung der Objekte und einer Umrechnung in Gewicht und Volumen s. Ezra S. Marcus, in: Ä&L 17, 2007, S. 152.
556 Hierzu s. im einzelnen Christian Eder, Die ägyptischen Motive in der Glyptik des östlichen Mittelmeerraumes zu Anfang des 2. Jts. v.Chr., Löwen 1995, S. 184.
557 Hierzu s. Ezra S. Marcus, in: Ä&L 17, 2007, S. 158-160.

Weihrauch 10-l-Krüge	92 *ḥnw*-Gefäße				920
Weihrauch 30-l-Krüge					2760
andere pflanzliche Produkte			201 Sack		9617,85
"			12 ¾ *ḥqȝ.t*		61,01
" 5-l-Krüge					35
" 10-l-Krüge	7 *ḥnw*-Gefäße				70
" 30-l-Krüge					210
Asiaten à 40 kg	65			2600	
Zwischensumme	275 Gefäße	80072,5	4860 ¼ *ḥqȝ.t*	3974,54	24313-31188
	Angegebene Menge	**Gewicht in kg**	**Volumen in m³**	**Gesamtgewicht in kg**	**Gesamtvolumen in m³**
Koniferenstämme 23:1,5		22749	40,62	5255088	9471
Koniferenstämme 23:2,4		58240	104	13453026	24023
Koniferenstämme 10:1,5		9891	17,66	2284821	4080
Koniferenstämme 10:2,4		25320	45,22	5849142	10445
Koniferenstämme 5:1,5		4946	8,83	1142411	2040
Koniferenstämme 5:2,4		12660	22,61	2924571	5222
Koniferenstämme 2:1,5		1978	3,53	456904	816
Koniferenstämme 2:2,4		5064	9,04	1169828	2089
Koniferenbretter 23:0,10:0,08	231	103	0,18	23802	42
Koniferenbretter 23:0,10:0,15		193	0,35	44629	80
Koniferenbretter 23:0,30:0,08		309	0,55	71407	128
Koniferenbretter 23:0,30:0,15		580	1,04	133888	239

Koniferenbretter 10:0,10:0,08	45	0,08	10349	18,5
Koniferenbretter 10:0,10:0,15	84	0,15	19404	35
Koniferenbretter 10:0,30:0,08	134,4	0,24	31046	55
Koniferenbretter 10:0,30:0,15	252	0,45	58212	104
Koniferenbretter 5:0,55:0,08	89,6	0,16	20697	37
Koniferenbretter 2:0,55:0,08	36	0,064	8279	15
	Gewicht (kg)		Volumen (m^3)	
Gesamtladung mit Ladung von Koniferenstämmen	460879-13457001		45-24054	
Durchschnittliche Ladung pro Schiff	230440-6728500		22,5-12027	
Gesamtladung mit Ladung von Koniferenbrettern	12253-137863		39-270	
Durchschnittliche Ladung pro Schiff	6127-68931		19,5-135	

Ab Beginn der 12. Dynastie findet sich auch wieder kanaanäische Keramik: kleine Krüge, die den Import von Ölen, und große Transportgefäße, die den Import von Wein oder Ölen bezeugen[558]. In ᶜIzbat Rušdī stammen allerdings 80% der importierten Keramik aus der nördlichen Levante, nur 20% aus Kanaan[559].

Auch in der später einsetzenden Tall al-Yahūdīya-Ware wurde Öl eingeführt, das allerdings in der Regel nicht exakt spezifiziert werden kann, nicht jedoch, wie von Merrillees angenommen, Opium[560]. Zedernholz wurde für

558 Dorothea Arnold, Felix Arnold und Susan Allen, in: Ä&L 5, 1995, S. 30.
559 Anat Cohen-Weinberger und Yuval Goren, in: Ä&L 14, 2004, S. 80f.
560 S. Rolf Rottländer, in: David A. Aston und Manfred Bietak, Tell el-Dabᶜa VIII. The Classification and Chronology of Tell el-Yahudiya Ware, Wien 2012, S. 621-624. Zur Verbreitung dieser Keramik s. die Karten bei Manfred Bietak, in: Sylvia Schoske (Hrsg.),

den Bau von Schiffen und für die Grabausstattung, insbesondere Särge, genutzt[561]. Objekte aus Mesopotamien sind hingegen ausgesprochen rar[562].

Objekte der Hyksos in Ägypten, die aus dem Ende des Mittleren Reiches oder der 2. Zwischenzeit stammen, sind nicht als Importe zu bezeichnen, da die Träger in Ägypten siedelten. Eingeführt wurden aber weiterhin bis zum Ende der 13. Dynastie Güter aus Byblos, wie entsprechende Beamtentitel bezeugen[563]. Danach brach der Handel mit Byblos ab und wurde durch den mit Palästina ersetzt[564].

Im Neuen Reich werden die Belege zahlreicher und vielfältiger, sind z.T. aber auch schwerer zu interpretieren und von Kriegsbeute und Abgaben unterworfener Gebiete zu trennen.

In der Amarna-Korrespondenz wird der Geschenkhandel[565] zwischen Ägypten und diversen Fürsten des Vorderen Orients und Zypern dokumentiert, bei dem wertvolle und/oder exotische Güter getauscht wurden. Haupteinfuhrgüter waren Rohwaren wie Silber, Lapislazuli, andere Edelsteine[566] und Kupfer, dann Bronze, Zinn, Eisen, Blei und Elfenbein; hinzu kamen

---

Akten des Vierten Internationalen Ägyptologen-Kongresses München 1985, Bd. 2, Hamburg 1989, S. 22-34.

561 Zu Särgen aus Zedernholz s. W. Vivian Davies, in: ders. und Louise Schofield (Hrsg.), Egypt, the Aegean and the Levant. Interconnections in the Second Millennium BC, London 1995, S. 146-156.

562 Wolfram Grajetzki, in: Ä&L 24, 2014, S. 161f.

563 Anna-Latifa Mourad, in: BACE 24, 2013, S. 45.

564 Daphna Ben-Tor, Scarabs, Chronology, and Interconnection. Egypt and Palestine in the Second Intermediate Period, Fribourg-Göttingen 2007, S. 187.

565 Zu Geschenkaustausch vs. Warenaustausch s. Betina I. Faist, Der Fernhandel des assyrischen Reiches zwischen dem 14. und 11. Jh. v. Chr., Münster 2001, S. 9-32. Zu den entsprechenden Texten und archäologischen Befunden s. Zipora Cochavi-Rainey und Christine Lilyquist, Royal Gifts in the Late Bronze Age Fourteenth to Thirteenth Centuries B.C.E., Beer-Sheva 1999. Nach Liverani sind die Königsinschriften von Prestigedenken geprägt, während die Amarna-Korrespondenz interessegeleitet ist, s. Mario Liverani, Prestige and Interest. International Relations in the Near East ca. 1600-1100 B.C., Padua 1990, passim, bes. S. 265. Neben dem Geschenkhandel zwischen gleichrangigen Herrschern gab es auch noch Bitten von Klientelfürsten um Unterstützung; diese war zumeist militärischer Art und nur selten ökonomischer Natur; s. Jana Mynářová, in: Birgitta Eder und Regine Pruzsinszky (Hrsg.), Policies of Exchange. Political Systems and Modes of Interaction in the Aegean and the Near East in the 2nd Millennium B.C.E., Wien 2015, S. 161-163.

566 Zu den Handelsrouten s. Horst Klengel, Handel mit Lapislazuli, Türkis und Karneol im alten Vorderen Orient, in: Der Anschnitt, Beiheft 24. Anatolian Metal V, Bochum 2011, S. 69-77.

Pferde, Öle, Holz, Kleider, Wagen, Waffen, Möbel und diverse Geräte und Gefäße[567]. Ausgeführt wurde Gold, Elfenbein, Ebenholz und Alabaster, sodann Möbel, Öle, Kleider und diverse Geräte. Gold wurde nicht in Barren geliefert, sondern in verarbeiteter Form und am Zielort eingeschmolzen[568]. Allein nach Babylonien lieferte Amenophis III. ca. 550 kg Gold[569]. Gelegentlich wurden auch Dinge angefordert bzw. geliefert, die im Ursprungsland knapp waren, um die Kontakte zu befördern. So lieferte Amenophis IV. fast 140 kg Silber nach Babylonien[570]. Bei kommerziellem, nicht bei Geschenkhandel fungierte Silber als Wertmaßstab und Zahlungsmittel[571]. Der Austausch erfolgte über Boten, die in der Regel jährlich aufbrachen[572]. Mitunter wurden diese Leute auch überfallen und erschlagen, so u.a. 13 ägyptische Kaufleute, und der jeweilige Landesherr hatte eine Entschädigung zu zahlen[573].

In den ägyptischen Texten des Neues Reichs – neben den Amarna-Briefen sind das vor allem die Annalen Thutmosis' III. –, insbesondere aber auch in den Beischriften zu den Darstellungen sogenannter Tributbringer, werden Importe von nicht unterworfenen Ländern nach Ägypten als *ỉn.w* bezeichnet (→ Steuern und andere Zwangsabgaben). Bezüglich Vorderasien lag die Grenze zwischen unterworfenen und nicht unterworfenen Ländern in der Gegend von Amurru auf halbem Weg zwischen Beirut und Ugarit. Mit *ỉn.w* können allerdings in Ausnahmefällen auch Abgaben unterworfener Länder und vor allem auch Abgaben aus Ägypten selbst bezeichnet werden. Realiter umfassen sie eine große Vielfalt wertvoller und/oder exotischer Güter, daneben aber auch Holz, das in Ägypten knapp war[574]. *ỉn.w* wurden an den König

---

567 Vgl. die Liste der Handelsprodukte bei Wolfgang Helck, Die Beziehungen Ägyptens zu Vorderasien im 3. und 2. Jahrtausend v. Chr., Wiesbaden ²1971, S. 370-427, die allerdings auch Kriegsbeute und Abgaben umfaßt.

568 D. O. Edzard, in: JESHO 3, 1960, S. 49f.

569 Thomas Hikade, Das Expeditionswesen im ägyptischen Neuen Reich, Heidelberg 2001, S. 96f.

570 Op.cit., S. 99.

571 Mario Liverani, in: ders., Three Amarna Essays, Malibu 1979, S. 27-30.

572 S. Carlo Zaccagnini, in: Raymond Cohen und Raymond Westbrook (Hrsg.), Amarna Diplomacy, Baltimore 2000, S. 148.

573 Hierzu s. Caroline Sauvage, in: Kim Duistermaat und Ilona Regulski (Hrsg.), Intercultural Contacts in the Ancient Mediterranean, Leuven-Paris-Walpole, MA 2011, S. 427-432.

574 Zu einer Liste der *ỉnw* des Nordens und des Südens s. den Index bei Silke Hallmann, Die Tributszenen des Neuen Reiches, Wiesbaden 2006, S. 353-358; zu ihrer Einschätzung als Importgüter s. S. 324-326.

bzw. seinen unmittelbaren Repräsentanten direkt geliefert und von dort zum Teil an Untergebene oder Tempel weiterverteilt[575].

Holz als Import wird auch in der Grabinschrift des *Sn-nfrỉ* erwähnt, der für Thutmosis III. zwei Flaggenmasten von 60 Ellen Länge per Schiff aus dem Libanon holt; sie wurden vermutlich im Karnaktempel aufgestellt[576]. *Sn-nfrỉ* war von Beruf nicht Kaufmann, sondern Vorsteher der Siegler.

Ein aus Syrien kommender Kaufmann, unklar ob ägyptisch oder syrisch, wird auch in den sog. Miscellanies erwähnt[577], und in Ägypten agierende syrische Kaufleute werden in Texten aus Ugarit genannt[578]. In einem singulären Text, der eine Lobpreisung der Ramsesstadt darstellt, wird dieser Ort als Handelsplatz ausländischer Kaufleute gerühmt[579].

Informationen, die die ägyptischen Texte ergänzen, kann man den Texten aus Ugarit entnehmen[580]. Ugarit war ein wichtiger Handelspartner für Ägypten, solange es nicht unter hethitischer Oberhoheit stand, und galt insbesondere als Umschlagplatz für Waren aus Zypern. Händler aus Ugarit reisten nach Ägypten und ägyptische Händler nach Ugarit, und letztere wohnten sowohl am Hafen als auch in der Stadt und erwarben sogar Land[581]. Nach Ägypten verschifft wurden u.a. Wein und Öl.

An Darstellungen sind vor allem die sogenannten Tributszenen mit den Abbildungen von Gabenbringern nicht unterworfener Länder relevant, deren Beischriften bereits oben genannt wurden. Sie erlauben überhaupt erst eine

---

575 Edward Bleiberg, The King's Privy Purse During the New Kingdom: An Examination of *INW*, in: JARCE 21, 1984, S. 155-167.

576 Zu dieser Textstelle s. Eckhard Eichler, in: SAK 26, 1998, S. 218-222. Das Grab ist mittlerweile publiziert: Nigel Strudwick, The Tomb of Pharaoh's Chancellor Senneferi at Thebes (TT99). I: The New Kingdom, Oxford 2016, zur Textstelle S. 101-103.

577 p Bologna 1054, 5,5f.

578 Edward W. Castle, in: JESHO 35, 1992, S. 255f.

579 Hans-Werner Fischer-Elfert, In Praise of Pi-Ramesse – A Perfect Trading Center (including two new Semitic words in syllabic orthography; Ostr. Ashmolean Museum HO 1187), in: Philippe Collombert et alii (Hrsg.), Aere Perennius. Mélanges égyptologiques en l'honneur de Pascal Vernus, Leuven-Paris-Bristol, CT, S. 195-218.

580 S. hierzu und zum folgenden Thomas Hikade, Das Expeditionswesen im ägyptischen Neuen Reich, Heidelberg 2001, S. 118-122, und Michael Heltzer, Goods, Prices and the Organization of Trade in Ugarit, Wiesbaden 1978, S. 140-142 und S. 150-153.

581 Caroline Sauvage, Quelques figures de commerçants d'après les textes égyptiens et ougaritiques au Bronze Récent, in: Ph. Clancier et alii (Hrsg.), Autour de Polanyi. Vocabulaires, theories et modalités des échanges. Nanterre, 12-14 juin 2004, Paris 2005, S. 155-170, bes. S. 156, 165f.

Liste der gelieferten Objekte[582]. Eine Darstellung ganz anderer Art findet sich im Grab des thebanischen Bürgermeisters Qenamun (s. Abb. 15)[583]. Es zeigt anlandende syrische Schiffe, die kanaanäische Krüge, vermutlich mit Öl oder Wein, zwei Rinder und kostbare Gefäße liefern. Der empfangende Beamte ist wohl Qenamun, aber daneben formiert sich ein Kleinhandel mit Ägyptern am Ufer, die in kleinen Marktständen Textilien, Sandalen, Lebensmittel und anderes anbieten. Eine vergleichbare Szene findet sich im Grab des königlichen Arztes Nebamun in Theben aus der Mitte der 18. Dynastie (s. Abb. 16)[584].

Abb. 15: Marktszene aus dem Neuen Reich

[582] S.o. Anm. 574. Im genannten Buch findet sich auch eine Auflistung aller Darstellungen.
[583] Norman de G. Davies und R. O. Faulkner, A Syrian Trading Venture to Egypt, in: JEA 33, 1947, S. 40-46, bes. S. 45f.
[584] Torgny Säve-Söderbergh, Four Eighteenth Dynasty Tombs, Oxford 1957, S. 25-27 und Taf. XXIII.

Abb. 16: Abgaben von Syrern

Hier bringen Syrer diverse Amphoren und Gefäße, einen Kupferbarren sowie Mädchen. Die Güter stellen aber vermutlich keine Handelswaren dar, sondern dienten zur Bezahlung ärztlicher Tätigkeit[585].

Bei den archäologischen Quellen sind zuvörderst die Dinge als sichere Handelsgüter einzuschätzen, die aus der nördlichen Levante oder Mesopotamien stammen und zuhauf auftreten. Dies ist zunächst einmal Keramik, die als Verpackungsmaterial dient, aber auch über die darin transportierten Güter Auskunft geben kann. Für Keramik aus Memphis, Amarna und Dēr al-Madīna kommen die sogenannten Gruppen 3 und 4 in Frage, deren Keramik regional eingegrenzt werden kann[586]. Die entsprechenden Gefäße enthielten

---

[585] Zu dieser Interpretation s. Diamantis Panagiotopoulos, Ein ungewöhnlicher Besuch. Überlegungen zu einem thebanischen Ereignisbild, in: Tobias Hofmann und Alexandra Sturm (Hrsg.), Menschenbilder – Bildermenschen. Kunst und Kultur im Alten Ägypten, Norderstedt 2003, S. 133-143, und, offenbar ohne Kenntnis dieses Aufsatzes, JJ Shirley, The Life and Career of Nebamun, the Physician of the King in Thebes, in: Zahi A. Hawass und Janet Richards (Hrsg.), The Archaeology and Art of Ancient Egypt. Essays in Honor of David B. O'Connor, Bd. II, Kairo 2007, S. 395-416.

[586] Hierzu s. Laurent Bavay, in: Birgitta Eder und Regine Pruzsinszky (Hrsg.), Policies of Exchange. Political Systems and Modes of Interaction in the Aegean and the Near East in the 2nd Millennium B.C.E., Wien 2015, S. 131f.

nḥḥ-Öl, *bꜣq*-Öl[587], Butterschmalz und Honig, aber offenbar keinen Wein. Inhalte der Keramikgruppen 1 und 2 wie Weihrauch, Pistazienharz (*snṯr*) und *mrḥ.t*-Fett/Öl können, müssen aber nicht Handelsgüter, sondern können auch Abgaben gewesen sein. Pistazienharz war allerdings eine begehrte Handelsware, wie das Schiffswrack von Ulu Burun belegt[588]. An den Gründungsbeigaben für den Totentempel der Hatschepsut läßt sich der Import des Harzes des Storaxbaumes nachweisen[589]. Ägyptische Exporte nach Byblos, Ugarit, Ebla, Qatna und anderen Orten der nördlichen Levante bestehen vor allem aus Steingefäßen, dann aber aus Prestigegütern, die sich in Bauten der dortigen Herrscher fanden[590]; darüber hinaus finden sich Nilfische, die aber nicht unbedingt als Luxusgüter zu verstehen sind[591]. Nilbarsche wurden vor allem in Tall Tuwainī südlich von Ugarit in der Bronze- und vor allem Eisenzeit nachgewiesen[592].

In der nachfolgenden 3. Zwischenzeit gehen die Quellen merklich zurück, und auch der Umfang des Handels dürfte abgenommen haben. Er spielte sich überwiegend in kleineren Handelsräumen ab und verlief häufig über Zwi-

---

[587] Welches dieser beiden Öle Olivenöl bezeichnet, ist immer noch umstritten; s. zuletzt Joachim F. Quack, Zur Frage der botanischen Natur des *bꜣḳ*-Baumes und des von ihm gewonnenen Öls mit einem Anhang: pBM 10085 „2-3“ rekto. Ein schnippischer Dialog zwischen Mann und Frau?, in: Renata Landgráfová und Jana Mynářová (Hrsg.), Rich and Great. Studies in Honour of Anthony J. Spalinger on the Occasion of his 70th Feast of Thoth, Prag 2016, S. 275-290, mit weiterer Literatur, sowie Pierre Tallet, Les oliveraies du pharaon au Nouvel Empire, in: Bernadette Menu (Hrsg.), La dependence rurale dans l'Antiquité égyptienne et proche-orientale, Kairo 2004, S. 53-75.

[588] Margaret Serpico und Raymond White, in: Antiquity 74, 2000, S. 885f.

[589] Margaret Serpico, in: David Aston et alii (Hrsg.), Under the Potter's Tree. Studies on Ancient Egypt Presented to Janine Bourriau on the Occasion of her 70th Birthday, Leuven-Paris-Walpole, MA 2011, S. 863.

[590] Alexander Ahrens, Strangers in a Strange Land? The Function and Social Significance of Egyptian Imports in the Northern Levant during the 2nd Millennium BC, in: Kim Duistermaat und Ilona Regulski (Hrsg.), Intercultural Contacts in the Ancient Mediterranean, Leuven-Paris-Walpole, MA 2011, S. 285-307, bes. S. 288-300. Die Dissertation des Autors zu diesem Thema steht gedruckt zu erwarten.

[591] Zu diesem Problem s. Wim Van Neer und Anton Ervynck, Remains of traded fish in archaeological sites: indicators of status, or bulk food?, in: Sharyn Jones O'Day, Wim Van Neer und Anton Ervynck (Hrsg.), Behaviour Behind Bones. The zooarchaeology of ritual, religion, status and identity, Oxford 2004, S. 203-214.

[592] Veerle Linseele, Wim Van Neer und Joachim Bretschneider, The Mysteries of Egyptian Nile Perch (*Lates niloticus*). The Case of Tell Tweini (Syria, Middle Bronze Age – Iron Age), in: Bea De Cupere, Veerle Linseele und Sheila Hamilton-Dyer (Hrsg.), Archaeozoology of the Near East X, Leuven-Paris-Walpole, MA 2013, S. 209-226.

schenhändler[593]. Im südlichen und zentralen Palästina dürften die Philister diese Funktion übernommen haben[594]. Die wichtigste Quelle ist sekundärer Natur, nämlich die literarische Erzählung des Wenamun, der allerdings ein historischer Hintergrund nicht ganz abgesprochen werden kann[595]. Die Hauptfigur der Erzählung schickte Herihor aus, um Holz für die Barke des thebanischen Amun in Byblos zu beschaffen. Er fuhr über Tanis und erhielt von Smendes und Tanutamun als Handelsware Gold- und Silbergefäße, Kleider, Leinen, Rinderhäute, Seile, Linsen und Fisch. Knochen von Nilfischen fanden sich denn auch in zahlreichen eisenzeitlichen Orten. Des weiteren berichten alttestamentliche Bücher vom Verkauf von Pferden und Wagen nach Palästina, die dann weiter nach Syrien verhandelt wurden[596]. Pferde waren insbesondere ein beliebtes Exportgut der Kuschiten. Babylonische Urkunden überliefern den ägyptischen Export von Alaun, Natron und Leinen[597]. Umgekehrt werden Silber, Lapislazuli und Zedernholz ägyptischen Tempeln gestiftet, müssen also importiert worden sein[598]. Für einen ausgeprägten Handel zwischen Ägypten und Palästina spricht auch die Verwendung ägyptischer Maßeinheiten in Palästina[599].

Literatur:

Zum Handel mit Vorderasien:

Petra Andrassy, Die Beziehungen Ägyptens zu Vorderasien bis zum Ende des Alten Reiches, in: Erika Endesfelder (Hrsg.), Probleme der frühen Gesellschaftsentwicklung im alten Ägypten, Berlin 1991, S. 103-154

Jessica Cox, Trade and Power: The Role of Naqada as a Trading Centre in Predynastic Egypt, in: Christian M. Knoblauch und James C. Gill (Hrsg.), Egyptology in Australia

---

593 Hierzu s. Bernd U. Schipper, Die Erzählung des Wenamun. Ein Literaturwerk im Spannungsfeld von Politik, Geschichte und Religion, Fribourg-Göttingen 2005, S. 138.

594 James M. Weinstein, in: Seymour Gitin, Amihai Mazar und Ephraim Stern (Hrsg.), Mediterranean Peoples in Transition. Thirteenth to Early Tenth Centuries B.C., Jerusalem 1998, S. 192.

595 S. Bernd U. Schipper, op.cit.

596 G. Mumford, in: Thomas Schneider und Kasia Szpakowska (Hrsg.), Egyptian Stories. A British Egyptological Tribute to Alan B. Lloyd on the Occasion of His Retirement, Münster 2007, S. 239; s. aber auch Bernd Ulrich Schipper, Israel und Ägypten in der Königszeit, Freiburg/Schweiz-Göttingen 1999, S. 75f., 80f.

597 G. Mumford, in: Thomas Schneider und Kasia Szpakowska (Hrsg.), Egyptian Stories. A British Egyptological Tribute to Alan B. Lloyd on the Occasion of His Retirement, Münster 2007, S. 246f.

598 Loc.cit, S. 241f., 245.

599 Bernd Ulrich Schipper, Israel und Ägypten in der Königszeit, Freiburg/Schweiz-Göttingen 1999, S. 169f., 255-257 mit weiterer Literatur.

and New Zealand 2009. Proceedings of the Conference held in Melbourne, September 4th-6th, Oxford 2012, S. 1-8

Ram Gophna, Egyptian Trading Posts in Southern Canaan at the Dawn of the Archaic Period, in: Anson F. Rainey (Hrsg.), Egypt, Israel, Sinai. Archaeological and Historical Relationships in the Biblical Period, Tel Aviv 1987, S. 13-21

Timothy P. Harrison, Economics with an Entrepreneurial Spirit: Early Bronze Trade with Late Predynastic Egypt, in: Biblical Archaeologist 56, 1993, S. 81-93

Ulrich Hartung, Zur Entwicklung des Handels und zum Beginn wirtschaftlicher Administration im prädynastischen Ägypten, in: SAK 26, 1998, S. 35-50

Ulrich Hartung, Umm el-Qaab II. Importkeramik aus dem Friedhof U in Abydos (Umm el-Qaab) und die Beziehungen Ägyptens zu Vorderasien im 4. Jahrtausend v. Chr., Mainz 2001

Wolfgang Helck, Die Beziehungen Ägyptens zu Vorderasien im 3. und 2. Jahrtausend v. Chr., Wiesbaden ²1971

Mario Liverani, „Irrational" Elements in the Amarna Trade, in: ders., Three Amarna Essays, Malibu 1979, S. 21-33

G. Mumford, Egypto-Levantine Relations During the Iron Age to Early Persian Periods (Dynasties Late 20 to 26), in: Thomas Schneider und Kasia Szpakowska (Hrsg.), Egyptian Stories. A British Egyptological Tribute to Alan B. Lloyd on the Occasion of His Retirement, Münster 2007, S. 225-288

Antonio Perez Largacha, Some Reflections on Trade Relations between Egypt and Palestine (IV-III Millenia), in: GM 145, 1995, S. 83-94

Geneviève Pierrat-Bonnefois, Les échanges entre l'Égypte et le Proche-Orient, in: Fleur Morfoisse und Guillemette Andreu-Lanoë (Hrsg.), Sésostris III. Pharaon de légende, Gent 2014, S. 170-181

Bernd U. Schipper, Die Erzählung des Wenamun. Ein Literaturwerk im Spannungsfeld von Politik, Geschichte und Religion, Fribourg-Göttingen 2005

Françoise Smyth, Égypte-Canaan: quel commerce?, in: Nicolas Grimal und Bernadette Menu (Hrsg.), Le commerce en Égypte ancienne, Kairo 1998, S. 5-18

William A. Ward, Egypt and the East Mediterranean World 2200-1900 B.C. Studies in Egyptian Foreign Relations during the First Intermediate Period, Beirut 1971

Carlo Zaccagnini, The Interdependence of the Great Powers, in: Raymond Cohen und Raymond Westbrook (Hrsg.), Amarna Diplomacy. The Beginnings of International Relations, Baltimore 2000, S. 141-153

Zum Außenhandel mit bestimmten Gütern:

Thierry Bardinet, Relations économiques et pressions militaires en Méditerranée orientale et en Libye au temps des pharaons. Histoire des importations égyptiennes des résines et des conifères du Liban et de la Libye depuis la période archaïque jusqu'à l'époque ptolémaique, Paris 2008

Angela Busch, Über Herkunft und Handel von Elfenbein im Neuen Reich, in: SAK 34, 2006, S. 79-96

Peter W. Haider, Menschenhandel zwischen dem ägyptischen Hof und der minoisch-mykenischen Welt?, in: Ä&L 6, 1996, S. 137-156

Veerle Linseele, Wim Van Neer und Joachim Bretschneider, The Mysteries of Egyptian Nile Perch (*Lates niloticus*). The Case of Tell Tweini (Syria, Middle Bronze Age – Iron Age), in: Bea De Cupere, Veerle Linseele und Sheila Hamilton-Dyer (Hrsg.), Archaeozoology of the Near East X, Proceedings of the Tenth International Symposium on the Archaeozoology of South-Western Asia and Adjacent Areas, Leuven-Paris-Walpole, MA 2013, S. 209-226

R. G. Morkot, War and the Economy: the International 'arms trade' in the Late Bronze Age and after, in: Thomas Schneider und Kasia Szpakowska (Hrsg.), Egyptian Stories. A British Egyptological Tribute to Alan B. Lloyd on the Occasion of his Retirement, Münster 2007, S. 169-195

Esther Pons Mellado, Trade of Metals between Egypt and Other Countries from the Old until the New Kingdom, in: CdE 81, 2006, S. 7-16

Bruce Routledge, A Fishy Business: The Inland Trade in Nile Perch (*Lates niloticus*) in the Early Iron Age Levant, in: Timothy P. Harrison, Edward B. Banning und Stanley Klassen (Hrsg.), Walls of the Prince: Egyptian Interactions with Southwest Asia in Antiquity. Essays in Honour of John S. Holladay, Jr., Leiden-Boston 2015, S. 212-233

W. Van Neer et alii, Fish Remains from Archaeological Sites as Indicators of Former Trade Connections in the Eastern Mediterranean, in: Paléorient 30, 2004, S. 101-147

Handel mit den Hethitern

Die Textquellen dokumentieren zumeist den Geschenkhandel, vor allem aus Anlaß dynastischer Heiraten, aber auch im Zusammenhang mit dem Friedensvertrag[600]. Bei den Objekten handelt es sich durchweg um Prestigegüter wie Metallgefäße, Kleidung, Pferde und Wagen. In der Amarna-Korrespondenz werden von den Hethitern Silberobjekte und Bäume geschickt und Gold angefordert[601]. Um Handel im eigentlichen Sinn dürfte es sich am ehesten bei Getreide handeln, das ins Hethiterland exportiert wurde. Merenptah lieferte es, wohl in Anbetracht einer Hungersnot in unruhigen Zeiten[602], Ramses II. erhielt dafür offenbar Pferde als Gegenleistung[603]. In nachramessidischer Zeit, genauer: im 8. bis 6. Jh. wurden Nilfische nach Kilise

---

[600] Zu den Texten s. Elmar Edel, Die ägyptisch-hethitische Korrespondenz aus Boghazköi in babylonischer und hethitischer Sprache, 2 Bde., Opladen 1994.

[601] EA 41, 44.

[602] KRI IV 5,3. Zu den Hintergründen s. G. A. Wainwright, Meneptaḥ's Aid to the Hittites, in: JEA 46, 1960, S. 24-28.

[603] Elmar Edel, op.cit., Bd. 2, S. 282.

Tepe in Kilikien exportiert, wie die dortigen Funde zeigen[604], möglicherweise über zypriotische Zwischenhändler.

Handel mit Zypern

Die frühesten textlichen Belege stammen aus der Amarna-Korrespondenz. Diesen Briefen ist zu entnehmen, daß Ägypten hauptsächlich Kupfer importierte[605]. Weitere Güter sind Rohglas und Pferde[606], Elfenbein und Holz[607]. Umgekehrt exportierte Ägypten Getreide[608] bzw. es wird um Export von Ebenholz, Gold, Pferden, Leinen und Öl[609], insbesondere aber Silber[610] gebeten; letzteres mußte sich Ägypten selbst erst von außen beschaffen.

Import von Kupfer in die Gegend von Alexandria ist bereits für die prädynastische Zeit durch Bleiisotopenwerte plausibilisiert worden[611]. Im Neuen Reich dürfte Zypern die wichtigste Quelle für Kupfer in Ägypten gewesen sein, da es dort vergleichsweise billig war. Nur wenn Zypern nicht in ausreichendem Maß liefern konnte, griff man auf Kupfer anderen Ursprungs, wie z.B. vom Sinai, zurück[612]. In der Spätzeit spielte zypriotisches Kupfer eine dominierende Rolle, wie bei Materialanalysen nachgewiesen werden konnte[613].

Im archäologischen Bereich läßt sich ägyptische Keramik auf Zypern und zypriotische in Ägypten nachweisen[614]. Was in dieser Keramik transportiert wurde, ist unklar, möglicherweise Öl[615] oder Wein[616]. Während der Import

---

604 Wim Van Neer und Marc Waelkens, in: Nicholas Postgate und David Thomas (Hrsg.), Excavations at Kilise Tepe 1994-98, Bd. 1, Cambridge 2007, S. 611.

605 EA 33, 34, 35, 36, 40.

606 EA 37.

607 EA 40.

608 So jedenfalls in früheren Zeiten, und um weiteres wird gebeten, s. EA 36.

609 EA 34, letzteres auch in EA 35.

610 EA 35 und 37.

611 Alain J. Véron et alii, A 6000-year geochemical record of human activities from Alexandria (Egypt), in: Quaternary Science Reviews 81, 2013, S. 138-147; auch Importe aus der Türkei sind möglich.

612 Keith Padgham, The Scale and Nature of the Late Bronze Age Economies of Egypt and Cyprus, Oxford 2014, S. 96.

613 Marie Schulze und Robert Lehmann, in: Martin Fitzenreiter et alii (Hrsg.), Gegossene Götter. Metallhandwerk und Massenproduktion im Alten Ägypten, Rahden 2014, S. 153.

614 A. Bernard Knapp, The Archaeology of Cyprus. From Earliest Prehistory Through the Bronze Age, Cambridge 2013, S. 418-421.

615 Y. Lynn Holmes, in: Harry A. Hoffner, Jr. (Hrsg.), Orient and Occident, Neukirchen-Vluyn 1973, S. 94.

616 S. Paul Åström, in: Ernst Czerny et alii (Hrsg.), Timelines. Studies in Honour of Manfred Bietak, Bd. II, Leuven-Paris-Dudley, MA 2006, S. 74.

zypriotischer Ware bis zur Zeit Echnatons zumindest großenteils über Ugarit lief[617], erfolgte er in ramessidischer Zeit über Zāwiyat Umm ar-Raḫām. Ansonsten ist der Export von Nilbarschen nach Hala Sultan Tekke im Neuen Reich und Welsen nach Salamis in der Spätzeit bezeugt[618]; letztere könnten lebend transportiert worden sein[619].

Literatur:

Y. Lynn Holmes, Egypt and Cyprus: Late Bronze Age Trade and Diplomacy, in: Harry A. Hoffner, Jr. (Hrsg.), Orient and Occident. Essays Presented to Cyrus H. Gordon on the Occasion of his Sixty-Fifth Birthday, Neukirchen-Vluyn 1973, S. 91-98

Vasiliki Kassianidou, "May he send me silver in very great quantities" EA 35, in: D. Michaelides, V. Kassianidou und R. S. Merrillees (Hrsg.), Proceedings of the International Conference Egypt and Cyprus in Antiquity. Nicosia, 3-6 April 2003, Oxford 2009, S. 48-57

Handel mit der griechischen Welt

Der früheste Handelsaustausch bestand mit Kreta, und zwar in der 2. Zwischenzeit und dem frühen Neuen Reich. Exportiert wurden vor allem Stein- und Alabastergefäße mit Kosmetika, zumeist nach Knossos, Amethyst[620], möglicherweise auch Gold, Leinen, Papyrus und Getreide[621] sowie Möbel. Die Alabastergefäße könnten in gewissem Umfang unabhängige kretische Kaufleute importiert haben[622]. Nach der Zerstörung von Knossos verlagerte sich der Handel auf andere, mykenische Orte, hauptsächlich Mykene und die

617 R. S. Merrillees, The Cypriote Bronze Age Pottery Found in Egypt, Lund 1968, S. 202.
618 W. Van Neer et alii, in: Paléorient 30, 2004, S. 132.
619 P. H. Greenwood und G. J. Howes, in: Vassos Karageorghis, Excavations in the Necropolis of Salamis, Bd. 3, Nicosia 1973, S. 259.
620 Jacke Phillips, Egyptian Amethyst in Mycenaean Greece, in: P. Kousoulis und N. Lazaridis (Hrsg.), Proceedings of the Tenth International Congress of Egyptologists. University of the Aegean, Rhodes 22-29 May 2008, Leuven-Paris-Bristol, CT 2015, Bd. 2, S. 2057-2070.
621 Jacqueline Phillips, Aegyptiaca on the Island of Crete in their Chronological Context: A Critical Review, Bd. 1, Wien 2008, S. 241f.
622 S. P. M. Warren, A Merchant Class in Bronze Age Crete? The Evidence of Egyptian Stone Vessels from the City of Knossos, in: N. H. Gale (Hrsg.), Bronze Age Trade in the Mediterranean, Jonsered 1991, S. 295-301.

Argolis[623]. Minoische und mykenische Keramik in Ägypten findet sich nicht vor der 12. Dynastie, aber in der Phase Spätminoisch III B, d.h. der Nachpalastzeit, wurden keine kretischen Gefäße mehr exportiert. Was darin transportiert wurde, ist unklar, möglicherweise oft gar nichts, wofür die zahlreichen offenen Formen sprechen wie auch die Tatsachen, daß die Keramik auch in unteren Bevölkerungsschichten verbreitet war und in Ägypten nachgeahmt wurde[624]. In geschlossenen Gefäßformen wie Bügelkannen oder Flaschen könnte Öl, Wein oder Parfüm eingeführt worden sein, vielleicht auch Honig, Früchte, Fisch oder Fischsoßen[625]. Zudem exportierte Kreta Wolle und wollene Textilien[626]. In den sogenannten Tributbringerdarstellungen der 18. Dynastie erscheinen Kreter hauptsächlich mit Metallgefäßen; andere Objekte dürften von Darstellungen anderer Ausländer übernommen sein[627]. Schwerter und andere Waffen könnten auch über Kriegsgefangene oder Söldner nach Ägypten gelangt sein. Bis zur 18. Dynastie einschließlich sind die Güter vermutlich auf indirektem Weg, entweder über Zypern oder die Levante, ins Land gekommen[628]; in den ägyptisch verwalteten Gebieten in der Levante war die Funddichte griechischer Waren sogar höher als im Kernland[629]. In der Ramessidenzeit erfolgte der Warenverkehr auch direkt über Häfen an der Mittelmeerküste wie Zāwiyat Umm ar-Raḫām[630] oder Bates' Island bei Marsā Maṭrūḥ, in letzterem Fall wohl über private Händler von Kommos an

---

623 Eric H. Cline, in: Angelos Chaniotis (Hrsg.), From Minoan Farmers to Roman Traders, Stuttgart 1999, S. 121f.

624 Caitlín E. Barrett, The Perceived Value of Minoan and Minoanizing Pottery in Egypt, in: Journal of Mediterranean Archaeology 22, 2009, S. 211-234.

625 Peter W. Haider, in: Münstersche Beiträge zur antiken Handelsgeschichte 8, 1989, S. 16.

626 Malcolm H. Wiener, in: N. H. Gale (Hrsg.), Bronze Age Trade in the Mediterranean, Jonsered 1991, S. 329.

627 S. Shelley Wachsmann, Aegeans in the Theban Tombs, Leuven 1987, S. 49-92.

628 Barry J. Kemp und Robert S. Merrillees, Minoan Pottery in Second Millennium Egypt, Mainz 1980, S. 286.

629 Peter W. Haider, in: Münstersche Beiträge zur antiken Handelsgeschichte 7, 1988, S. 14, 19-23.

630 Zu kanaanäischer, zypriotischer und ägäischer Keramik am Ort s. Steven R. Snape, Zawiyet Umm el-Rakham and Egyptian Foreign Trade in the 13th Century BC, in: Nicholas Chr. Stampolidis und Vassos Karageorghis (Hrsg.), Πλοες... Sea Routes... Interconnections in the Mediterranean 16th-6th c. BC, Athen 2003, S. 63-70, und Valentina Gasperini, Goods from the Wine-Dark Sea: Typology of Imports Excavated at Zawiyet Umm El-Rakham, in: Henning Franzmeier, Thilo Rehren und Regine Schulz (Hrsg.), Mit archäologischen Schichten Geschichte schreiben. Festschrift für Edgar B. Pusch zum 70. Geburtstag, Hildesheim 2016, S. 119-135.

der Südküste Kretas aus[631]. Auch Rhodos und der Dodekanes fungierten als Zwischenhandelsplätze[632]. In Ägypten wie in Griechenland gelangten sie zuerst an den Hof der Herrscher und wurden von dort aus an hochrangige Personen weiterverteilt.

Aus der 3. Zwischenzeit ist nichts über einen Handel mit der griechischen Welt bekannt.

In der Spätzeit nimmt der Handel mit der griechischen Welt wieder zu. Griechischen Texten zufolge wurde Getreide, Leinen und Papyrus exportiert, Wein und Olivenöl importiert[633]. Nach Delphi wurden laut Herodot von Amasis 1000 Talente (das sind mehr als 26 Tonnen) Alaun für den Tempelbau geliefert, wohl zur Holzimprägnierung[634]. Ein aramäischer Papyrus aus der Perserzeit nennt als Importwaren von Ionien und Phönizien Gold, Silber, Bronze, Zinn, Eisen, Holz, Wolle, Wein, Öl sowie Ton aus Samos, als Exportgut lediglich Natron[635]. Der Handel von Getreide gegen Silber(-münzen) gewann vor allem im 5. Jh. an Bedeutung. Griechische Texte berichten auch von einzelnen griechischen Händlern, die nach Ägypten reisten[636]. Für das 4. Jh. bezeugen athenische Metallgewichte in Thonis/Heracleion die Anwesenheit athenischer Händler vor Ort[637]. Ägyptische Texte zu den Handelsgütern liegen nicht vor. Archäologisch sind Transportamphoren für Wein und Öl und kleinere Gefäße für Parfüm an zahlreichen Orten in Ägypten, insbesondere im Delta, bezeugt; sie stammen aus diversen griechischen Orten, vor

---

631 Linda Hulin, in: Donald White, Marsa Matruh II. The Objects, Philadelphia 2002, S. 174.

632 S. Panagiotis Kousoulis, in: Mark Collier und Steven Snape (Hrsg.), Ramesside Studies in Honour of K. A. Kitchen, Bolton 2011, S. 291.

633 M. M. Austin, Greece and Egypt in the Archaic Age, Cambridge 1970, S. 35-37.

634 Wolfgang Habermann, in: Münstersche Beiträge zur antiken Handelsgeschichte 5, 1986, S. 98.

635 Bezalel Porten und Ada Yardeni, Textbook of Aramaic Documents from Ancient Egypt, Bd. 3, Literature•Accounts•Lists, Winona Lake 1993, S. 82-193. S. auch Pierre Briant und Raymond Descat, Un registre douanier de la satrapie d'Égypte à l'époque achéménide (*TAD* C 3,7), in: Nicolas Grimal und Bernadette Menu (Hrsg.), Le commerce en Égypte ancienne, Kairo 1998, S. 59-104. Zu phönizischen Händlern s. noch Bob Becking, Mercenaries or Merchants? On the Role of Phoenicians at Elephantine in the Achaemenid Period, in: WdO 47, 2017, S. 186-197.

636 Alexandra Villing, in: Athena Tsingarida und Didier Viviers (Hrsg.), Pottery Markets in the Ancient Greek World (8th-1st Centuries B.C.), Brüssel 2013, S. 76.

637 Elsbeth van der Wilt, The weights of Thonis-Heracleion: corpus, distribution, trade and exchange, in: Damian Robinson und Franck Goddio (Hrsg.), Thonis-Heracleion in Context, Oxford 2015, S. 161-172.

allem aus Chios, Lesbos und Milet[638], aber auch Thasos und Mende[639]. Ihre Abnehmer waren in erster Linie vor Ort ansässige Griechen und zu einem kleineren Teil gut situierte Ägypter sowie Tempel[640].

Ägyptische Texte liefern hingegen Informationen zu Zollstationen und Zöllen. Aus der Zeit des Amasis ist ein Vorsteher der Tore zu Land und zu Wasser bekannt, der also für die Zollstationen verantwortlich war[641]. Diese lagen nicht nur im Delta, sondern auch an der Südgrenze in Elephantine und an der Grenze zu Lybien[642]. Deutlich später, nämlich in die Zeit Nektanebos I., datieren die Naukratisstele und ihr Pendant aus Thonis[643]. Diesem Königsdekret zufolge sollen von den Zöllen, die an diesen beiden Orten eingenommen werden und die an die königliche Domäne gehen, 10% für den Neithtempel in Sais abgezweigt werden. Wie hoch der Zoll ist und in welcher Form er entrichtet wird, wird nicht gesagt. Spezifischer ist da der schon oben angeführte aramäische Papyrus aus der Perserzeit. Der Zoll richtet sich nach der Größe und Herkunft des Schiffes und setzt sich aus einer Grundabgabe und einer Zusatzabgabe zusammen[644]. Laut Herodot ist Naukratis bereits zur Zeit des Amasis Einfuhrhafen für die Griechen, und zwar der einzige, aber in nachfolgender Zeit wurde den Griechen überall im Land gestattet anzulegen. Naukratis ist denn auch als ein „port of trade“ par excellence bezeichnet worden[645].

Literatur:

Faried Adrom, Ideologie und Entwicklung des symbolischen und ökonomischen Tauschhandels zwischen Ägypten und Kreta in SM I-III, in: Melanie Wasmuth (Hrsg.), Han-

[638] Květa Smoláriková, Abusir VII. Greek Imports in Egypt, Prag 2002, S. 69, 95.

[639] So in Tell el-Herr: Catherine Defernez, in: Jean-Claude Goyon und Christine Cardin (Hrsg.), Proceedings of the Ninth International Congress of Egyptologists Grenoble, 6-12 septembre 2004, Leuven-Paris-Dudley, MA 2007, S. 387-397.

[640] Alexandra Villing, Egypt as a ”Market“ for Greek Pottery: Some Thoughts on Production, Consumption and Distribution in an Intercultural Environment, in: Athena Tsingarida und Didier Viviers (Hrsg.), Pottery Markets in the Ancient Greek World (8th-1st Centuries B.C.), Brüssel 2013, S. 73-101.

[641] Paul Tresson, in: Kêmi 4, 1931-33, S. 126-144, bes. S. 138f.

[642] Letztere belegt in einem singulären Titel; s. Edda Bresciani, in: Studi classici e orientali 16, 1967, S. 275, 278, 280.

[643] Anne-Sophie von Bomhard, The Decree of Saïs. The Stelae of Thonis-Heracleion and Naukratis, Oxford 2012.

[644] Op. cit., S. 97.

[645] Astrid Möller, Naukratis. Trade in Archaic Greece, Oxford 2000, passim.

del als Medium von Kulturkontakt. Akten des Interdisziplinären altertumswissenschaftlichen Kolloquiums (Basel, 30.-31. Oktober 2009), Fribourg-Göttingen 2015, S. 58-91

Eric H. Cline, Sailing the Wine-Dark Sea. International Trade and the Late Bronze Age Aegean, Oxford 1994

Eric H. Cline, The Nature of the Economic Relations of Crete with Egypt and the Near East during the Late Bronze Age, in: Angelos Chaniotis (Hrsg.), From Minoan Farmers to Roman Traders. Sidelights on the Economy of Ancient Crete, Stuttgart 1999, S. 115-144

Wolfgang Habermann, Die athenischen Handelsbeziehungen mit Ägypten, Karthago und Kyrene während des 5. Jahrhunderts v. Chr., in: Münstersche Beiträge zur antiken Handelsgeschichte 5, 1986, S. 96-105

Peter W. Haider, Zu den ägyptisch-ägäischen Handelsbeziehungen zwischen ca. 1370 und 1200 v. Chr.: I. Das Handelssystem, in: Münstersche Beiträge zur antiken Handelsgeschichte 7, 1988, S. 12-26

Peter W. Haider, Zu den ägyptisch-ägäischen Handelsbeziehungen zwischen ca. 1370 und 1200 v. Chr.: II. Handelsgüter und Handelswege, in: Münstersche Beiträge zur antiken Handelsgeschichte 8, 1989, S. 1-28

Astrid Möller, Naukratis. Trade in Archaic Greece, Oxford 2000

Stefan Pfeiffer, Naukratis, Heracleion-Thonis and Alexandria – Remarks on the Presence and Trade Activities of Greeks in the North-West Delta from the Seventh Century BC to the End of the Fourth Century BC, in: Damian Robinson und Andrew Wilson (Hrsg.), Alexandria and the North-Western Delta, Oxford 2010, S. 15-24

Georges Posener, Les douanes de la Méditerranée dans l'Égypte saïte, in: Revue de philologie, de littérature et d'histoire anciennes 3. Sér. 21, 1947, S. 117-131

Květa Smoláriková, Abusir VII. Greek Imports in Egypt. Graeco-Egyptian Relations during the First Millennium B.C., Prag 2002

Alexandra Villing, Egypt as a "Market" for Greek Pottery: Some Thoughts on Production, Consumption and Distribution in an Intercultural Environment, in: Athena Tsingarida und Didier Viviers (Hrsg.), Pottery Markets in the Ancient Greek World (8th-1st Centuries B.C.), Brüssel 2013, S. 73-101

Handel mit Libyen

Die wichtigsten Handelsposten waren unter Ramses II. Zāwiyat Umm ar-Raḫām und Bates' Island, die Umschlagplätze für Waren aus dem ägäischen, zypriotischen und kanaanäischen Raum und dem libyschen Hinterland waren. Wichtige libysche Handelsgüter waren Straußeneier und -federn, Rinderfett[646] und in späterer Zeit Silphium.

---

646 S. William C. Hayes, in: JNES 10, 1951, Abb. 2 und 10: no. 130 und S. 91.

Literatur:

Seth Richardson, Libya Domestica: Libyan Trade and Society on the Eve of the Invasions of Egypt, in: JARCE 36, 1999, S. 149-164

Steven Snape, Walls, Wells and Wandering Merchants: Egyptian Control of Marmarica in the Late Bronze Age, in: C. J. Eyre (Hrsg.), Proceedings of the Seventh International Congress of Egyptologists Cambridge, 3-9 September 1995, Löwen 1998, S. 1081-1084

Handel mit Punt

Die Lage von Punt war lange nicht eindeutig zu bestimmen; aller Wahrscheinlichkeit nach lag es im heutigen Sudan und Äthiopien[647], nicht, wie früher auch angenommen, auf der Arabischen Halbinsel.

Kontakte mit Punt konnten entweder aufgenommen werden, indem man den Nil stromauf oder über das Rote Meer fuhr. Bei letzteren Fahrten war der Ausgangspunkt im Niltal Koptos; von dort ging es durch das Wādī al-Ḥammāmāt nach Marsā Gawāsīs am Roten Meer, 55 km nördlich von al-Quṣēr gelegen. Dort wurden die mitgenommenen Schiffsteile zusammengesetzt und die Fahrt übers Meer fortgesetzt. Mögliche Anlegestellen im Süden sind Suakin, Aqiq bzw. Adulis; von dort stießen sie offenbar noch ca. 400 km ins Hinterland vor[648]. Für die gesamte Expedition sind wohl 10 bis 12 Monate zu veranschlagen[649]. Auch Nubier nahmen daran offenbar teil[650]. Umgekehrt sind auch Fahrten von Puntiten nach Ägypten und dem Sinai belegt. Sie dürften aber nicht bis in die Residenz gekommen sein, wie die sogenannten Tributszenen suggerieren[651].

---

[647] Darauf deutet die Identifikation des Sekretärs in der Punthalle von Hatschepsut, der nur in Afrika beheimatet ist, s. www.pap.pl/en/news-/news,1457007,polish-egyptologist-discovers-unique-depictions-of-secretary-bird.html; letzter Zugriff am 3.8.2018.

[648] Zu den Routen s. Kathryn A. Bard und Rodolfo Fattovich†, Seafaring Expeditions to Punt in the Middle Kingdom. Excavations at Mersa/Wadi Gawasis, Leiden-Boston 2018, S. 184-191.

[649] Thomas Hikade, Das Expeditionswesen im ägyptischen Neuen Reich, Heidelberg 2001, S. 76. Francis Breyer, Punt. Die Suche nach dem »Gottesland«, Leiden-Boston 2016, S. 401-403, berechnet die Vor- und Nachbereitungszeit nicht mit ein.

[650] Andrea Manzo, in: Francesco Raffaele, Massimiliano Nuzzolo und Ilaria Incordino (Hrsg.), Recent Discoveries and Latest Researches in Egyptology, Wiesbaden 2010, S. 163.

[651] Silke Hallmann, Die Tributszenen des Neuen Reiches, Wiesbaden 2006, S. 324 und 329.

Expeditionen wurden ab der 5. Dynastie, hauptsächlich aber in der 6. Dynastie, im Mittleren Reich und dann in der frühen 18. Dynastie durchgeführt. Die letzte nachweisbare Fahrt nach Punt wurde unter Ramses III. unternommen. Danach dürfte der Handel abgebrochen sein, weil die ägyptischen Könige vom Delta aus regierten und Aromata von der Levante bezogen werden konnten[652]. Außerdem könnte das Erstarken der südarabischen Handelsrouten unter Umgehung Ägyptens eine Rolle gespielt haben[653]. Die Mannschaftsstärke konnte bis zu 3756 Personen betragen, wovon die meisten einfache Soldaten waren[654]. Zu den beteiligten Personen rechnen aber auch Männer, deren Titel auf Bergwerkstätigkeiten hindeuten[655]. In der 18. Dynastie leitete der Schatzhausvorsteher das Unternehmen; Personen der Tempelverwaltung sind offenbar nicht beteiligt, auch wenn die importierte Myrrhe rein kultische Bedeutung hatte.

Aus Punt importiert wurde Gold, Elektron, Malachit, diverse Hölzer, Elfenbein, Affen und Windhunde, Giraffenschwänze und Leopardenfelle, Weihrauch, Myrrhe, Jaspis, Bleiglanz und Gummi[656]. Sahure führte auch ganze Weihrauchbäume ein[657]. Spätestens seit einer Expedition unter Hatschepsut wurden Myrrhenbäume eingeführt und in Theben angepflanzt, nicht zuletzt, um sich von Importen unabhängig zu machen; das Experiment, da mehrfach wiederholt, scheint allerdings gescheitert zu sein[658]. Der Umfang und die ökonomische Bedeutung der Importe lassen sich schwer einschätzen. Unter Sahure wurden nach den Angaben des Palermosteins 80000 Maßeinheiten Weihrauch und 6000 Maßeinheiten Elektron eingeführt. Unter Thutmosis III. wurden im Jahr 33 1685 *ḥqꜣ.t*-Maß Myrrhe, in Jahr 38 240 *ḥqꜣ.t*-Maß Myrrhe importiert, und in einem Privatgrab derselben Zeit werden 4716 und 1305+x *ḥqꜣ.t*-Maß Myrrhe genannt[659]. Die Exportgüter wurden sel-

---

652 K. A. Kitchen, in: Thurstan Shaw et alii (Hrsg.), The Archaeology of Africa. Food, Metals and Towns, London 1993, S. 606.

653 Robert Morkot, in: CRIPEL 17/1, 1995, S. 185.

654 Abdel Monem A. H. Sayed, in: RdE 29, 1977, Taf. 16.

655 Tarek El Awady, Sahure – The Pyramid Causeway. History and Decoration Program in the Old Kingdom, Prag 2009, S. 157-159.

656 Zu den Handelsgütern s. Francis Breyer, Punt. Die Suche nach dem »Gottesland«, Leiden-Boston 2016, S. 417-424.

657 Op.cit., S. 155-170, 253-257; s. dort auch zur Unterscheidung von Weihrauch und Myrrhe.

658 D. M. Dixon, in: JEA 55, 1969, S. 55-65.

659 Thomas Hikade, Das Expeditionswesen im ägyptischen Neuen Reich, Heidelberg 2001, S. 77.

ten aufgelistet und bestanden aus Waffen und Schmuckgegenständen, aber auch Lebensmitteln[660].

Literatur:

Kathryn A. Bard und Rodolfo Fattovich (Hrsg.), Harbor of the Pharaohs to the Land of Punt. Archaeological Investigations at Mersa/Wadi Gawasis, 2001-2005, Neapel 2007

Andrés Diego Espinel, The Scents of Punt (and elsewhere): Trade and Functions of *sntr* and *ʿntw* During the Old Kingdom, in: Ilaria Incordino und Pearce Paul Creasman (Hrsg.), Flora Trade Between Egypt and Africa in Antiquity, Oxford 2017, S. 21-47

Susanne Martinssen, „Ich gebe dir ganz Punt." Ein Expeditionsziel im religiös-politischen Kontext, in: Nicole Kloth, Karl Martin und Eva Pardey (Hrsg.), Es werde niedergelegt als Schriftstück. Festschrift für Hartwig Altenmüller zum 65. Geburtstag, Hamburg 2003, S. 263-274

660 Edouard Naville, The Temple of Deir el Bahari, III, London 1898, Taf. LXIX.

Transport

Ökonomisch relevant ist nur der Transport von Gütern oder von Menschen, die für den Transport von Gütern zuständig sind; nur in Ausnahmefällen, so z.B. bei Expeditionsteilnehmern oder Sklaven, kann auch der Transport von Menschen an sich von wirtschaftlicher Bedeutung sein.

Zu unterscheiden sind Transportwege zu Wasser und zu Land, sodann die Transportmittel, zum einen Boote bzw. Schiffe, zum anderen Menschen, Tiere und Fahrzeuge. Davon abhängig sind jeweils die Transportdauer und die Transportkosten.

Für das pharaonische Ägypten sind Wasserwege von vorrangiger Bedeutung. Hierzu gehören in erster Linie der Nil mit seinen Seitenarmen im Delta, künstlich angelegte Kanäle sowie das Mittelmeer und das Rote Meer. Der Nachweis alter Kanäle, die für den Transport genutzt wurden, gestaltet sich schwierig[661]; zumeist sind Kanäle, die quer zum Nil verlaufen, anzunehmen. Auch die Nilarme im Delta waren durch Kanäle miteinander verbunden[662].

Für kleinere und größere Lastschiffe gibt es eine Vielfalt von Bezeichnungen, die neben zahlreichen Abbildungen den Typ von Fahrzeug in etwa zu bestimmen erlauben[663]. Allerdings sind der Bau und der Unterhalt von Schiffen relativ teuer, so daß man z.B. nicht unbedingt davon ausgehen kann, daß Getreide immer per Schiff befördert wurde[664].

Die Transportdauer hängt nicht nur von der Art des Bootes/Schiffes ab, sondern auch von der Art der Fortbewegung (Segeln, Rudern, Treideln)[665] sowie von Wind und Strömungsgeschwindigkeit. Für eine Fahrt auf dem Nil kann die Tagesleistung von 33 km bis 130 km reichen[666].

---

661 S. z.B. Wolfgang Schenkel, Kanal, in: LÄ III, Wiesbaden 1980, Sp. 310-312, Dieter Kessler, Historische Topographie der Region zwischen Mallawi und Samaluṭ, Wiesbaden 1981, Karte 1, Farouk Gomaà, Renate Müller-Wollermann und Wolfgang Schenkel, Mittelägypten zwischen Samalūṭ und dem Gabal Abū Ṣīr, Wiesbaden 1991, S. 25-27.

662 S. z.B. Manfred Bietak, Tell el-Dabᶜa II, Wien 1975, S. 107-109, 114f.

663 Norbert Dürring, Materialien zum Schiffbau im Alten Ägypten, Berlin 1995, S. 137-141, 143f., 147-149.

664 Jan-Peter Graeff, Die Straßen Ägyptens, Berlin 2005, S. 198f., 205f.

665 Zu den verschiedenen Fortbewegungsarten s. Norbert Dürring, Materialien zum Schiffbau im Alten Ägypten, Berlin 1995, S. 157-163.

666 Heidi Köpp-Junk, Reisen im Alten Ägypten. Reisekultur, Fortbewegungs- und Transportmittel in pharaonischer Zeit, Wiesbaden 2015, S. 302. Zu Reisegeschwindigkeiten auf dem Nil in Nubien s. Stuart Tyson Smith, Askut in Nubia. The Economics and Ideology of Egyptian Imperialism in the Second Millennium B.C., London-New York 1995, S. 28.

In der 20. Dynastie mußten für einen Transport auf dem Nil 10% des Wertes der Ladung an die Besatzung des Schiffes gezahlt werden[667]; weitere Daten sind nicht erhältlich.

Für den Transport zu Land sind verschiedene Trassen möglich: Begehungshorizonte (innerhalb von Ortschaften), Pfade, (künstlich angelegte) Wege und (befestigte) Straßen[668]. Die Trassen in der Westwüste dienten hauptsächlich zum Transport von Handelswaren, die in der Ostwüste, mit Ausnahme der Wege zum Roten Meer (→ Handel mit Punt), zum Transport zu und von den Minen und Bergwerken. Als Transportmittel kommen Menschen, Tiere und Fahrzeuge in Frage, genauer Rinder und Esel[669] sowie die jeweils selten ab der 2. Zwischenzeit belegten Wagen und ab dem Neuen Reich bezeugten Karren; mit Pferden, Kamelen und Schlitten wurden keine Güter befördert. Menschen wie Esel schaffen 4-6 km pro Stunde und 15-40 km pro Tag[670].

Literatur:

David Fabre, Seafaring in Ancient Egypt, London 2004/2005

Frank Förster und Heiko Riemer (Hrsg.), Desert Road Archaeology in Ancient Egypt and Beyond, Köln 2013

Jan-Peter Graeff, Die Straßen Ägyptens, Berlin 2005 [zahlreiche Karten]

Jac J. Janssen, The Cost of Nile Transport, in: BSEG 18, 1994, S. 41-47

Heidi Köpp-Junk, Reisen im Alten Ägypten. Reisekultur, Fortbewegungs- und Transportmittel in pharaonischer Zeit, Wiesbaden 2015

Robert Partridge, Transport in Ancient Egypt, London 1996 [zahlreiche Abbildungen]

---

667 Jac J. Janssen, The Cost of Nile Transport, in: BSEG 18, 1994, S. 41-47.

668 Zu den Definitionen s. Heidi Köpp-Junk, Reisen im Alten Ägypten. Reisekultur, Fortbewegungs- und Transportmittel in pharaonischer Zeit, Wiesbaden 2015, S. 42f.

669 Alles zum Esel bei Frank Förster, Der Abu Ballas-Weg. Eine pharaonische Karawanenroute durch die Libysche Wüste, Köln 2015, S. 385-434.

670 Heidi Köpp-Junk, Reisen im Alten Ägypten. Reisekultur, Fortbewegungs- und Transportmittel in pharaonischer Zeit, Wiesbaden 2015, S. 301.

Konsum

Die Grundnahrungsmittel waren Brot und Bier, wobei Brot vorwiegend aus Emmer, Bier vorwiegend aus Gerste hergestellt wurde. Schätzungsweise 75% des Kalorienbedarfs wurden mit Getreideprodukten gedeckt[671]. Die wichtigste Proteinquelle stellte – außer in den Oasen[672] – Fisch dar, danach Fleisch von Schweinen, Ziegen, Schafen und Rindern – in dieser Reihenfolge. Milch wurde wenig konsumiert und wenn, dann solche von Ziegen; die Milch von Rindern und Schafen reichte nur aus, um die Kälber bzw. Lämmer zu versorgen[673]. Im Mittleren Reich erhielten Arbeiter zwischen 700 und 1000 g Brot pro Tag[674]. Im Neuen Reich war die Versorgung besser: So erhielt ein Steinarbeiter in Gabal as-Silsila unter Sethos I. täglich 20 *dbn* Brot (d.i. ca. 1820 g), dazu Gemüse und Fleisch und zusätzlich 2 Sack Getreide monatlich[675]. Die Arbeiter in Dēr al-Madīna bekamen in der Regel 4 *ẖꜣr* (= ca. 307 l) Emmer und 1,5 *ẖꜣr* (= ca. 115 l) Gerste im Monat zugeteilt, wovon sie allerdings noch ihre Familie versorgen mußten. Darüber hinaus wurden sie mit Gemüse und Fisch, gelegentlich mit Fleisch, Fett[676] und anderem versorgt. Idealerweise erhielt ein Arbeiter 4 *dbn* Fisch pro Tag, aber zumeist blieb die gelieferte Menge darunter und wurde unregelmäßig ausgegeben. Ein Großteil wurde ausgenommen und getrocknet geliefert – das betraf in der Regel kleine Fische, während die großen zumeist frisch ausgehändigt wurden[677]. Auch die Bewohner von Amarna, sowohl der Stadt als auch der Arbeitersiedlung, wurden mit Getreide und Fleisch versorgt; das Getreide wurde in den einzelnen

---

671 James P. Allen, The Heqanakht Papyri, New York 2002, S. 147 Anm. 39.

672 Zum vollständigen Fehlen von Fisch in Balat s. Laure Pantalacci und Joséphine Lesur, in: BIFAO 112, 2012, S. 296.

673 Richard W. Redding, in: Robert J. Wenke, Richard W. Redding und Anthony J. Cagle (Hrsg.), Kom el-Hisn (ca. 2500-1900 BC). An Ancient Settlement in the Nile Delta of Egypt, Atlanta 2016, S. 162f.

674 Madeleine Peters-Destéract, Pain, bière et toutes bonnes choses… L'alimentation dans l'Égypte ancienne, Monaco 2005, S. 318.

675 KRI I 60, 13-14.

676 Zu den unregelmäßigen Öllieferungen s. Matthias Müller, in: B. J. J. Haring, O. E. Kaper und R. van Walsem (Hrsg.), The Workman's Progress. Studies in the Village of Deir el-Medina and Other Documents from Western Thebes in Honour of Rob Demarée, Leuven 2014, S. 188.

677 Zu den Fischlieferungen s. Jac. J. Janssen, Village Varia. Ten Studies on the History and Administration of Deir el-Medina, Leiden 1997, S. 43-49.

Häusern weiterverarbeitet. Die Bewohner der Arbeitersiedlung hielten zudem Schweine und Ziegen, die sie selbst schlachteten.

Schichtenspezifisches und berufsspezifisches Konsumverhalten kann bisher nur in Einzelstudien nachgewiesen werden. So wird deutlich, daß Priesterhaushalte in Abydos im Mittleren Reich überdurchschnittlich viel Rindfleisch verzehrten, andere Haushalte relativ viele Schafe, Ziegen und Schweine[678]. Dies kann mit der Weitergabe von Opferfleisch, das in Tempeln dargebracht wurde, erklärt werden. Insbesondere die wertvollen Teile des Rindes, nämlich die Hinterschenkel und Köpfe, die auch häufig in Darstellungen erscheinen, wurden im Tempel konsumiert, andere Teile in der Ortschaft[679]. Allerdings kann Geflügel, das ebenfalls eine wichtige Opfergabe darstellte, als Speise nur selten archäologisch nachgewiesen werden[680]. Wenn man davon ausgeht, daß die diensttuenden Priester rotierten, so dürften größere Bevölkerungskreise in den Genuß von Opferfleisch gekommen sein.

Unterschiedliches Konsumverhalten war auch staatlich bedingt. So war Kōm al-Ḥiṣn im Westdelta im Alten Reich ein Zentrum der Rinderzucht; daneben wurden auch Schafe und Ziegen gezüchtet. Die Bewohner des Ortes aßen aber hauptsächlich Schweinefleisch; die Rinder und ein Großteil der Schafe und Ziegen wurden nach Gīza transportiert, um die Arbeiter und ihre Chargen bei den Pyramiden zu versorgen, die ihrerseits wenig Schweinefleisch verzehrten. Die einfachen Arbeiter aßen eher Schaf- oder Ziegenfleisch, die Vorgesetzten eher Rindfleisch[681]. Auch beim Fischkonsum lassen

---

[678] Stine Rossel, Food for the Dead, the Priest, and the Mayor: Looking for Status and Identity in the Middle Kingdom Settlement at South Abydos, Egypt, in: Sharyn Jones O'Day, Wim Van Neer und Anton Ervynck (Hrsg.), Behaviour Behind Bones. The Zooarchaeology of Ritual, Religion, Status and Identity, Oxford 2004, S. 198-202.

[679] Stine Rossel, The Development of Productive Subsistence Economies in the Nile Valley: Zooarchaeological Analysis at el-Mahasna and South Abydos, Upper Egypt, Ann Arbor 2008, S. 223-226.

[680] S. z.B. Richard W. Redding, in: Robert J. Wenke, Richard W. Redding und Anthony J. Cagle (Hrsg.), Kom el-Hisn (ca. 2500-1900 BC). An Ancient Settlement in the Nile Delta of Egypt, Atlanta 2016, S. 156-161; hier werden ausschließlich Wasservögel und hauptsächlich Zugvögel gegessen.

[681] Zu diesem Muster s. Richard W. Redding, Egyptian Old Kingdom Patterns of Animal Use and the Value of Faunal Data in Modeling Socioeconomic Systems, in: Paléorient 18, 1992, S. 99-107, und ders., A Tale of Two Sites: Old Kingdom Subsistence Economy and the Infrastructure of Pyramid Construction, in: Bea De Cupere, Veerle Linseele und Sheila Hamilton-Dyer (Hrsg.), Archaeozoology of the Near East X. Proceedings of the Tenth International Symposium on the Archaeozoology of South-Western Asia and Adjacent Areas, Leuven-Paris-Walpole, MA 2013, S. 307-322.

sich schichtenspezifische Unterschiede ausmachen: Die unteren Schichten aßen Wels, die höheren Nilbarsch[682].

Ein ähnliches Bild staatlicher Versorgung wie in Gīza zeigt sich auch in der Arbeitersiedlung von aš-Šēḫ Saᶜīd aus leicht früherer Zeitstellung[683].

Exkurs: Hungersnöte

Durch zu niedrige oder zu hohe Nilfluten, andere Klimaeinflüsse und/oder Mißmanagement ausgelöste Hungersnöte sind durch die gesamte pharaonische Zeit immer wieder bezeugt, aber in der Regel lokal und zeitlich begrenzt. Für einzelne Jahre mit zu niedriger Nilflut finden sich mehrere Belege aus der 12. Dynastie[684]. Anthropologische Befunde[685] sind hier aussagekräftiger als Texte oder Darstellungen, die häufig Topoi wiedergeben[686]. So weisen z.B. die Skelette aus der Nekropole der Arbeitersiedlung von Amarna auf langfristige Unterernährung, Eisenmangel und Skorbut hin[687].

Der Wasserverbrauch eines Mannes (und seiner Familie) in Dēr al-Madīna betrug pro Tag 1 ¼ Sack, d.h. fast 94 Liter[688]. Diese Menge diente zum Trinken, Zubereiten von Essen, Spülen des Geschirrs und der Körperpflege, nicht aber dem Waschen der Kleidung und der Produktion von Keramik; letzteres, was viel Wasser erfordert, wurde außerhalb des Ortes vorgenommen[689]. Der Wasserverbrauch in anderen Orten dürfte also höher gewesen sein. Alkoholische Getränke in Form von Bier und Wein wurden zwar gerne und viel kon-

---

682 Richard Redding, Status and Diet at the Workers' Town, Giza, Egypt, in: Douglas V. Campana et alii (Hrsg.), Anthropological Approaches to Zooarchaeology: Complexity, Colonialism, and Animal Transformations, Oxford 2010, S. 65-75, bes. S. 72f.

683 Harco Willems et alii, in: Ä&L 19, 2009, S. 323.

684 James P. Allen, The Heqanakht Papyri, New York 2002, S. 171 mit Anm. 147, 182, 184.

685 S. z.B. Eike-Meinrad Winkler und Harald Wilfing, Tell el-Dabᶜa VI. Anthropologische Untersuchungen an den Skelettresten der Kampagnen 1966-69, 1975-80, 1985, Wien 1991, S. 129-132.

686 Ludwig D. Morenz, Hungersnöte in der Ersten Zwischenzeit zwischen Topos und Realität, in: DE 42, 1998, S. 83-97. Zu Hunger als strukturellem Problem s. auch Christopher J. Eyre, in: P. Kousoulis und N. Lazaridis (Hrsg.), Proceedings of the Tenth International Congress of Egyptologists. University of the Aegean, Rhodes 22-29 May 2008, Bd. 1, Leuven-Paris-Bristol, CT, S. 715-717.

687 Barry Kemp et alii, in: Antiquity 87, 2013, S. 72.

688 Selke Eichler, in: SAK 17, 1990, S. 154.

689 Jac. J. Janssen, in: Medelhavsmuseet Bulletin 14, 1979, S. 15 Anm. 32.

sumiert, übermäßiger Genuß war aber verpönt[690]. Wie die Krugverschlüsse und -aufschriften aus Amarna zeigen, war der Konsum von Wein nicht allein auf die Oberschicht beschränkt[691].

Der Verbrauch von Brennmaterial – Holz, Häckselgut und Dung (mit abnehmendem Heizwert) – bleibt großenteils unklar. In Dēr al-Madīna erhielt eine Familie monatlich 75 Einheiten Brennholz, wobei nirgends genannt wird, wie groß diese Einheiten sind[692]. Zusammen mit anderem Brennmaterial scheint es aber ausreichend gewesen zu sein, denn man hört von den Arbeitern keine Klagen über einen Mangel hieran. Bei Arbeitersiedlungen, in denen es kaum Viehhaltung gab, fällt allerdings kaum Dung an. Umgekehrt deutet ein vermehrter Verbrauch von Dung in Siedlungen auf eine zumindest, so in Zeiten der Überschwemmung, temporäre Stallhaltung hin.

Für die Bestattung haben vermutlich weniger als 5% der Bevölkerung Mittel in größerem Umfang aufgewendet[693]. Bei denjenigen, die dies taten, ist die Spanne der Ausgaben groß, so daß einzelne Zahlen nicht sehr aussagekräftig sind.

Literatur:

Laurent Coulon, Famine, in: Elizabeth Frood und Willeke Wendrich (Hrsg.), UCLA Encyclopedia of Egyptology, Los Angeles 2008 (https://escholarship.org/uc/item/2nv473z9)

William J. Darby, Paul Ghalioungui und Louis Grivetti, Food: The Gift of Osiris, 2 Bde., London 1977

H. M. Hecker, A Zooarchaeological Inquiry into Pork Consumption in Egypt from Prehistoric to New Kingdom Times, in: JARCE 19, 1982, S. 59-71

Jac J. Janssen, The Daily Bread. A Contribution to the Study of the Ancient Egyptian Diet, in: BES 13, 1997, S. 15-38 [Bezeichnungen von Backwaren]

Barry J. Kemp, Delwen Samuel und Rosemary Luff, Food for an Egyptian City: Tell el-Amarna, in: R. Luff und P. Rowley-Conwy (Hrsg.), Whither Environmental Archaeology?, Oxford 1994, S. 133-170

---

690 Salah el-Kholi, Missbiligung vom Alkohol im altägytischen Alltag? (sic), in: ASAE 75, 1999-2000, S. 211-221.

691 Josefine Kuckertz, Gefäßverschlüsse aus Tell el-Amarna. Grabungen der Deutschen Orient-Gesellschaft 1911 bis 1914. Sozioökonomische Aspekte einer Fundgattung des Neuen Reiches, Saarbrücken 2003, S. 56.

692 Jac. J. Janssen, Commodity Prices from the Ramessid Period. An Economic Study of the Village of Necropolis Workmen at Thebes, Leiden 1975, S. 485. Zu den Holzlieferungen s. ferner ders., in: ders., Elizabeth Frood und Maren Goecke-Bauer, Woodcutters, Potters and Doorkeepers. Service Personnel of the Deir el-Medina Workmen, Leiden 2003, S. 1-28.

693 Kathlyn M. Cooney, The Cost of Death. The Social and Economic Value of Ancient Egyptian Funerary Art in the Ramesside Period, Leiden 2007, S. 127.

Michel Malaise, Les animaux dans l'alimentation des ouvriers égyptiens de Deir el-Médineh au Nouvel Empire, in: Anthropozoologica 1988, S. 65-72

Mary Anne Murray, Questions of continuity: Fodder and fuel use in Bronze Age Egypt, in: Andrew S. Fairbairn und Ehud Weiss (Hrsg.), From Foragers to Farmers. Papers in Honour of Gordon C. Hillman, Oxford 2009, S. 254-267

Madeleine Peters-Destéract, Pain, bière et toutes bonnes choses… L'alimentation dans l'Égypte ancienne, Monaco 2005

Schenkungen und Stiftungen

Behandelt werden in diesem Abschnitt nur Zuwendungen, die auch von ökonomischer Bedeutung sind, nicht aber Opfergaben, die vorwiegend religiöser Natur sind[694]. Nutznießer von Schenkungen oder Stiftungen können der König, Privatpersonen oder Tempel sein. Die Objekte sind überwiegend Ländereien, so bei Stiftungen, aus denen Gewinn gezogen werden kann, bei Schenkungen an Tempel aber (neben Opfergaben) auch Kultobjekte[695] oder Baumaterial.

Königliche Landschenkungen an Tempel finden sich seit der 4. Dynastie, vornehmlich in Annalentexten, und dienen hauptsächlich dazu, die Tempel an das Königshaus zu binden. Der Umfang kann von mehreren hundert Aruren im Alten Reich bis zu Hunderttausenden in der Ramessidenzeit reichen[696]. So überwies Ramses III. diversen Tempeln in sehr ungleicher Verteilung 2954,36 km^2 Land, was schätzungsweise 15% der damaligen gesamten Ackerfläche ausmachte; der Amuntempel in Karnak erhielt mehr als 80% davon[697]. Auch Stiftungen für Pyramiden- und Totentempel sind belegt. Hinzu kam im Mittleren und Neuen Reich die Beute von Kriegszügen, wobei im Neuen Reich die Kriegsgefangenen in der Regel dem Arbeitshaus des Amuntempels in Karnak überstellt wurden. Neben Land und Arbeitskräften stiftete Ramses III. den Tempeln noch wesentlich mehr: Tiere, Pflanzen, Holz, Metalle, Lebensmittel und anderes[698].

Zuwendungen des Königs an verdiente Beamte oder Angehörige des Militärs konnten aus Ländereien bis zu mehreren hundert Aruren, Grabausstat-

---

694 Allerdings trägt der Opferumlauf auch zur Versorgung von Priestern und insbesondere an Festtagen auch der normalen Bevölkerung bei. S. hierzu z.B. Anthony Spalinger, Praise God and Pay the Priests, in: Ä&L 7, 1998, S. 43-57, B. J. J. Haring, Divine Households. Administrative and Economic Aspects of the New Kingdom Royal Memorial Temples in Western Thebes, Leiden 1997, S. 7-12, 79-81, 256-263.

695 Eine detaillierte Erörterung der von Amenemhet II. vermachten Kultgeräte findet sich in Hartwig Altenmüller, Zwei Annalenfragmente aus dem frühen Mittleren Reich, Hamburg 2015, S. 265-274; zu den in diesen Texten aufgelisteten Stiftungen allgemein s. S. 243-279.

696 Juan Carlos Moreno Garcia, Land Donations, Los Angeles 2013, S. 2f.

697 Pierre Grandet, Le Papyrus Harris I (BM 9999), Bd. 1, Kairo 1994, S. 88-91.

698 S. die Listen bei Pierre Grandet, Le Papyrus Harris I (BM 9999), Bd. 1, Kairo 1994, S. 185-201, und Zahlen bei Brian Muhs, The Ancient Egyptian Economy 3000-30 BCE, Cambridge 2016, S. 110f.

tungen, Schmuck, Lebensmitteln[699] oder bei Soldaten auch aus Teilen der Kriegsbeute oder Kriegsgefangenen bestehen. Eine besondere Auszeichnung im Neuen Reich bestand in der Verleihung des Ehrengolds, das aus Halsketten, Armreifen oder Fliegen bzw. Löwen aus Gold bestehen konnte (s. Abb. 17)[700]; der ideelle Wert war hier wichtiger als der materielle.

Die königlichen Landschenkungen an Beamte im Alten Reich, die als Personen in Gräbern dargestellt sind und die bislang als fiktiv betrachtet wurden, werden neuerdings doch als real betrachtet, z.B. auf Grund von Flächenangaben[701].

Umgekehrt überreichten höhere Beamte dem König am Neujahrstag oder beim Sed-Fest kostbare Kultobjekte, Waffen, Schreibpaletten[702] oder Blumensträuße, wie Gräber der 18. Dynastie zeigen (s. Abb. 18)[703].

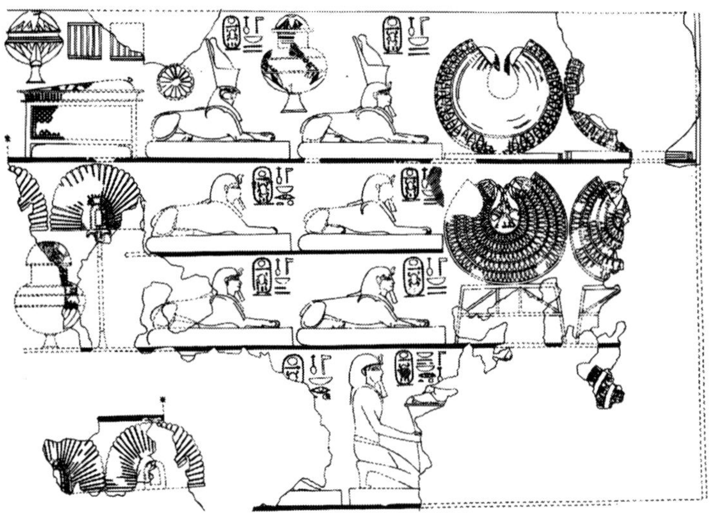

Abb. 18: Geschenke für den König

[699] S. die Überblickstabellen bei Kirsten Butterweck-AbdelRahim, Untersuchungen zur Ehrung verdienter Beamter, Aachen 2002.

[700] Hierzu s. Susanne Binder, The Gold of Honour in New Kingdom Egypt, Oxford 2008.

[701] Mohamed Ismail Khaled, The Donation of Royal Funerary Domains in the Old Kingdom, in: Renata Landgráfová und Jana Mynářová (Hrsg.), Rich and Great. Studies in Honour of Anthony J. Spalinger on the Occasion of his 70th Feast of Thoth, Prag 2016, S. 169-185.

[702] Zur Bedeutung von Schreibpaletten als Geschenk s. Jenny Cashman, The Scribal Palette as an Elite Gift in New Kingdom Egypt, in: P. Kousoulis und N. Lazaridis (Hrsg.), Proceedings of the Tenth International Congress of Egyptologists. University of the Aegean, Rhodes 22-29 May 2008, Bd. 1, Leuven-Paris-Bristol, CT 2015, S. 615-630.

[703] Cyril Aldred, The 'New Year' Gifts to the Pharaoh, in: JEA 55, 1969, S. 73-81.

Abb. 17: Verleihung des Ehrengolds

Stiftungen von Privatpersonen an Tempel sind seit der 5. Dynastie belegt und dienen in erster Linie dazu, den Totenkult zu sichern; sie bestehen in der Regel aus Ländereien. Ab der 2. Zwischenzeit sind sogenannte Schenkungsstelen bekannt, deren Zahl in Zeiten politischer Instabilität wie der 3. Zwischenzeit zunimmt und die sich vornehmlich im Delta befinden[704]. Sie dienen teilweise gleichzeitig als Grenzstelen der gestifteten Felder. Andere Stiftungen sind für königliche Statuen bestimmt, die ihrerseits eine Garantie für den Stifter darstellen. Sie betreffen sowohl Göttertempel als auch Totentempel, bei letzteren zumeist den des lebenden Herrschers[705].

Persönliche Geschenke, zumeist Lebensmittel, wurden in Dēr al-Madīna an Festtagen und bei der Geburt eines Kindes überbracht[706].

Literatur:

Schafik Allam, Foundations in Pharaonic Egypt. The Oldest-Known Private Endowments in History, in: WdO 37, 2007, S. 8-30

Jac. J. Janssen, Gift-Giving in Ancient Egypt as an Economic Feature, in: JEA 68, 1982, S. 253-258

Peter Kaplony, Die wirtschaftliche Bedeutung des Totenkultes im alten Ägypten, in: Asiatische Studien 18/19, 1965, S. 290-307

Dimitri Meeks, Les donations aux temples dans l'Égypte du Ier millénaire avant J.-C., in: Edward Lipinski (Hrsg.), State and Temple Economy in the Ancient Near East, Bd. II, Leuven 1979, S. 605-687 [mit Bibliographie der relevanten Stelen]

Dimitri Meeks, Une stèle de donation de la Deuxième Période intermédiaire, in: ENiM 2, 2009, S. 129-154 [mit aktualisierter Bibliographie der relevanten Stelen]

Juan Carlos Moreno Garcia, Land Donations, in: Elisabeth Frood und Willeke Wendrich (Hrsg.), UCLA Encyclopedia of Egyptology, Los Angeles 2013 (https://escholarship.org/uc/item0cc615kx)

704 Grundlegend hierzu Dimitri Meeks, Les donations aux temples dans l'Égypte du Ier millénaire avant J.-C., in: Edward Lipiński (Hrsg.), State and Temple Economy in the Ancient Near East, Bd. II, Leuven 1979, S. 605-687, und ders., Une stele de donation de la Deuxième Période intermédiaire, in: ENiM 2, 2009, S. 129-154, jeweils mit Auflistung der Texte und bibliographischen Angaben.

705 B. J. J. Haring, Divine Households. Administrative and Economic Aspects of the New Kingdom Royal Memorial Temples in Western Thebes, Leiden 1997, S. 142-155.

706 Jac. J. Janssen, in: JEA 68, 1982, S. 254-258; s. des weiteren mit Verweis auf zusätzliche Texte Heidi Jauhiainen, "Do not Celebrate your Feast Without your Neighbours". A Study of References to Feasts and Festivals in Non-Literary Documents from Ramesside Period Deir el-Medina, Helsinki 2009, S. 258-264.

Wertmesser und Zahlungsmittel

In pharaonischer Zeit fungierten diverse Objektgruppen als standardisierte Wertmesser und Zahlungsmittel. Münzen fanden erst ab der 27. Dynastie Verwendung, zuerst ausländische Münzen, in der 30. Dynastie auch in Ägypten geprägte.

Wertmesser dienen dazu, verschiedene Objekte zueinander in Beziehung zu setzen. Der früheste Beleg für einen Wertmesser, nämlich *šꜥ.t*, findet sich in der sog. Hauskaufurkunde vom Ende der 5. Dynastie[707], wo er, dem Determinativ nach zu urteilen, ursprünglich ein Kupferstück bezeichnete. Im Mittleren Reich erscheint er als *šnꜥ*, *šnꜥ.w* oder *šnꜥ.t* und wird bereits als Abstraktum mit der Buchrolle determiniert[708]. In der Ramessidenzeit werden all diese Abstrakta abgelöst vom Wertmesser *snỉ.w*, das auf einem Metallgewicht beruht, das meistens Silber, manchmal Gold, aber niemals Kupfer war[709]. Ein weiterer abstrakter Wertmesser im Neuen Reich ist der *dbn*, eigentlich ein Gewicht, der in der Regel auf Kupfer fußt, gelegentlich auch auf Bronze, Silber oder Gold[710]. Weitere Wertmesser sind Silber, Getreide und Öl[711].

Als Zahlungsmittel fungieren nahezu alle Objekte des täglichen Lebens. So werden z.B. als Handwerkerlöhne im Alten Reich genannt: Brot, Bier, Gerste, Emmer, *mrḥ.t*-Öl, Stoff und Kupfer, in der 1. Zwischenzeit zusätzlich Honig[712]. Es läßt sich allerdings über die Zeit vom Alten bis zum Neuen Reich hinweg eine Standardisierung bei Objekten aus Metall, Getreide und Stoffen festmachen. Ab der 21. Dynastie erscheint zunehmend Silber als Zahlungsmittel, von der 22. Dynastie bis Psammetich I. grundsätzlich Silber aus dem Schatzhaus des Harsaphes (in Herakleopolis), dann bis zur 27. Dynastie Silber aus dem Schatzhaus der Stadt, d.h. Thebens, danach Silber aus dem Schatzhaus des Ptah (in Memphis). Es dürfte sich hier um genormte und möglicherweise durch Stempel oder Aufschrift des Schatzhauses der Haupt-

---

707 Urk. I 157, 16f.

708 Zu Lesungen und Belegen s. Edward F. Wente, in: JNES 24, 1965, S. 105-109. Zur Funktion in den Heqanachte-Papyri s. James P. Allen, The Heqanakht Papyri, New York 2002, S. 155.

709 Zum *snỉ.w* s. Jac. J. Janssen, Commodity Prices from the Ramessid Period. An Economic Study of the Village of Necropolis Workmen at Thebes, Leiden 1975, S. 102-108.

710 Zum *dbn* s. Jac. J. Janssen, op.cit., S. 101f.

711 Renate Müller-Wollermann, in: Sylvia Schoske (Hrsg.), Akten des Vierten Internationalen Ägyptologenkongresses München 1985, Bd. 4, Hamburg 1991, S. 164f.

712 Loc.cit., S. 161.

stadt garantierte Silberstücke handeln[713]; archäologisch sind sie allerdings nicht bezeugt.

Ab dem späten 6. Jh. treten in Ägypten Münzfunde auf, und zwar von griechischen Münzen diverser Herkunft; sie stammen zumeist aus Unterägypten, es gibt aber auch solche aus dem Fayyūm, Banī Ḥasan oder Asyūṭ. Letzterer Fund umfaßte ca. 900 Münzen von 67 Münzstätten und wurde fast vollständig publiziert[714]. Viele der frühen Münzen zeigen Einschnitte, was darauf hindeutet, daß ihnen mißtraut und der Metallgehalt geprüft wurde. Oft finden sich in den Münzhorten auch Metallgefäße, Hacksilber und, weniger oft, Schmuck. Ab Ende des 5. / Anfang des 4. Jh. sind athenische Tetradrachmen, die sog. Eulen, vorherrschend. Im 4. Jh. werden sie in Ägypten zu Tausenden nachgeprägt, worauf im Land gefundene Münzstempel hindeuten. In der 30. Dynastie schließlich werden Münzen mit eigenen Münzbildern geprägt, die sich ursprünglich noch an das athenische anlehnen. Nektanebo II. aber prägt solche aus Gold mit einem eigenständigen Bild, die sog. *nb.w-nfr*-Münzen (s. Abb. 19)[715]. In der 2. Perserzeit gibt Artaxerxes III. Silbermünzen mit demotischer Inschrift heraus, Darius III. solche mit aramäischer. Daneben gibt es „Kleingeld“, meist aus Silber, z.T. aus Bronze, deren Datierung allerdings umstritten ist. Die griechischen Münzen (Statere) erscheinen auch in demotischen Texten, zuerst 410 v. Chr. in ᶜAin Manāwir in der Oase Ḫāriga. Die Münzen kamen über den Außenhandel mit der griechischen Welt nach Ägypten und wurden hauptsächlich zur Bezahlung von griechischen Söldnern verwendet, die an einen Sold in Münzen gewöhnt waren. Diese nutzten sie u.a. dazu, in Ägypten Güter zu erwerben. Die Ostraka aus ᶜAin Manāwir zeigen überdies, daß Statere und Getreide als Zahlungsmittel nebeneinander in Gebrauch waren[716]. Unter Alexander dem Großen wurden neue Münzen geprägt und die alten vermutlich eingeschmolzen.

---

713 Zu den differierenden Interpretationen s. Brian Muhs, in: Damian Robinson und Franck Goddio (Hrsg.), Thonis-Heracleion in Context, Oxford 2015, S. 92.

714 Martin Price und Nancy Waggoner, Archaic Greek Coinage. The Asyut Hoard, London 1975.

715 Thomas Faucher, Wolfgang Fischer-Bossert und Sylvain Dhennin, Les monnaies en or aux types hiéroglyphiques *nwb nfr*, in: BIFAO 112, 2012, S. 147-169.

716 Damien Agut-Labordère, L’orge et l’argent. Les usages monétaires à ᶜAyn Manâwir à l’époque perse, in: Annales: histoire, sciences sociales 69, 2014, S. 75-90.

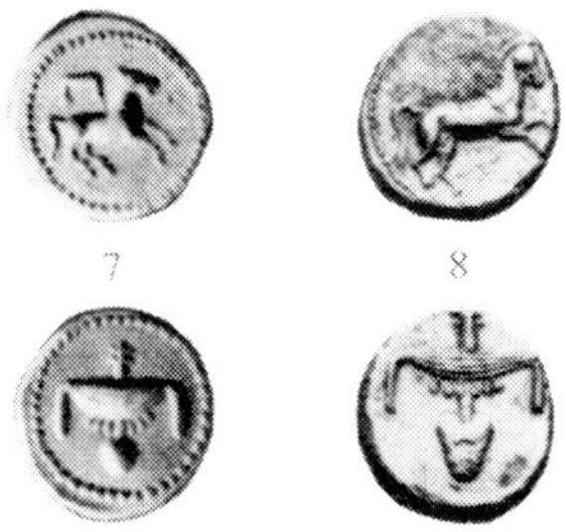

Abb. 19: Münzen Nektanebos II.

Literatur:

Renate Müller-Wollermann, Funktionsträger von Geld im Alten Ägypten, in: Sylvia Schoske (Hrsg.), Akten des Vierten Internationalen Ägyptologenkongresses München 1985, Bd. 4, Hamburg 1991, S. 159-166

Renate Müller-Wollermann, Ägypten auf dem Weg zur Geldwirtschaft, in: Jean-Claude Goyon und Christine Cardin (Hrsg.), Proceedings of the Ninth International Congress of Egyptologists. Actes du Neuvième Congrès International des Égyptologues. Grenoble, 6-12 septembre 2004, Leuven-Paris-Dudley, MA 2007, S. 1351-1359

Renate Müller-Wollermann, Die Verwendung von Münzen in pharaonischer Zeit, in: Gloria Rosati und Maria Cristina Guidotti (Hrsg.), Proceedings of the XI International Congress of Egyptologists. Florence Egyptian Museum, Florence, 23-30 August 2015, Oxford 2017, S. 437-440

Malte Römer, Gold / Silber / Kupfer – Geld oder nicht? Die Bedeutung der drei Metalle als allgemeine Äquivalente im Neuen Reich mit einem Anhang zu den Geldtheorien der Volkswirtschaftslehre, in: SAK 26, 1998, S. 119-142

Maße und Gewichte[717]

Die verwendeten Maße und Gewichte ändern sich im Lauf der pharaonischen Zeit; manche werden nur für bestimmte Zwecke genutzt, so z.B. für Stoffe[718]; viele sind in ihrer Bedeutung unklar.

Längenmaße

ỉtr.w[719]	ca. 10,5 km	= 20000 Ellen (*mḥ*)
Elle (*mḥ*)	ca. 52,5 cm	= 7 Handbreiten (*šzp*)
Handbreite (*šzp*)	ca. 7,5 cm	= 4 Finger (*ḏbꜥ*)
Finger (*ḏbꜥ*)	ca. 1,875 cm	
Stange (*nbi̯*)	ca. 65 cm	
ꜣbw	?	

Flächenmaße

ḫꜣ-tꜣ	27565 m^2	= 10 Aruren (*sṯꜣ.t*)
Arure (*sṯꜣ.t*)	2756,5 m^2	= 100x100 Ellen (*mḥ*)
ḫꜣ	275,65 m^2	= 10x100 Ellen (*mḥ*)
tꜣ	27,565 m^2	= 10x10 Ellen (*mḥ*)
rmn		= ½ *tꜣ*
ḥsb		= ½ *rmn*
zꜣ		= ½ *ḥsb*

Hohlmaße[720]

Maßgefäße und markierte Vorratsgefäße sowie Abbildungen solcher Gefäße in Gräbern sind reichlich belegt.

---

[717] Weitere Umrechnungstabellen, auch zu modernen ägyptischen und angelsächsischen Maßen, finden sich bei James P. Allen, The Heqanakht Papyri, New York 2002, S. 258f.

[718] Zu diesen sog. Sondermaßen s. Wolfgang Helck, in: LÄ III, Sp. 1202-1205. Tanja Pommerening, Die altägyptischen Hohlmaße, Hamburg 2005, S. 67-69, stellt allerdings heraus, daß es sich hier in den meisten Fällen um Verpackungseinheiten handelt.

[719] Das *ỉtr.w* ist im Grunde genommen kein Längenmaß, sondern ein Wegemaß, nämlich die Strecke, die eine Mannschaft beim Treideln eines Schiffes bis zu ihrer Auswechslung zurücklegen konnte – und die konnte je nach Topographie unterschiedlich ausfallen.

[720] Vereinfacht nach Tanja Pommerening, Die altägyptischen Hohlmaße, Hamburg 2005, S. 267f.

AR-Salbmaß	1,44 l	Frühzeit, AR
ḏw.t	2,2 l	AR
ḏꜣ.t (= Handvoll)	75-100 ccm	AR, MR
MR-*ḏꜣ*	75 ccm	MR
MR-*ḏꜣ*	150 ccm	MR
ḏs	0,8-2,6 l	MR
ḥnw	480 ccm	ab NR
ḏꜣ	300 ccm	ab NR
rꜣ	15 ccm	MR, NR
rꜣ	30 ccm	MR, NR
rꜣ	45 ccm	2. ZwZt
rꜣ	60 ccm	NR
ḥqꜣ.t	4,8 l	ab Frühzeit
ḥqꜣ.t	9,6 l	Frühzeit, MR, NR
ḥqꜣ.t	14,4 l	Frühzeit, 2. ZwZt, NR
ḥqꜣ.t	19,2 l	Frühzeit, 2. ZwZt, NR
ỉp.t	19,2 l	ab NR
Deka-*ḥqꜣ.t*	48 l	AR, MR
Deka-*ḥqꜣ.t* (*ẖꜣr*)	96 l	MR, 2. ZwZt
ẖꜣr	76,8 l	NR, 3. ZwZt
Hekto-*ḥqꜣ.t*	480 l	MR
Hekto-*ḥqꜣ.t*	960 l	MR
⅓ *hnw*-Choiak-Maß	160 ccm	ab Spätzeit
ḏni̯	144 l	NR
Artabe	22-38 l	ab Spätzeit
kpḏ	100 ccm; 0,5 l; 1 l; 2 l	ab Spätzeit
Vorderorientalisches Maß	380 ccm	ab NR

Gewichte

Seit prähistorischer Zeit existierten verschiedene Gewichte zum Wiegen von Metallen und Edelsteinen. Für unterschiedliche Materialien existierten unterschiedliche Gewichte, so ein *dbn* zum Wiegen von Gold und eines zum Wiegen von Kupfer, das doppelt so schwer war; beide konnten auch zum Wiegen anderer Objekte genutzt werden. Elektron kann ausnahmsweise auch mit

Waage und Scheffel gemessen werden, vermutlich zur Dichtebestimmung[721]. Im Einzelfall können beschriftete Gewichte bei der Zweckbestimmung weiterhelfen. Allerdings sind von den über 7000 bekannten Gewichtssteinen nur etwa 4% beschriftet[722]. Die meisten Gewichtssteine sind tatsächlich aus Stein, dann folgen in der Häufigkeit Bronze und Blei, solche aus Silber oder Eisen sind selten. Gewichte in Tierform, zumeist Rindern, und von 91 *dbn* sind relativ häufig, auf jeden Fall häufig dargestellt (s. Abb. 20)[723].

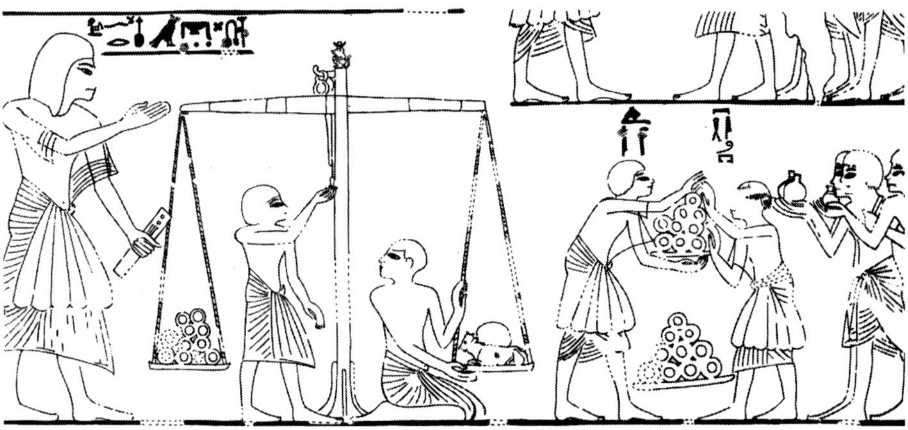

Abb. 20: Gewicht in Rinderform

dbn	13,6 g	AR, MR	
Kupfer-*dbn*	27,3 g	MR	
dbn	91 g	NR	= 10 *qd.t*
qd.t	9,1 g	NR	= 1/10 *dbn*
snỉ.w	7,6 g	NR	= 1/12 *dbn*

[721] Zu dieser Erklärung s. Tanja Pommerening, Die altägyptischen Hohlmaße, Hamburg 2005, S. 334-336; vgl. ferner die Meßgefäße S. 361-363.

[722] S. Marguerite-Annie Cour-Marty, in: Catherine Berger und Bernard Mathieu (Hrsg.), Études sur l'Ancien Empire et la nécropole de Saqqâra dédiées à Jean-Philippe Lauer, Montpellier 1997, S. 129 mit Anm. 1 auf S. 141.

[723] Donald Bailey, Animal-Shaped Weights of the Late Bronze Age in the British Museum, in: Jacke Phillips (Hrsg.), Ancient Egypt, the Aegean, and the Near East. Studies in Honour of Martha Rhoads Bell, Bd. 1, San Antonio 1997, S. 67-80, s. auch Marguerite-Annie Cour-Marty, in: CRIPEL 12, 1990, S. 27.

Literatur:

Klaus Baer, A Note on Egyptian Units of Area in the Old Kingdom, in: JNES 15, 1956, S. 113-117

Marguerite-Annie Cour-Marty, Les poids égyptiens, de précieux jalons archéologiques, in: CRIPEL 12, 1990, S. 17-55

Marguerite-Annie Cour-Marty, Les poids inscrits de l'Ancien Empire, in: Catherine Berger und Bernard Mathieu (Hrsg.), Études sur l'Ancien Empire et la nécropole de Saqqâra dédiées à Jean-Philippe Lauer, Montpellier 1997, S. 129-145

Tanja Pommerening, Die altägyptischen Hohlmaße, Hamburg 2005

P. Posener-Kriéger, Les mesures des étoffes à l'Ancien Empire, in: RdE 29, 1977, S. 86-96

Jean Vercoutter, Les poids de Mirgissa et le „standard-cuivre" au Moyen Empire, in: Erika Endesfelder et alii (Hrsg.), Ägypten und Kusch, Berlin 1977, S. 437-445

Abkürzungsverzeichnis

Die Abkürzungen entsprechen den im Lexikon der Ägyptologie angegebenen. Darüber hinaus wurden folgende Abkürzungen verwendet:

Ä&L	Ägypten und Levante
BACE	The Bulletin of the Australian Centre for Egyptology
CCE	Cahiers de la Céramique Égyptienne
DE	Discussions in Egyptology
EA	Egyptian Archaeology
ENiM	Égypte Nilotique et Méditerranéenne
JEH	Journal of Egyptian History
RHD	Revue historique de droit français et étranger

Abbildungsverzeichnis

Abb. 1: Nach Norman de Garis Davies, Two Ramesside Tombs at Thebes, New York 1927, Taf. 28

Abb. 2: Nach H. G. Lyons, The Cadastral Survey of Egypt 1892-1907, Kairo 1908, Taf. 15

Abb. 3: G. Kuény, Scènes apicoles dans l'ancienne Egypte, in: JNES 9, 1950, S. 86 Fig. 3

Abb. 4: Nach N. de Garis Davies, The Town House in Ancient Egypt, in: Metropolitan Museum Studies 1, 1929, Fig. 1A

Abb. 5: Percy E. Newberry, El Bersheh I. (The Tomb of Tehuti-Hetep), London 1895, Taf. 27 Nr. 2

Abb. 6: The Epigraphic Survey, Medinet Habu V. The Temple Proper. Part I. The Portico, the Treasury, and Chapels Adjoining the First Hypostyle Hall with Marginal Material from the Forecourts, Chicago 1957, Taf. 331

Abb. 7: Nach Norman de Garis Davies, The Tombs of Menkheperrasonb, Amenmosĕ, and Another (Nos. 86, 112, 42, 226), London 1933, Taf. 11

Abb. 8: Nach N. de G. Davies, The Rock Tombs of El Amarna. Part I. – The Tomb of Meryra, London 1903, Taf. 31

Abb. 9: Nach N. de G. Davies, The Egyptian Expedition 1928-1929. The Work of the Graphic Branch of the Expedition, in: BMMA 24, 1929, S. 47 fig. 9

Abb. 10: Nach N. de Garis Davies, The Tomb of Antefoḳer, Vizier of Sesostris I. and of his Wife, Senet (No. 60), London 1920, Taf. 15

Abb. 11: Nach Nina de Garis Davies, Scenes from some Theban Tombs (Nos. 38, 66, 162, with Excerpts from 81), Oxford 1963, Taf. 2

Abb. 12: Nach Norman de Garis Davies, The Tomb of Rekh-mi-Rē^{c} at Thebes, New York 1943, Taf. 30

Abb. 13: Nach W. M. Flinders Petrie, Illahun, Kahun and Gurob. 1889-90, London 1891, Taf. 14

Abb. 14: Nach Ahmed M. Moussa und Hartwig Altenmüller, Das Grab des Nianchchnum und Chnumhotep, Mainz 1977, Abb. 10

Abb. 15: Nach Norman de G. Davies und R. O. Faulkner, A Syrian Trading Venture to Egypt, in: JEA 33, 1947, Taf. 8

Abb. 16: Nach Torgny Säve-Söderbergh, Four Eighteenth Dynasty Tombs, Oxford 1957, Taf. 23

Abb. 17: N. de G. Davies, The Rock Tombs of El Amarna. Part II. - The Tombs of Panehesy and Meryra II, London 1905, Taf. 33

Abb. 18: Nach Norman de Garis Davies, The Tomb of Ḳen-Amūn at Thebes, New York 1930, Taf. 18

Abb. 19: Nach Hélène Nicolet-Pierre, Les monnaies en Égypte avant Alexandre, in: Frédéric Duyrat und Olivier Picard (Hrsg.), L'exception égyptienne? Production et échanges monétaires en Égypte hellénistique et romaine, Kairo 2005, Taf. 1

Abb. 20: Nach Nina de Garis Davies, The Tomb of Ḥuy, Viceroy of Nubia in the Reign of Tut^{c}ankhamūn (No. 40), London 1926, Taf. 17

Literaturverzeichnis

ABD EL-MAKSOUD, Mohamed, Tell Heboua (1981-1991). Enquête archéologique sur la Deuxième Période Intermédiaire et le Nouvel Empire à l'extrémité orientale du Delta, Paris 1998

ABD EL-RAZIQ, MAHMOUD ET ALII, Ayn Soukhna II. Les ateliers métallurgiques du Moyen Empire, Kairo 2011

—, Les inscriptions d'Ayn Soukhna, Kairo 2002

ABD-EL-RAZIQ, MAHMUD, Die altägyptischen Weingärten (*k3nw/k3mw*) bis zum Ende des Neuen Reiches, in: MDAIK 35, 1979, S. 227-247

ABŁAMOWICZ, RENATA, Animal Remains, in: CHŁODNICKI, M. / CIAŁOWICZ, K. M. / MĄCZYŃSKA, A. (Hrsg.), Tell el-Farkha I. Excavations 1998-2011, Poznań-Kraków 2012, S. 409-424

ADROM, FARIED, Ideologie und Entwicklung des symbolischen und ökonomischen Tauschhandels zwischen Ägypten und Kreta in SM I-III, in: WASMUTH, MELANIE (Hrsg.), Handel als Medium von Kulturkontakt. Akten des Interdisziplinären altertumswissenschaftlichen Kolloquiums (Basel, 30.-31. Oktober 2009), Fribourg-Göttingen 2015, S. 58-91

AGAPOV, SERGEY, Soziale Strukturen und wirtschaftliche Aktivitäten in Gebelein zur Zeit der 4.-5. Dynastie (nach Angaben der Gebelein-Papyri), in: KOUSOULIS, P. / LAZARIDIS, N. (Hrsg.), Proceedings of the Tenth International Congress of Egyptologists. University of the Aegean, Rhodes 22-29 May 2008, Bd. 1, Löwen-Paris-Bristol, CT 2015, S. 583-594

AGUT-LABORDÈRE, DAMIEN, L'orge et l'argent. Les usages monétaires à ᶜAyn Manâwir à l'époque perse, in: Annales: histoire, sciences sociales 69, 2014, S. 75-90

—, The Saite Period: The Emergence of a Mediterranean Power, in: MORENO GARCÍA, JUAN CARLOS (Hrsg.), Ancient Egyptian Administration, Leiden-Boston 2013, S. 965-1027

AHRENS, ALEXANDER, Strangers in a Strange Land? The Function and Social Significance of Egyptian Imports in the Northern Levant during the 2nd Millennium BC, in: DUISTERMAAT, KIM / REGULSKI, ILONA (Hrsg.), Intercultural Contacts in the Ancient Mediterranean, Leuven-Paris-Walpole, MA 2011, S. 285-307

ALDRED, CYRIL, The 'New Year' Gifts to the Pharaoh, in: JEA 55, 1969, S. 73-81

ALEXANIAN, NICOLE / HERBICH, TOMASZ, The Workmen's Barracks South of the Red Pyramid at Dahshur, in: MDAIK 70/71, 2014/2015, S. 13-23

ALLAM, SCHAFIK, Foundations in Pharaonic Egypt. The Oldest-Known Private Endowments in History, in: WdO 37, 2007, S. 8-30

—, Publizität und Schutz im Rechtsverkehr, in: DERS. (Hrsg.), Grund und Boden in Altägypten (rechtliche und sozioökonomische Verhältnisse), Tübingen 1994

—, Rezension zu Wolfgang Helck, Wirtschaftsgeschichte des Alten Ägypten im 3. und 2. Jahrtausend vor Chr., Leiden-Köln 1975 in: Oriens Antiquus 17, 1978, S. 221-223

—, Rezension zu Wolfgang Helck, Wirtschaftsgeschichte des Alten Ägypten im 3. und 2. Jahrtausend vor Chr., Leiden-Köln 1975 in: JEA 67, 1981, S. 192-194

—, Der Steuer-Erlaß des Königs Haremheb (Urk. IV 2156, 17ff.), in: ZÄS 127, 2000, S. 103-111

—, Taxe (?) sur le bétail dans l'Egypte ancienne, in: ISTITUTO GRAMSCI TOSCANO. SEMINARIO DI ORIENTALISTICA ANTICA (Hrsg.), Stato Economia Lavoro nel Vicino Oriente antico, Mailand 1988, S. 52-72

—, Vermittler im Handel zur Zeit des Neuen Reiches, in: SAK 26, 1998, S. 3-18

ALLEN, JAMES P., The Heqanakht Papyri, New York 2002

ALLEN, SUSAN, Spinning Bowls: Representation and Reality, in: PHILLIPS, JACKE (Hrsg.), Ancient Egypt, the Aegean, and the Near East. Studies in Honour of Martha Rhoads Bell, I, San Antonio 1997, S. 17-38

ALTENMÜLLER, HARTWIG, Zwei Annalenfragmente aus dem frühen Mittleren Reich, Hamburg 2015

ALTENMÜLLER HARTWIG / MOUSSA, AHMED M., Die Inschrift Amenemhets II. aus dem Ptah-Tempel von Memphis. Ein Vorbericht, in: SAK 18, 1991, S. 1-48

ALY, MOHAMED IBRAHIM, The Scenes of the Local Market in Pharaonic Egypt (an Analytic Study), in: DAOUD, KHALED / BEDIER, SHAFIA / ABD EL-FATAH, SAWSAN (Hrsg.), Studies in Honor of Ali Radwan, Bd. I, Kairo 2005, S. 79-100

AMIRAN, RUTH, Canaanite Merchants in Tombs of the Early Bronze Age I at Azor, in: 'Atiqot 17, 1985, S. 190-192

ANDRASSY, PETRA, Die Beziehungen Ägyptens zu Vorderasien bis zum Ende des Alten Reiches, in: ENDESFELDER, ERIKA (Hrsg.), Probleme der frühen Gesellschaftsentwicklung im alten Ägypten, Berlin 1991, S. 103-154

—, Das *pr-šn*ᶜ im Alten Reich, in: SAK 20, 1993, S. 17-35

—, Untersuchungen zum ägyptischen Staat des Alten Reiches und seinen Institutionen, London 2008

—, Zur Struktur der Verwaltung des Alten Reiches, in: ZÄS 118, 1991, S. 1-10

APERGHIS, G. G., The Seleukid Royal Economy. The Finances and Financial Administration of the Seleukid Empire, Cambridge 2004

ARMBRUSTER, LUDWIG, Die Biene im Orient I. Der über 5000 Jahre alte Bienenstand Ägyptens, in: Archiv für Bienenkunde 12, 1931, S. 221-273

ARNOLD, DOROTHEA / ARNOLD, FELIX / ALLEN, SUSAN, Cannanite Imports at Lisht, the Middle Kingdom Capital of Egypt, in: Ä&L 5, 1995, S. 13-32

ARNOLD, DOROTHEA / BOURRIAU, JANINE (Hrsg.), An Introduction to Ancient Egyptian Pottery, Mainz 1993

ARNOLD, FELIX, The Control Notes and Team Marks, New York 1990

ASTON, BARBARA G., Ancient Egyptian Stone Vessels. Materials and Forms, Heidelberg 1994

ÅSTRÖM, PAUL, Hala Sultan Tekke and Egypt, in: CZERNY, ERNST ET ALII (Hrsg.), Timelines. Studies in Honour of Manfred Bietak, Bd. II, Leuven-Paris-Dudley, MA 2006, S. 73-76

AUSTIN, M. M., Greece and Egypt in the Archaic Age, Cambridge 1970

AWAD, KHALED AHMED HAMZA, Untersuchungen zum Schatzhaus im Neuen Reich: Administrative und ökonomische Aspekte, Göttingen 2002

BAER, KLAUS, The Low Price of Land in Ancient Egypt, in: JARCE 1, 1962, S. 25-45

—, A Note on Egyptian Units of Area in the Old Kingdom, in: JNES 15, 1956, S. 113-117

BAGNALL, ROGER S. / FRIER, BRUCE W., The Demography of Roman Egypt, Cambridge 1994

BAILEY, DONALD, Animal-Shaped Weights of the Late Bronze Age in the British Museum, in: PHILLIPS, JACKE (Hrsg.), Ancient Egypt, the Aegean, and the Near East. Studies in Honour of Martha Rhoads Bell, Bd. 1, San Antonio 1997, S. 67-80

BAILLEUL-LESUER, ROZENN, From Kitchen to Temple: The Practical Role of Birds in Ancient Egypt, in: DIES. (Hrsg.), Between Heaven and Earth. Birds in Ancient Egypt, Chicago 2012, S. 23-32

BAKIR, ABD EL-MOHSEN, Slavery in Pharaonic Egypt, Kairo 1952

BARD, KATHRYN A. / FATTOVICH, RODOLFO (Hrsg.), Harbor of the Pharaohs to the Land of Punt. Archaeological Investigations at Mersa/Wadi Gawasis, 2001-2005, Neapel 2007

BARD, KATHRYN A. / FATTOVICH†, RODOLFO, Seafaring Expeditions to Punt in the Middle Kingdom. Excavations at Mersa/Wadi Gawasis, Leiden-Boston 2018

BARDINET, THIERRY, Relations économiques et pressions militaires en Méditerranée orientale et en Libye au temps des pharaons. Histoire des importations égyptiennes des résines et des conifères du Liban et de la Libye depuis la période archaïque jusqu'à l'époque ptolémaique, Paris 2008

BARRETT, CAITLÍN E., The Perceived Value of Minoan and Minoanizing Pottery in Egypt, in: Journal of Mediterranean Archaeology 22, 2009, S. 211-234

BARSANTI, A., Le tombeau de Smendès. Rapport sur la découverte, in: ASAE 1, 1900, S. 189f.

BÁRTA, MIROSLAV, Die Tauschhandelszenen aus dem Grab des Fetekty in Abusir, in: SAK 26, 1998, S. 19-34

BATS, ADELINE, Le stockage des céréales dans l'Égypte pharaonique. Aspects techniques et stratégies économiques, in: NeHeT 5, 2017, S. 157-177

BAUMANN, STEFAN, Schatzkammern. Ihre Dekoration und Raumkonzeption in ägyptischen Tempeln der griechisch-römischen Zeit, 2 Bde., Wiesbaden 2018

BAVAY, LAURENT, Cannanite Jars and Jar Sealings from Deir el-Medina: Scattered Evidence of Egypt's Economic Relations with the Levant during the New Kingdom, in: EDER, BIRGITTA / PRUZSINSZKY, REGINE (Hrsg.), Policies of Exchange. Political Systems and Modes of Interaction in the Aegean and the Near East in the 2nd Millennium B.C.E., Wien 2015, S. 129-140

BECKING, BOB, Mercenaries or Merchants? On the Role of Phoenicians at Elephantine in the Achaemenid Period, in: WdO 47, 2017, S. 186-197

BEIT-ARIEH, ITZHAQ, Serâbît el-Khâdim: New Metallurgical and Chronological Aspects, in: Levant 17, 1985, S. 89-116

BEN-TOR, DAPHNA, Scarabs, Chronology, and Interconnection. Egypt and Palestine in the Second Intermediate Period, Fribourg-Göttingen 2007

BEN-YOSEF, EREZ ET ALII, A New Chronological Framework for Iron Age Copper Production at Timna (Israel), in: BASOR 367, 2012, S. 31-71

BICKEL, SUSANNE, Commerçants et bateliers au Nouvel Empire. Mode de vie et statut d'un groupe social, in: GRIMAL, NICOLAS / MENU, BERNADETTE (Hrsg.), Le commerce en Égypte ancienne, Kairo 1998, S. 157-172

BIETAK, MANFRED, Ein altägyptischer Weingarten in einem Tempelbezirk, in: Anzeiger der Österreichischen Akademie der Wissenschaften. Philosophisch-Historische Klasse 122, 1985, S. 267-278

—, Archäologischer Befund und historische Interpretation am Beispiel der Tell el-Yahudiya-Ware, in: SCHOSKE, SYLVIA (Hrsg.), Akten des Vierten Internationalen Ägyptologen-Kongresses München 1985, Bd. 2, Hamburg 1989, S. 7-34

—, Tell el-Dabᶜa II, Wien 1975

BIETAK, MANFRED / FORSTNER-MÜLLER, IRENE, Ausgrabung eines Palastbezirkes der Thutmosidenzeit bei ᶜEzbet Helmi/Tell el-Dabᶜa, Vorbericht für das Frühjahr 2007, in: Ä&L 17, 2007, S. 33-58

BINDER, SUSANNE, The Gold of Honour in New Kingdom Egypt, Oxford 2008

BLEIBERG, EDWARD, The King's Privy Purse During the New Kingdom: An Examination of *INW*, in: JARCE 21, 1984, S. 155-167

BLOXAM, ELIZABETH / STOREMYR, PER, Old Kingdom Basalt Quarrying Activities at Widan el-Faras, Northern Faiyum Desert, in: JEA 88, 2002, S. 23-36

BOESSNECK, JOACHIM, Die Tierwelt des Alten Ägypten untersucht anhand kulturgeschichtlicher und zoologischer Quellen, München 1988

BOHLEKE, BRIANT, The Overseers of Double Granaries of Upper and Lower Egypt in the Egyptian New Kingdom, 1570-1085 B.C., Ann Arbor 1993

BOOCHS, WOLFGANG, Fiskaldelikte, in: DE 10, 1988, S. 9-19

BOURRIAU, JANINE D. / NICHOLSON PAUL T. / ROSE, PAMELA J., Pottery, in: NICHOLSON, PAUL T. / SHAW, IAN (Hrsg.), Ancient Egyptian Materials and Technology, Cambridge 2000, S. 121-147

BOUSQUET, BERNARD, Tell-Douch et sa région. Géographie d'une limite de milieu à une frontière d'Empire, Kairo 1996

BREWER, DOUGLAS J. / FRIEDMAN, RENÉE F., Fish and Fishing in Ancient Egypt, Warminster 1989

BREYER, FRANCIS, Punt. Die Suche nach dem »Gottesland«, Leiden-Boston 2016

BRIANT, PIERRE / DESCAT, RAYMOND, Un registre douanier de la satrapie d'Égypte à l'époque achéménide (*TAD* C 3,7), in: GRIMAL, NICOLAS / MENU, BERNADETTE (Hrsg.), Le commerce en Égypte ancienne, Kairo 1998, S. 59-104

BROCKHAUS Enzyklopädie, Bd. 18, Wiesbaden 1973

BROVARSKI, EDWARD J., An Unpublished Stele of the First Intermediate Period in the Oriental Institute Museum, in: JNES 32, 1973, S. 453-465

BRUYÈRE, BERNARD, Rapport sur les fouilles de Deir el Médineh (1934-1935). Troisième partie: Le village, les décharges publics, la station de repos du col de la vallée des rois, Kairo 1939

BUNBURY JUDITH ET ALII, Development of the Memphite Floodplain. Landscape and Settlement Symbiosis in the Egyptian Capital Zone, in: WILLEMS, HARCO / DAHMS, JAN-MICHAEL (Hrsg.), The Nile: Natural and Cultural Landscape in Egypt, Bielefeld 2017, S. 71-96

BUSCH, ANGELA, Über Herkunft und Handel von Elfenbein im Neuen Reich, in: SAK 34, 2006, S. 79-96

BUSSMANN, RICHARD, Krieg und Zwangsarbeit im pharaonischen Ägypten, in: VON LINGEN, KERSTIN / GESTWA, KLAUS (Hrsg.), Zwangsarbeit als Kriegsressource in Europa und Asien, Paderborn 2014, S. 57-72

—, Siedlungen im Kontext der Pyramiden des Alten Reiches, in: MDAIK 60, 2004, S. 17-39

BUTTERWECK-ABDELRAHIM, KIRSTEN, Untersuchungen zur Ehrung verdienter Beamter, Aachen 2002

BUTZER, KARL W., Demography, in: BARD, KATHRYN A. (Hrsg.), Encyclopedia of the Archaeology of Ancient Egypt, London-New York 1999, S. 250-252

—, Early Hydraulic Civilization in Egypt. A Study in Cultural Ecology, Chicago 1976

—, Nile, in: The Oxford Encyclopedia of Ancient Egypt, Bd. 2, Oxford 2001, S. 543-551

CAMINOS, RICARDO A., The Chronicle of Prince Osorkon, Rom 1958

—, Gebel es-Silsilah No. 100, in: JEA 38, 1952, S. 46-61

—, Late-Egyptian Miscellanies, London 1954

CASHMAN, JENNY, The Scribal Palette as an Elite Gift in New Kingdom Egypt, in: KOUSOULIS, P. / LAZARIDIS, N. (Hrsg.), Proceedings of the Tenth International Congress of Egyptologists. University of the Aegean, Rhodes 22-29 May 2008, Bd. 1, Leuven-Paris-Bristol, CT 2015, S. 615-630

CASTEL, GEORGES / SOUKIASSIAN, GEORGES, Gebel el-Zeit I. Les mines de galène (Égypte, IIe millénaire av. J.-C.), Kairo 1989

CASTEL, GEORGES ET ALII, Les mines du ouadi Um Balad désert oriental, in: BIFAO 98, 1998, S. 57-87

—, Wadi Dara Copper Mines, in: ESMAEL, FEISAL A. (Hrsg.), Proceedings of the First International Conference on Ancient Egyptian Mining & Metallurgy and Conservation of Metallic Artifacts, Cairo, Egypt 10-12 April 1995, Kairo [1997], S. 15-31

CASTIGLIONI ALFREDO UND ANGELO / VERCOUTTER, JEAN, Das Goldland der Pharaonen. Die Entdeckung von Berenike Pancrisia, Mainz 1998

CASTLE, EDWARD W., Shipping and Trade in Ramesside Egypt, in: JESHO 35, 1992, S. 239-277

CATLING, HECTOR W., Bronze Age Trade in the Mediterranean: A View, in: GALE, N. H. (Hrsg.), Bronze Age Trade in the Mediterranean, Jonsered 1991, S. 1-13

ČERNÝ, JAROSLAV, A Community of Workmen at Thebes in the Ramesside Period, Kairo 1973

CHARTIER-RAYMOND, MARYVONNE ET ALII, Les sites miniers pharaoniques du Sud-Sinaï. Quelques notes et observations de terrain, in: CRIPEL 16, 1994, S. 31-77

CHAUVEAU, MICHEL, Les archives d'un temple des oasis au temps des Perses, in: BSFE 137, 1996, S. 32-47

—, Irrigation et exploitation de la terre dans l'oasis de Kharga à l'époque perse, in: CRIPEL 25, 2005, S. 157-163

CICHOWSKI, KRZYSZTOF, The Brewery Complex from Tell el-Farkha. Archaeological Aspects of the Discovery, in: MIDANT-REYNES, BÉATRIX / TRISTANT, YANN (Hrsg.), Egypt at its Origins 2, Leuven-Paris-Dudley, MA 2008, S. 33-40

CLANCIER PH. ET ALII (Hrsg.), Autour de Polanyi. Vocabulaires, théories et modalités des échanges. Nanterre, 12-14 juin 2004, Paris 2005

CLARYSSE, WILLY / THOMPSON, DOROTHY J., Counting the People in Hellenistic Egypt, 2 Bde., Cambridge 2006

CLINE, ERIC H., The Nature of the Economic Relations of Crete with Egypt and the Near East during the Late Bronze Age, in: CHANIOTIS, ANGELOS (Hrsg.), From Minoan Farmers to Roman Traders. Sidelights on the Economy of Ancient Crete, Stuttgart 1999, S. 115-144

CLINE, ERIC H., Sailing the Wine-Dark Sea. International Trade and the Late Bronze Age Aegean, Oxford 1994

COCHAVI-RAINEY, ZIPORA / LILYQUIST, CHRISTINE, Royal Gifts in the Late Bronze Age Fourteenth to Thirteenth Centuries B.C.E., Beer-Sheva 1999

COHEN-WEINBERGER, ANAT / GOREN, YUVAL, Levantine-Egyptian Interactions during the 12th to the 15th Dynasties Based on the Petrography of the Canaanite Pottery from Tell el-Dabᶜa, in: Ä&L 14, 2004, S. 69-100

CONDON, VIRGINIA, Two Account Papyri of the Late Eighteenth Dynasty (Brooklyn 35.1453 A and B), in: RdE 35, 1984, S. 57-82

COONEY, KATHLYN M., The Cost of Death. The Social and Economic Value of Ancient Egyptian Funerary Art in the Ramesside Period, Leiden 2007

COULON, LAURENT, Famine, in: FROOD, ELIZABETH / WENDRICH, WILLEKE (Hrsg.), UCLA Encyclopedia of Egyptology, Los Angeles 2008 (https://escholarship.org/uc/item/2nv473z9)

COUR-MARTY, MARGUERITE-ANNIE, Les poids égyptiens, de précieux jalons archéologiques, in: CRIPEL 12, 1990, S. 17-55

—, Les poids inscrits de l'Ancien Empire, in: BERGER, CATHERINE / MATHIEU, BERNARD (Hrsg.), Études sur l'Ancien Empire et la nécropole de Saqqâra dédiées à Jean-Philippe Lauer, Montpellier 1997, S. 129-145

COX, JESSICA, Trade and Power: The Role of Naqada as a Trading Centre in Predynastic Egypt, in: KNOBLAUCH, CHRISTIAN M. / GILL, JAMES C. (Hrsg.), Egyptology in Australia and New Zealand 2009. Proceedings of the Conference held in Melbourne, September 4th-6th, Oxford 2012, S. 1-8

CRAWFORD, PATRICIA, Weeds as Indicators of Land-Use Strategies in Ancient Egypt, in: NEUMANN, KATHARINA / BUTLER, ANN / KAHLHEBER, STEFANIE (Hrsg.), Food, Fuel and Fields, Köln 2003, S. 107-121

CREASMAN, PEARCE PAUL, Reflections of a Timber Economy: The Interpretation of Middle Kingdom Ship and Boat Timbers, in: GM 240, 2014, S. 19-35

CRUZ-URIBE, EUGENE, Saite and Persian Cattle Documents, Chico 1985

—, Slavery in Egypt during the Saite and Persian Periods, in: RIDA 29, 1982, S. 47-71

CZARNOWICZ, MARCIN, Between Core and Periphery. Early Contacts between Egypt and the Southern Levant in Light of Excavations at Tell el-Farkha, Eastern Nile Delta, in: MYNÁŘOVÁ, JANA (Hrsg.), Egypt and the Near East – the Crossroads, Prag 2011, S. 117-138

—, Copper and the Early Egyptian Economy. The Case Study of Tell el-Farkha, in: ROSIŃSKA-BALIK, KAROLINA ET ALII (Hrsg.), Copper and Trade in the South-Eastern Mediterranean. Trade Routes of the Near East in Antiquity, Oxford 2015, S. 15-20

CZERNY, ERNST, Tell el-Dabᶜa IX. Eine Plansiedlung des frühen Mittleren Reiches, Wien 1999

DARBY, WILLIAM J. / GHALIOUNGUI, PAUL / GRIVETTI, LOUIS, Food: The Gift of Osiris, 2 Bde., London 1977

DARNELL, JOHN C. / MANASSA, COLLEEN, A Trustworthy Sealbearer on a Mission: The Monuments of Sabastet from the Khephren Diorite Quarries, in: FISCHER-ELFERT, HANS-WERNER / PARKINSON, RICHARD B. (Hrsg.), Studies on the Middle Kingdom in Memory of Detlef Franke, Wiesbaden 2013, S. 55-92

DAVID, ROSALIE, The Pyramid Builders of Ancient Egypt. A Modern Investigation of Pharaoh's Workforce, London 1986

DAVIES, NINA DE GARIS, Scenes from some Theban Tombs (Nos. 38, 66, 162, with Excerpts from 81), Oxford 1963

—, The Tomb of Ḥuy, Viceroy of Nubia in the Reign of Tutᶜankhamūn (No. 40), London 1926

DAVIES, N[ORMAN] DE G[ARIS], The Egyptian Expedition 1928-1929. The Work of the Graphic Branch of the Expedition, in: BMMA 24, 1929, S. 35-49

—, The Rock Tombs of El Amarna. Part I. – The Tomb of Meryra, London 1903

—, The Rock Tombs of El Amarna. Part II. - The Tombs of Panehesy and Meryra II, London 1905

—, The Tomb of Antefoḳer, Vizier of Sesostris I. and of his Wife, Senet (No. 60), London 1920

—, The Tomb of Ḳen-Amūn at Thebes, New York 1930

—, The Tomb of Rekh-mi-Rēᶜ at Thebes, New York 1943

—, The Tombs of Menkheperrasonb, Amenmosĕ, and Another (Nos. 86, 112, 42, 226), London 1933

—, The Town House in Ancient Egypt, in: Metropolitan Museum Studies 1, 1929, S. 233-255

—, Two Ramesside Tombs at Thebes, New York 1927

DAVIES, NORMAN DE G. / FAULKNER, R. O., A Syrian Trading Venture to Egypt, in: JEA 33, 1947, S. 40-46

DAVIES, W. VIVIAN, Ancient Egyptian Timber Imports. An Analysis of Wooden Coffins in the British Museum, in: DERS. / SCHOFIELD, LOUISE (Hrsg.), Egypt, the Aegean and the Levant. Interconnections in the Second Millennium BC, London 1995, S. 146-156

DEFERNEZ, CATHERINE, Un ensemble amphorique de Tell el-Herr (Nord-Sinaï) et les échanges commerciaux en Méditerranée orientale à la fin du Ve siècle av. J.-C., in: GOYON, JEAN-CLAUDE / CARDIN, CHRISTINE (Hrsg.), Proceedings of the Ninth International Congress of Egyptologists Grenoble, 6-12 septembre 2004, Leuven-Paris-Dudley, MA 2007, S. 547-620

DEMARÉE, ROBERT / VALBELLE, DOMINIQUE, Les registres de recensement du village de Deir el-Medineh (Le «Stato Civile»), Leuven-Paris-Walpole, MA 2011

DEPRAETERE, DAVID, Research in the Quarries and Survey Results, in: MDAIK 62, 2006, S. 337-339

DEPRAETERE, DAVID / DEPAUW, MARK, The Limestone Quarries in the Wâdî Nakhla at Dayr al-Barshā. Qualitative Stone Material for Temple Building, in: PREYS, RENÉ (Hrsg.), 7. Ägyptologische Tempeltagung: Structuring Religion. Leuven, 28. September - 1. Oktober 2005, Wiesbaden 2009

DER MANUELIAN, PETER, Market Scene from the Tomb of Tep-em-ankh, in: Egyptian Art in the Age of the Pyramids, New York 1999, S. 404-407

DESPLANCQUES, SOPHIE, L'institution du trésor en Egypte des origines à la fin du Moyen Empire, Paris 2006

DI TEODORO, MICÒL, Labour Organisation in Middle Kingdom Egypt, London 2018

DIXON, D. M., The Transplantation of Punt Incense Trees in Egypt, in: JEA 55, 1969, S. 55-65

DONADONI, S. / EL-ACHIRIE, H. / LEBLANC, C., Grand temple d'Abou Simbel. Les salles du trésor sud, I, Kairo 1975

Donker van Heel, Koenraad, Abnormal Hieratic and Early Demotic Texts Collected by the Theban Choachytes in the Reign of Amasis, Leiden 1996

—, Use of Land in the Kushite and Saite Periods (Egypt, 747-656 and 664-525 BC), in: Haring, B. / de Maaijer, R. (Hrsg.), Landless and Hungry? Access to Land in Early and Traditional Societies, Leiden 1998, S. 90-102

Dorn, Andreas, Arbeiterhütten im Tal der Könige. Ein Beitrag zur altägyptischen Sozialgeschichte aufgrund von neuem Quellenmaterial aus der Mitte der 20. Dynastie (ca. 1150 v. Chr.), 3 Bde., Basel 2011

—, Ostraka aus der Regierungszeit Sethos' I. aus Deir el-Medineh und dem Tal der Könige. Zur Mannschaft und zur Struktur des Arbeiterdorfes vor dem Bau des Ramesseums, in: MDAIK 67, 2011, S. 31-52

Drenkhahn, Rosemarie, Die Handwerker und ihre Tätigkeiten im alten Ägypten, Wiesbaden 1976

Dreyer, Günter / Jaritz, Horst, Die Arbeiterunterkünfte am Sadd-el-Kafara, in: Garbrecht, Günther / Bertram, Heinz-Ulrich, Der Sadd-el-Kafara. Die älteste Talsperre der Welt (2600 v. Chr.), Bremen 1983, Anhang B

Dürring, Norbert, Materialien zum Schiffbau im Alten Ägypten, Berlin 1995

Dürst, J. U. / Gaillard, Claude, Studien über die Geschichte des ägyptischen Hausschafes, in: RecTrav 24, 1902, S. 44-76

Edel, Elmar, Die ägyptisch-hethitische Korrespondenz aus Boghazköi in babylonischer und hethitischer Sprache, 2 Bde., Opladen 1994

—,  *stpw* „Springer" als Bezeichnung der Mugiliden. Der älteste Beleg für die Anlage von Mugilidenteichen zur Vorratshaltung, in: OrNS 49, 1980, S. 204-207

Eder, Christian, Die ägyptischen Motive in der Glyptik des östlichen Mittelmeerraumes zu Anfang des 2. Jts. v.Chr., Löwen 1995

Edzard, D. O., Die Beziehungen Babyloniens und Ägyptens in der mittelbabylonischen Zeit und das Gold, in: JESHO 3, 1960, S. 38-55

Eggebrecht, Arne, Brandstempel, in: LÄ I, Wiesbaden 1975, Sp. 850-852

Eichler, Eckhard, Fiskalisches Vokabular und die Wirtschaft des Neuen Reiches, in: DE 44, 1999, S. 37-47

—, Polanyi – Keynes – Warburton: Zur Rekonstruktion des altägyptischen Wirtschaftssystems, in: GM 131, 1992, S. 25-31

—, Die Reisen des Sennefri (TT 99), in: SAK 26, 1998, S. 215-228

—, Untersuchungen zum Expeditionswesen des ägyptischen Alten Reiches, Wiesbaden 1993

EICHLER, SELKE, Untersuchungen zu den Wasserträgern von Deir-el-Medineh I, in: SAK 17, 1990, S. 135-175

EICHLER, SELKE SUSAN, Die Verwaltung des "Hauses des Amun" in der 18. Dynastie, Hamburg 2000

EL AWADY, TAREK, Sahure – The Pyramid Causeway. History and Decoration Program in the Old Kingdom, Prag 2009

EL-HUSENY, ABD EL-HAMID M., Die inkonsequente Tabuisierung von Sus scrofa Linnaeus, 1758 im Alten Ägypten. Seine ökonomische und religiöse Bedeutung, Berlin 2006

EL-KHOLI, SALAH, Missbiligung vom Alkohol im altägytischen Alltag? (sic), in: ASAE 75, 1999-2000, S. 211-221

ELAT, MOSHE, The Economic Relations of the Neo-Assyrian Empire with Egypt, in: JAOS 98, 1978, S. 20-34

ENDESFELDER, E[RIKA], Rezension zu Wolfgang Helck, Wirtschaftsgeschichte des Alten Ägypten im 3. und 2. Jahrtausend vor Chr., Leiden-Köln 1975 in: OLZ 77, 1982, Sp. 437-441

—, Zur Frage der Bewässerung im pharaonischen Ägypten, in: ZÄS 106, 1979, S. 37-51

ENGELMANN, HEINZ / HALLOF, JOCHEN, Zur medizinischen Nothilfe und Unfallversorgung auf staatlichen Arbeitsplätzen im alten Ägypten, in: ZÄS 122, 1995, S. 104-136

ESPINEL, ANDRÉS DIEGO, The Scents of Punt (and elsewhere): Trade and Functions of *sntr* and *ʿntw* During the Old Kingdom, in: INCORDINO, ILARIA / CREASMAN, PEARCE PAUL (Hrsg.), Flora Trade Between Egypt and Africa in Antiquity, Oxford 2017, S. 21-47

EYRE, CHRISTOPHER J., Economy and Society in Pharaonic Egypt, in: KOUSOULIS, P. / LAZARIDIS, N. (Hrsg.), Proceedings of the Tenth International Congress of Egyptologists. University of the Aegean, Rhodes 22-29 May 2008, Bd. 1, Leuven-Paris-Bristol, CT, S. 707-725

—, Feudal Tenure and Absentee Landlords, in: ALLAM, SCHAFIK (Hrsg.), Grund und Boden in Altägypten (rechtliche und sozioökonomische Verhältnisse), Tübingen 1994, S. 107-133

—, How Relevant was Personal Status to the Functioning of the Rural Economy in Pharaonic Egypt?, in: MENU, BERNADETTE (Hrsg.), La dependence rurale dans l'Antiquité égyptienne et proche-orientale, Kairo 2004, S. 157-186

—, The Market Women of Pharaonic Egypt, in: GRIMAL, NICOLAS / MENU, BERNADETTE (Hrsg.), Le commerce en Égypte ancienne, Kairo 1998, S. 173-191

—, Rezension zu David A. Warburton, State and Economy in Ancient Egypt. Fiscal Vocabulary of the New Kingdom, Fribourg-Göttingen 1997, in: JESHO 42, 1999, S. 575-577

—, The Village Economy in Pharaonic Egypt, in: BOWMAN, ALAN K. / ROGAN, EUGENE (Hrsg.), Agriculture in Egypt. From Pharaonic to Modern Times, Oxford 2001, S. 33-60

—, The Water Regime for Orchards and Plantations in Pharaonic Egypt, in: JEA 80, 1994, S. 57-80

FABRE, DAVID, Seafaring in Ancient Egypt, London 2004/2005

FAIST, BETINA I., Der Fernhandel des assyrischen Reiches zwischen dem 14. und 11. Jh. v. Chr., Münster 2001

FALTINGS, DINA, Die Bierbrauerei im AR, in: ZÄS 118, 1991, S. 104-116

—, Die Keramik der Lebensmittelproduktion im Alten Reich. Ikonographie und Archäologie eines Gebrauchsartikels, Heidelberg 1998

FAUCHER, THOMAS / FISCHER-BOSSERT, WOLFGANG / DHENNIN, SYLVAIN, Les monnaies en or aux types hiéroglyphiques *nwb nfr*, in: BIFAO 112, 2012, S. 147-169

FISCHER, HENRY G., Land Records on Stelae of the Twelfth Dynasty, in: RdE 13, 1961, S. 107-109

FISCHER-ELFERT, HANS-WERNER, Bemerkungen zum Felderinventar des P. Louvre AF 6345 und der Griffith Fragments, in: Enchoria 18, 1991, S. 27-36

—, In Praise of Pi-Ramesse – A Perfect Trading Center (including two new Semitic words in syllabic orthography; Ostr. Ashmolean Museum HO 1187), in: COLLOMBERT, PHILIPPE ET ALII (Hrsg.), Aere Perennius. Mélanges égyptologiques en l'honneur de Pascal Vernus, Leuven-Paris-Bristol, CT, S. 195-218

—, Zwei Akten aus der Getreideverwaltung der XXI. Dynastie (P. Berlin 14.384 und P. Berlin 23098), in: ALTENMÜLLER, HARTWIG / GERMER, RENATE (Hrsg.), Miscellanea Aegyptologica. Wolfgang Helck zum 75. Geburtstag, Hamburg 1989, S. 39-65

FÖRSTER, FRANK, Der Abu Ballas-Weg. Eine pharaonische Karawanenroute durch die Libysche Wüste, Köln 2015

FÖRSTER, FRANK / RIEMER, HEIKO (Hrsg.), Desert Road Archaeology in Ancient Egypt and Beyond, Köln 2013

FORSTNER-MÜLLER, IRENE, Avaris, its Harbours and the Perunefer Problem, in: EA 45, 2014, S. 32-35

FRANKE, DETLEF, Ein Beitrag zur Diskussion über die asiatische Produktionsweise, in: GM 5, 1973, S. 63-72

—, Ein bisher nicht gedeuteter Beititel der Sieglervorsteher in der 13. Dynastie: *Sḏmj Šn*ᶜ "Richter der Arbeiter im Arbeitshaus", in: GM 53, 1982, S. 15-21

FRANZMEIER, HENNING, Ein Brunnen in der Ramses-Stadt. Zur Typologie und Funktion von Brunnen und Zisternen im pharaonischen Ägypten, Hildesheim 2010

FRIEDMAN, FLORENCE DUNN (Hrsg.), Gifts of the Nile. Ancient Egyptian Fayence, London 1998

FROOD, ELIZABETH, The Potters: Organization, Delivery, and Product of Work, in: JANSSEN, JAC. J. / FROOD, ELIZABETH / GOECKE-BAUER, MAREN, Woodcutters, Potters and Doorkeepers. Service Personnel of the Deir el-Medina Workmen, Leiden 2003, S. 29-62

GABALLA, G. A., The Memphite Tomb-Chapel of Mose, Warminster 1977

GALÁN, JOSÉ M., The Ancient Egyptian *Sed*-Festival and the Exemption from Corvée, in: JNES 59, 2000, S. 255-264

GALE, ROWENA / GASSON, PETER / HEPPER, NIGEL, Wood, in: NICHOLSON, PAUL T. / SHAW, IAN (Hrsg.), Ancient Egyptian Materials and Technology, Cambridge 2000, S. 334-371

GARBRECHT, GÜNTHER / BERTRAM, HEINZ-ULRICH, Der Sadd-el-Kafara. Die älteste Talsperre der Welt (2600 v.Chr.), Braunschweig 1983

GARDINER, [SIR] ALAN H., The Dakhleh Stela, in: JEA 19, 1933, S. 19-30

—, The Harem at Miwēr, in: JNES 12, 1953, S. 145-149

—, A Protest Against Unjustified Tax-Demands, in: RdE 6, 1951, S. 115-133

—, Ramesside Texts Relating to the Taxation and Transport of Corn, in: JEA 27, 1941, S. 19-73

—, The Stele of Bilgai, in: ZÄS 50, 1912, S. 49-57

—, The Wilbour Papyrus, 3 Bde., London 1941-48

GARDINER, ALAN H. / PEET, T. ERIC, The Inscriptions of Sinai, II, Oxford 1955

GASPERINI, VALENTINA, Goods from the Wine-Dark Sea: Typology of Imports Excavated at Zawiyet Umm El-Rakham, in: FRANZMEIER, HENNING / REHREN, THILO / SCHULZ, REGINE (Hrsg.), Mit archäologischen Schichten Geschichte schreiben. Festschrift für Edgar B. Pusch zum 70. Geburtstag, Hildesheim 2016, S. 119-135

GASSE, ANNIE, L'approvisionnement en eau dans les mines et carrières (aspects techniques et institutionnels), in: MENU, BERNADETTE (Hrsg.), Les problèmes institutionnels de l'eau en Égypte ancienne et dans l'Antiquité méditerranéenne, Kairo 1994, S. 169-176

—, Données nouvelles administratives et sacerdotales sur l'organisation du domaine d'Amon. XXe-XXIe dynasties, 2 Bde., Kairo 1988

GATTO, MARIA CARMELA ET ALII, Rock Art from West Bank Aswan and Wadi Abu Subeira, in: Archéo-Nil 19, 2009, S. 151-168

GELLER, JEREMY, From Prehistory to History: Beer in Egypt, in: FRIEDMAN, RENÉE / ADAMS, BARBARA (Hrsg.), The Followers of Horus. Studies Dedicated to Michael Allen Hoffmann, Oxford 1992, S. 19-26

GERMER, RENATE, Flora des pharaonischen Ägypten, Mainz 1985

—, Die Textilfärberei und die Verwendung gefärbter Textilien im Alten Ägypten, Wiesbaden 1992

GHAZOULI, EDOUARD B., The Palace (II): The Magazines and the General Form of the Palace and its Annexes, in: ASAE 58, 1964, S. 143-165

GHONEIM, WAFIK, Die ökonomische Bedeutung des Rindes im alten Ägypten, Bonn 1977

GLANVILLE, S. R. K., Records of a Royal Dockyard of the Time of Thutmosis III: Papyrus British Museum 10056, in: ZÄS 66, 1930, S. 105-121

—, Records of a Royal Dockyard of the Time of Thutmosis III: Papyrus British Museum 10056 (Part II), in: ZÄS 68, 1932, S. 7-41

GNIRS, ANDREA, Haremhab – ein Staatsreformator? Neue Betrachtungen zum Haremhab-Dekret, in: SAK 16, 1989, S. 83-110

GOEDICKE, HANS, Königliche Dokumente aus dem Alten Reich, Wiesbaden 1967

GOELET, JR., OGDEN, Problems of Authority, Compulsion, and Compensation on Ancient Egyptian Labor Practices, in: STEINKELLER, PIOTR / HUDSON, MICHAEL (Hrsg.), Labor in the Ancient World, Dresden 2015, S. 523-582

GOMAÀ, FAROUK / MÜLLER-WOLLERMANN, RENATE / SCHENKEL, WOLFGANG, Mittelägypten zwischen Samalūṭ und dem Gabal Abū Ṣīr, Wiesbaden 1991

GONZÁLEZ-TABLAS NIETO, JAVIER, Quarrying Beautiful *Bekhen* Stone for the Pharaoh: The Exploitation of Wadi Hammamat in the Reign of Amenemhat III, in: JEH 7, 2014, S. 34-66

GOPHNA, RAM, Egyptian Trading Posts in Southern Canaan at the Dawn of the Archaic Period, in: RAINEY, ANSON F. (Hrsg.), Egypt, Israel, Sinai. Archaeological and Historical Relationships in the Biblical Period, Tel Aviv 1987, S. 13-21

GOYON, GEORGES, Nouvelles inscriptions rupestres du Wadi Hammamat, Paris 1957

—, Le tombeau d'Ankhou à Saqqarah, in: Kêmi 15, 1959, S. 10-22

GRAEFE, ERHART, Untersuchungen zu Verwaltung und Geschichte der Institution der Gottesgemahlin des Amun vom Beginn des Neuen Reiches bis zur Spätzeit, 2 Bde., Wiesbaden 1981

GRAEFF, JAN-PETER, Die Straßen Ägyptens, Berlin 2005

GRAJETZKI, WOLFRAM, Tomb 197 at Abydos, Further Evidence for Long Distance Trade in the Middle Kingdom, in: Ä&L 24, 2014, S. 159-170

GRANDET, PIERRE, Le Papyrus Harris I, 3 Bde., Kairo 1994-99

GRATIEN, BRIGITTE, Départements et institutions dans les forteresses nubiennes au Moyen Empire, in: BERGER, CATHERINE / CLERC, GISÈLE / GRIMAL, NICOLAS (Hrsg.), Hommages à Jean Leclant, Bd. 2, Kairo 1994, S. 185-197

—, From Egypt to Kush: Administrative Practices and Movements of Goods during the Middle Kingdom and Second Intermediate Period, in: KENDALL, TIMOTHY (Hrsg.), Nubian Studies 1998, Boston 2004, S. 74-82

GREENWOOD P. H. / HOWES, G. J., Fish Remains, in: KARAGEORGHIS, VASSOS, Excavations in the Necropolis of Salamis, Bd. 3, Nicosia 1973, S. 259-268

GUTGESELL, MANFRED, Die Datierung der Ostraka und Papyri aus Deir el-Medineh und ihre ökonomische Interpretation. Teil I: Die 20. Dynastie, 2 Bde., Hildesheim 1983

—, Die Struktur der pharaonischen Wirtschaft – eine Erwiderung, in: GM 56, 1982, S. 95-109

HABERMANN, WOLFGANG, Die athenischen Handelsbeziehungen mit Ägypten, Karthago und Kyrene während des 5. Jahrhunderts v. Chr., in: Münstersche Beiträge zur antiken Handelsgeschichte 5, 1986, S. 96-105

HAFEMANN, INGELORE, Dienstverpflichtung im Alten Ägypten während des Alten und Mittleren Reiches, Berlin-London 2009

—, Zum Problem der staatlichen Arbeitspflicht im alten Ägypten. I. Die königlichen Dekrete des Alten Reiches, in: AoF 12, 1985, S. 3-21

HAIDER, PETER W., Menschenhandel zwischen dem ägyptischen Hof und der minoisch-mykenischen Welt?, in: Ä&L 6, 1996, S. 137-156

—, Zu den ägyptisch-ägäischen Handelsbeziehungen zwischen ca. 1370 und 1200 v. Chr.: I. Das Handelssystem, in: Münstersche Beiträge zur antiken Handelsgeschichte 7, 1988, S. 12-26

—, Zu den ägyptisch-ägäischen Handelsbeziehungen zwischen ca. 1370 und 1200 v. Chr.: II. Handelsgüter und Handelswege, in: Münstersche Beiträge zur antiken Handelsgeschichte 8, 1989, S. 1-28

HALLMANN, SILKE, Die Tributszenen des Neuen Reiches, Wiesbaden 2006

HAMID, FOUAD ABDEL, Grand temple d'Abou Simbel. Les salles du trésor sud, II, Kairo 1975

HARING, B[EN] J. J., Divine Households. Administrative and Economic Aspects of the New Kingdom Royal Memorial Temples in Western Thebes, Leiden 1997

—, Economy, in: FROOD, ELIZABETH / WENDRICH, WILLEKE (Hrsg.), UCLA Encyclopedia of Egyptology, Los Angeles 2009 (https://escholarship.org/uc/item/2t01s4qj)

—, From Single Sign to Pseudo-Script. An Ancient Egyptian System of Workmen's Identity Marks, Leiden-Boston 2018

—, Institutional Agriculture and the Temples in Ramesside Egypt, in: CRIPEL 25, 2005, S. 125-136

—, Die Totentempel und ihre Gärten: Wirtschaftlicher Hintergrund, in: FEUCHT, ERIKA, Die Gräber des Nedjemger (TT 138) und des Hori (TT 259), Mainz 2006, S. 59-63

HARRELL, JAMES A., Pharaonic Stone Quarries in the Egyptian Deserts, in: FRIEDMAN, RENÉE (Hrsg.), Egypt and Nubia. Gifts of the Desert, London 2002, S. 232-243

HARRELL, JAMES A. / BOWN, THOMAS M., An Old Kingdom Basalt Quarry at Widan el-Faras and the Quarry Road to Lake Moeris, in: JARCE 32, 1995, S. 71-91

HARRELL, JAMES A. / BROWN, V. MAX, The Oldest Surviving Topographical Map from Ancient Egypt: (Turin Papyri 1879, 1899, and 1969), in: JARCE 29, 1992, S. 81-105

HARRELL, JAMES A. / BROWN V. MAX / MASOUD, MASOUD SALAH, An Early Dynastic Quarry for Stone Vessels at Gebel Manzal el-Seyl, Eastern Desert, in: JEA 86, 2000, S. 33-42

HARRISON, TIMOTHY P., Economics with an Entrepreneurial Spirit: Early Bronze Trade with Late Predynastic Egypt, in: Biblical Archaeologist 56, 1993, S. 81-93

HARTUNG, ULRICH, Umm el-Qaab II. Importkeramik aus dem Friedhof U in Abydos (Umm el-Qaab) und die Beziehungen Ägyptens zu Vorderasien im 4. Jahrtausend v. Chr., Mainz 2001

—, Zur Entwicklung des Handels und zum Beginn wirtschaftlicher Administration im prädynastischen Ägypten, in: SAK 26, 1998, S. 35-50

HAUSCHTECK, ELISABETH, Goats in Houses on Elephantine during the Middle Kingdom and the Second Intermediate Period, in: GM 202, 2004, S. 59-70

HAYES, WILLIAM C., Career of the Great Steward Henenu under Nebhepetre Mentuhotpe, in: JEA 35, 1949, S. 43-49

—, Inscriptions from the Palace of Amenhotep III, in: JNES 10, 1951, S. 35-40 und S. 82-104

—, A Papyrus of the Late Middle Kingdom, New York 1955

HECKER, H. M., A Zooarchaeological Inquiry into Pork Consumption in Egypt from Prehistoric to New Kingdom Times, in: JARCE 19, 1982, S. 59-71

HEIDORN, LISA, The Horses of Kush, in: JNES 56, 1997, S. 105-114

HEIN, KRISTINA, Vinikultur in Ägypten. Eine Untersuchung des Weinbaus unter administrativen und ökonomischen Gesichtspunkten von der Frühzeit bis zum Ende des Mittleren Reichs, Aachen 2010

HELCK, WOLFGANG, Anmerkungen zum Turiner Königspapyrus, in: SAK 19, 1992, S. 151-216

—, Die Beziehungen Ägyptens zu Vorderasien im 3. und 2. Jahrtausend v. Chr., Wiesbaden [2]1971

—, Eine Briefsammlung aus der Verwaltung des Amuntempels, in: JARCE 6, 1967, S. 135-151

—, Maße und Gewichte, in: LÄ III, Wiesbaden 1980, Sp. 1199-1209

—, Materialien zur Wirtschaftsgeschichte des Neuen Reiches, Mainz 1961-1969

—, Sklaven, in: LÄ V, Wiesbaden 1984, Sp. 982-987

—, Wirtschaftsgeschichte des Alten Ägypten im 3. und 2. Jahrtausend vor Chr., Leiden-Köln 1975

HELTZER, MICHAEL, Goods, Prices and the Organization of Trade in Ugarit, Wiesbaden 1978

HENDRICKX, STAN, Elkab V. The Naqada III Cemetery, Brüssel 1994

HEROLD, ANJA, High Temperature Industries in the Late Bronze Age Capital Piramesse (Qantir): III. Workshops of the Temple of Amun Qantir/Piramesse, Site Q-1, Stratum B/2, in: ESMAEL, FEISAL A. (Hrsg.), Proceedings of The First International Conference on Ancient Egyptian Mining & Metallurgy and Conservation of Metallic Artifacts Cairo, Egypt 10-12 April 1995, Kairo [1997], S. 133-145

HIGGINBOTHAM, CAROLYN R., Egyptianization and Elite Emulation in Ramesside Palestine. Governance and Accommodation on the Imperial Periphery, Leiden-Boston-Köln 2000

HIKADE, THOMAS, Economic Aspects of the New Kingdom: The Expeditions to the Copper Mines of the Sinai, in: BACE 9, 1998, S. 43-52

—, Expeditions to the Wadi Hammamat during the New Kingdom, in: JEA 92, 2006, S. 153-168

—, Das Expeditionswesen im ägyptischen Neuen Reich. Ein Beitrag zu Rohstoffversorgung und Außenhandel, Heidelberg 2001

HOFMANN, EVA, Das Grab des Neferrenpet gen. Kenro (TT 178), Mainz 1995

HOFMANN, TOBIAS, Zur sozialen Bedeutung zweier Begriffe für ‹Diener›: *bꜣk* und *ḥm*, Basel 2005

HOFMANN, ULRICH, Fuhrwesen und Pferdehaltung im Alten Ägypten, Bonn 1989

HOLMES, Y. LYNN, Egypt and Cyprus: Late Bronze Age Trade and Diplomacy, in: HOFFNER, HARRY A. JR. (Hrsg.), Orient and Occident. Essays Presented to Cyrus H. Gordon on the Occasion of his Sixty-Fifth Birthday, Neukirchen-Vluyn 1973, S. 91-98

HÖLSCHER, UVO, The Excavation of Medinet Habu, Bd. 3. The Mortuary Temple of Ramses III, Teil 1, Chicago 1941

HOLTHOER, ROSTISLAV, New Kingdom Pharaonic Sites. The Pottery, Lund 1977

HOPE, COLIN A., Dakhleh Oasis Project – Report on the Study of the Pottery and Kilns, in: JSSEA 10, 1979-80, S. 283-313

—, Some Remarks on Potmarks of the Late Eighteenth Dynasty, in: LEAHY, ANTHONY / TAIT, JOHN (Hrsg.), Studies on Ancient Egypt in Honour of H. S. Smith, London 1999, S. 121-146

HUDSON, MICHAEL, A Free-Enterprise Critique of Ancient Economies. Rezension zu David A. Warburton, Macroeconomics from the Beginning. The General Theory. Ancient Markets, and the Rate of Interest, Neuchâtel 2003, in: JESHO 48, 2005, S. 118-122

IVERSEN, ERIC, The Inscription of Herwerrēᶜ at Serâbit-al-Kâdem, in: Studien zu Sprache und Religion Ägyptens, Band 1: Sprache, Göttingen 1984, S. 507-519

JANSSEN, JAC. J., Agrarian Administration in Egypt During the Twentieth Dynasty, in: BiOr 43, 1986, Sp. 351-366

—, Commodity Prices from the Ramessid Period, Leiden 1975

—, The Cost of Nile Transport, in: BSEG 18, 1994, S. 41-47

—, The Daily Bread. A Contribution to the Study of the Ancient Egyptian Diet, in: BES 13, 1997, S. 15-38

—, Donkeys at Deir el-Medîna, Leiden 2005

—, Fish and Fishermen, in: DERS., Village Varia. Ten Studies on the History and Administration of Deir el-Medina, Leiden 1997, S. 37-54

—, Gift-Giving in Ancient Egypt as an Economic Feature, in: JEA 68, 1982, S. 253-258

—, Grain Transport in the Ramesside Period. Papyrus Baldwin (BM EA 10061) and Papyrus Amiens, London 2004

—, De markt op de oever, Leiden 1980

—, A New Kingdom Settlement. The Verso of Pap. BM. 10068, in: Altorientalische Forschungen 19, 1992

—, The Price of Papyrus, in: DE 9, 1987, S. 33-35

—, Prologomena to the Study of Egypt's Economic History During the New Kingdom, in: SAK 3, 1975, S. 127-185

—, Requisitions from Upper Egyptian Temples (P. BM 10401), in: JEA 77, 1991, S. 79-94

—, Die Struktur der pharaonischen Wirtschaft, in: GM 48, 1981, S. 59-77

—, Two Ancient Egyptian Ship's Logs. Papyrus Leiden I 350 verso and Papyrus Turin 2008+2016, Leiden 1961

—, Two Variant Accounts?, in: VA 1, 1985, S. 109-112

—, Village Varia. Ten Studies on the History and Administration of Deir el-Medina, Leiden 1997

—, The Water Supply of a Desert Village, in: Medelhavsmuseet Bulletin 14, 1979, S. 9-15

—, The Woodcutters, in: DERS. / FROOD, ELIZABETH / GOECKE-BAUER, MAREN, Woodcutters, Potters and Doorkeepers. Service Personnel of the Deir el-Medina Workmen, Leiden 2003, S. 1-28

JARMUŻEK, ŁUKASZ, A Stable of the Third Intermediate Period at Tell el-Retaba, in: JEA 99, 2013, S. 281-289

JAUHIAINEN, HEIDI, "Do not Celebrate your Feast Without your Neighbours". A Study of References to Feasts and Festivals in Non-Literary Documents from Ramesside Period Deir el-Medina, Helsinki 2009

JELÍNKOVÁ-REYMOND, E., Recherches sur le role des «gardiens des portes» *(iry-ꜥꜣ)* dans l'administration générale des temples égyptiens, in: CdE 28, 1953, S. 39-59

JEUTHE, CLARA, Ein Werkstattkomplex im Palast der 1. Zwischenzeit in Ayn Asil, Kairo 2012

JOHL, C. H., Altägyptische Webestühle und Brettchenweberei in Altägypten, Leipzig 1924

KAHL, JOCHEM, Zur Problematik der sogenannten Steuervermerke im Ägypten der 0.-1. Dynastie, in: FLUCK, CÄCILIA ET ALII (Hrsg.), Divitiae Aegypti. Koptologische und verwandte Studien zu Ehren von Martin Krause, Wiesbaden 1995, S. 168-176

KAPLONY, PETER, Die wirtschaftliche Bedeutung des Totenkultes im alten Ägypten, in: Asiatische Studien 18/19, 1965, S. 290-307

KASSIANIDOU, VASILIKI, "May he send me silver in very great quantities" EA 35, in: MICHAELIDES, D. / KASSIANIDOU, V. / MERRILLEES, R. S. (Hrsg.), Proceedings of the International Conference Egypt and Cyprus in Antiquity. Nicosia, 3-6 April 2003, Oxford 2009, S. 48-57

KATARY, SALLY L. D., Taxation (until the End of the Third Intermediate Period), in: UCLA Encyclopedia of Egyptology, Los Angeles 2011 (https://escholarship.org/uc/item/9p13z2vp)

—, *The Two Brothers* as Folktale: Constructing the Social Context, in: JSSEA 24, 1994 (erschienen 1997), S. 39-70

—, The *Wsf* Plots in the Wilbour Papyrus and Related Documents: A Speculative Interpretation, in: CRIPEL 25, 2005, S. 137-155

KEES, HERMANN, Darstellung eines Geflügelhofes der Ramessidenzeit, in: ZÄS 75, 1939, S. 85-89

KEMNA, CLAUDIA M., Im Schatten der Zeder. Eine kulturübergreifende Spurensuche zu Identität und kultischer Verwendung des *ᶜš*-Baumes, Göttingen 2018

KEMP, BARRY J., The Amarna Workmen's Village in Retrospect, in: JEA 73, 1987, S. 21-50

—, Ancient Egypt. Anatomy of a Civilization, London-New York ²2006

—, City of Akhenaten and Nefertiti. Amarna and its People, London 2012

—, Food for an Egyptian City, in: LUFF, ROSEMARY-MARGARET / ROWLEY-CONWY, PETER (Hrsg.), Whither Environmental Archaeology?, Oxford 1994, S. 133-153

—, Large Middle Kingdom Granary Buildings (and the Archaeology of Administration), in: ZÄS 113, 1986, S. 120-136

—, Outlying Temples at Amarna, in: DERS. (Hrsg.), Amarna Reports VI, London 1995, S. 411-462

—, Patterns of Activity at the Workmen's Village, in: DERS. (Hrsg.), Amarna Reports I, London 1984, S. 1-13

—, Soil (including mud-brick architecture), in: NICHOLSON, PAUL T. / SHAW, IAN (Hrsg.), Ancient Egyptian Materials and Technology, Cambridge 2000, S. 78-103

KEMP, BARRY J. / MERRILLEES, ROBERT S., Minoan Pottery in Second Millennium Egypt, Mainz 1980

KEMP, BARRY J. / SAMUEL, DELWEN / LUFF, ROSEMARY, Food for an Egyptian City: Tell el-Amarna, in: LUFF, R. / ROWLEY-CONWY, P. (Hrsg.), Whither Environmental Archaeology?, Oxford 1994, S. 133-170

KEMP, BARRY J. / VOGELSANG-EASTWOOD, GILLIAN, The Ancient Textile Industry at Amarna, London 2001

KEMP, BARRY ET ALII, Life, Death and Beyond in Akhenaten's Egypt: Excavating the South Tombs Cemetery at Amarna, in: Antiquity 87, 2013, S. 64-78

KESSLER, DIETER, Historische Topographie der Region zwischen Mallawi und Samaluṭ, Wiesbaden 1981

KHALED, MOHAMED ISMAIL, The Donation of Royal Funerary Domains in the Old Kingdom, in: LANDGRÁFOVÁ, RENATE / MYNÁŘOVÁ, JANA (Hrsg.), Rich and Great. Studies in Honour of Anthony J. Spalinger on the Occasion of his 70th Feast of Thoth, Prag 2016, S. 169-185

KILLEN, GEOFFREY, Ancient Egyptian Furniture, I, Warminster 1980

KITCHEN, KENNETH A., Building the Ramesseum, in: CRIPEL 13, 1991, S. 85-93

—, The Land of Punt, in: SHAW, THURSTAN ET ALII (Hrsg.), The Archaeology of Africa. Food, Metals and Towns, London 1993, S. 587-608

—, The Vintages of the Ramesseum, in: LLOYD, ALAN B. (Hrsg.), Studies in Pharaonic Religion and Society in Honour of J. Gwyn Griffiths, London 1992

KLEMM, DIETRICH UND ROSEMARIE, Herkunftsbestimmung altägyptischen Steinmaterials, in: SAK 7, 1979, S. 103-140

KLEMM, DIETRICH D. / KLEMM, ROSEMARIE / MURR, ANDREAS, Ancient Gold Mining in the Eastern Desert of Egypt and the Nubian Desert of Sudan, in: FRIEDMAN, RENÉE (Hrsg.), Egypt and Nubia. Gifts of the Desert, London 2002, S. 215-231

KLEMM, D. / KLEMM, R. / STECLACI, L., Die pharaonischen Steinbrüche des Silifizierten Sandsteins in Ägypten und die Herkunft der Memnon-Kolosse, in: MDAIK 40, 1984, S. 207-220

KLEMM, R[OSEMARIE] / KLEMM, D[IETRICH] D., Chronologischer Abriß der antiken Goldgewinnung in der Ostwüste Ägyptens, in: MDAIK 50, 1994, S. 189-222

—, Gold and Gold Mining in Ancient Egypt and Nubia. Geoarchaeology of the Ancient Gold Mining Sites in the Egyptian and Sudanese Eastern Deserts, Berlin-Heidelberg 2013

—, Steine und Steinbrüche im Alten Ägypten, Berlin-Heidelberg 1993

KLENGEL, HORST, Handel mit Lapislazuli, Türkis und Karneol im alten Vorderen Orient, in: Der Anschnitt, Beiheft 24. Anatolian Metal V, Bochum 2011, S. 69-77

KLOTZ, DAVID, The Earliest Representation of a Potter's Kick-Wheel in Egypt, in: ENiM 6, 2013, S. 169-176

KNAPP, A. BERNARD, The Archaeology of Cyprus. From Earliest Prehistory Through the Bronze Age, Cambridge 2013

KÖHLER, E. CHRISTIANA, Socio-Economic Aspects of Early Pottery Production in the Nile Delta, in: BACE 8, 1997, S. 81-89

KÖPP-JUNK, HEIDI, Reisen im Alten Ägypten. Reisekultur, Fortbewegungs- und Transportmittel in pharaonischer Zeit, Wiesbaden 2015

—, Zur Ökonomie Ägyptens bis zum Ende des Neuen Reiches, in: Journal of Ancient Civilizations 32, 2017, S. 211-228

KOROSTOVCEV, M. A., Das alte Ägypten, in: HEINEN, HEINZ (Hrsg.), Die Geschichte des Altertums im Spiegel der sowjetischen Forschung, Darmstadt 1980, S. 19-45

KOUSOULIS, PANAGIOTIS, Rhodes before the Saite Kings: Egyptian Relations with Rhodes and the Dodecanese during the Ramesside Period, in: COLLIER, MARK / SNAPE, STEVEN (Hrsg.), Ramesside Studies in Honour of K. A. Kitchen, Bolton 2011, S. 283-292

KRAUS, JÜRGEN, Die Demographie des Alten Ägypten. Eine Phänomenologie anhand altägyptischer Quellen, Diss. Göttingen 2004 (http://webdoc.sub.gwdg.de/diss/2004/kraus.pdf)

KRAUSS, ROLF, März, April und Mai als durchschnittliche Monate der Getreideernte im antiken und neuzeitlichen Ägypten, in: DE 27, 1993, S. 27-34

KREJČÍ, JAROMÍR, Eine Lehmziegelwerkstatt aus dem alten Reich in Abusir, in: GM 148, 1995, S. 63-69

KRITSKY, GENE, The Tears of Re. Beekeeping in Ancient Egypt, Oxford 2015

KUBISCH, SABINE, Überblick über die Terminologie der Abgaben in den altägyptischen Schriftquellen vom Alten bis zum Neuen Reich, in: KLINKOTT, H. / KUBISCH, S. / MÜLLER-WOLLERMANN, R. (Hrsg.), Geschenke und Steuern, Zölle und Tribute. Antike Abgabenformen in Anspruch und Wirklichkeit, Leiden-Boston 2007, S. 65-85

KUCKERTZ, JOSEFINE, Gefäßverschlüsse aus Tell el-Amarna. Grabungen der Deutschen Orient-Gesellschaft 1911 bis 1914. Sozioökonomische Aspekte einer Fundgattung des Neuen Reiches, Saarbrücken 2003

KUÉNY, G., Scènes apicoles dans l'ancienne Egypte, in: JNES 9, 1950, S. 84-93

KUHLMANN KLAUS P. / SCHENKEL, WOLFGANG, Das Grab des Ibi, Obergutsverwalters der Gottesgemahlin des Amun (thebanisches Grab Nr. 36), 2 Bde., Mainz 1983

LACAU, P., Deux magasins à encens du temple de Karnak, in: ASAE 52, 1954, S. 185-198

LANGE, EVA ROSWITHA, Ritualepisoden. Das Sedfesttor Osorkons II. in Bubastis, Diss. Leipzig 2008

LARSEN, HJALMAR, Vorbericht über die schwedischen Grabungen in Abu Ghâlib 1936/1937, in: MDAIK 10, 1941, S. 1-59

LE SAOUT, FRANÇOISE, Un magasin à onguents de Karnak et le problème du nom de Tyr: mise au point, in: Cahiers de Karnak VIII. 1982-1985, Paris 1987, S. 325-338

LEACH, BRIDGET / TAIT, JOHN, Papyrus, in: NICHOLSON, PAUL T. / SHAW, IAN (Hrsg.), Ancient Egyptian Materials and Technology, Cambridge 2000, S. 227-253

LECLANT, J., Recherches sur les monuments thébaines de la XXVe dynastie dite éthiopienne, 2 Bde., Kairo 1965

LECLÈRE, FRANÇOIS, Tell Dafana reconsidéré. Recherches récentes du British Museum sur le poste-frontière de Daphnae, in: BSFE 186-187, 2013, S. 61-82

LEHNER, MARK, Fractal House of Pharaoh: Ancient Egypt as a Complex Adaptive System, a Trial Formulation, in: KOHLER, TIMOTHY A. / GUMERMAN, GEORGE J. (Hrsg.), Dynamics in Human and Primate Societies. Agent-Based Modeling of Social and Spatial Processes, Oxford 2000, S. 275-353

—, Labor and the Pyramids. The Heit el-Ghurab "Workers Town" at Giza, in: STEINKELLER, PIOTR / HUDSON, MICHAEL (Hrsg.), Labor in the Ancient World, Dresden 2015, S. 397-522

LEITZ, CHRISTIAN, Die Größe Ägyptens nach dem Sesostris-Kiosk in Karnak, in: MOERS, GERALD ET ALII (Hrsg.), *jn.t ḏr.w.* Festschrift für Friedrich Junge, Bd. 2, Göttingen 2006, S. 409-427

LERSTRUP, ANNETTE, The Making of Wine in Egypt, in: GM 129, 1992, S. 61-82

LEVENE, DAN, Expedition to Atika, in: ESMAEL, FEISAL A. (Hrsg.), Proceedings of The First International Conference on Ancient Egyptian Mining &

Metallurgy and Conservation of Metallic Artifacts Cairo, Egypt 10-12 April 1995, Kairo [1997], S. 365-378

LICITRA, NADIA, Douze campagnes de fouille au Trésor de Chabaka à Karnak: archéologie d'une institution économique, in: BSFE 199, 2018, S. 38-56

LICITRA, NADIA / THIERS, CHRISTOPHE / ZIGNANI, PIERRE, A Major Development Project of the Northern Area of the Amun-Re Precinct at Karnak During the Reign of Shabaqo, in: PISCHIKOVA, ELENA / BUDKA, JULIA / GRIFFIN, KENNETH (Hrsg.), Thebes in the First Millennium BC, Newcastle upon Tyne 2014, S. 549-563

LINSEELE, VEERLE / VAN NEER, WIM / BRETSCHNEIDER, JOACHIM, The Mysteries of Egyptian Nile Perch (*Lates niloticus*). The Case of Tell Tweini (Syria, Middle Bronze Age – Iron Age), in: DE CUPERE, BEA / LINSEELE, VEERLE / HAMILTON-DYER, SHEILA (Hrsg.), Archaeozoology of the Near East X, Leuven-Paris-Walpole, MA 2013, S. 209-226

LIVERANI, MARIO, „Irrational" Elements in the Amarna Trade, in: DERS., Three Amarna Essays, Malibu 1979, S. 21-33

—, Prestige and Interest. International Relations in the Near East ca. 1600-1100 B.C., Padua 1990

LIVINGSTONE-THOMAS, JASON, The Old Kingdom Market-Place Scenes Revisited: with Special Reference to Tep-em-ankh II (*tp-m-ꜥnḫ*), in: BÁRTA, MIROSLAV / COPPENS, FILIP / KREJČÍ, JAROMIR (Hrsg.), Abusir and Saqqara in the Year 2010, Bd. 2, Prag 2011, S. 551-569

LOFFET, HENRI / MATOÏAN, VALÉRIE, Le Papyrus Varzy, in: RdE 47, 1996, S. 29-36

LOPRIENO, ANTONIO, Slavery and Servitude, in: FROOD, ELIZABETH / WENDRICH, WILLEKE (Hrsg.), UCLA Encyclopedia of Egyptology, Los Angeles 2012 (https://escholarship.org/uc/item/8mx2073f)

LUPO, SILVIA, The Inscription of Amenemhet II in the Temple of Ptah in Memphis: Was There a Real Control of the Egyptian State over Kush during the Middle Kingdom?, in: GM 198, 2004, S. 43-54

LURSON, BENOÎT, Lire l'image égyptienne. Les „Salles du Trésor" du Grand Temple d'Abou Simbel, Paris 2001

LYONS, H. G., The Cadastral Survey of Egypt 1892-1907, Kairo 1908

MACADAM, M. F. LAMING, The Temples of Kawa. I. The Inscriptions, 2 Bde., London 1949

MAHMOUD, OSAMA, Die wirtschaftliche Bedeutung der Vögel im Alten Reich, Frankfurt 1991

MAINZ, ROLF, Die Thiniten. Eine altägyptische Eroberungszeit und Karl August Wittfogels Theorie der orientalischen Despotie, Münster-Hamburg 1993

MALAISE, MICHEL, Les animaux dans l'alimentation des ouvriers égyptiens de Deir el-Médineh au Nouvel Empire, in: Anthropozoologica 1988, S. 65-72

MANDEVILLE, RICHARD, Wage Accounting in Deir el-Medina, Wallasey 2014

MANZO, ANDREA, "*They shall come to trade at* Iken." Ports and River in Second Millennium BCE Nubia, in: INCORDINO, ILARIA / CREASMAN, PEARCE PAUL (Hrsg.), Flora Trade Between Egypt and Africa in Antiquity, Oxford 2017, S. 75-99

—, Typological and Functional Remarks on some Structures at Mersa Gawasis (Red Sea, Egypt), in: RAFFAELE, FRANCESCO / NUZZOLO, MASSIMILIANO / INCORDINO, ILARIA (Hrsg.), Recent Discoveries and Latest Researches in Egyptology, Wiesbaden 2010, S. 157-175

MARCUS, EZRA S., Amenemhet II and the Sea: Maritime Aspects of the Mit Rahina (Memphis) Inscription, in: Ä&L 17, 2007, S. 137-190

MAZZONE, DAVID, The Dark Side of a Model Community: The 'Ghetto' of el-Lahun, in: Journal of Ancient Egyptian Architecture 2, 2017, S. 19-54

MARTIN-PARDEY, EVA, Untersuchungen zur ägyptischen Provinzialverwaltung bis zum Ende des Alten Reiches, Hildesheim 1976

MARTINSSEN, SUSANNE, „Ich gebe dir ganz Punt." Ein Expeditionsziel im religiös-politischen Kontext, in: KLOTH, NICOLE / MARTIN, KARL / PARDEY, EVA (Hrsg.), Es werde niedergelegt als Schriftstück. Festschrift für Hartwig Altenmüller zum 65. Geburtstag, Hamburg 2003, S. 263-274

MASALI, M. / CHIARELLI, B., Demographic Data on the Remains of Ancient Egyptians, in: Journal of Human Evolution 1972, S. 161-169

MASQUELIER-LOORIUS, JULIE, At the End of the Trail: Some Implications of the Mention of Turquoise in Egyptian Tombs and Temples, in: TALLET, PIERRE / MAHFOUZ, EL-SAYED (Hrsg.), The Red Sea in Pharaonic Times. Recent Discoveries along the Red Sea Coast, Kairo 2012, S. 159-169

MEEKS, DIMITRI, Les donations aux temples dans l'Égypte du Ier millénaire avant J.-C., in: LIPIŃSKI, EDWARD (Hrsg.), State and Temple Economy in the Ancient Near East, Bd. II, Leuven 1979, S. 605-687

—, Le grand texte des donations au temple d'Edfou, Kairo 1972

—, Oléiculture et viticulture dans l'Égypte pharaonique, in: AMOURETTI, MARIE-CLAIRE / BRUN, JEAN-PIERRE (Hrsg.), La production du vin et de l'huile en Méditerranée, Athen 1993, S. 3-38

—, Une stèle de donation de la Deuxième Période intermédiaire, in: ENiM 2, 2009, S. 129-154

MEGALLY, MOUNIR, À propos de chèvres et d'un chevrier de la nécropole thébaine (Ostracon Mond n° 171), in: CdE 66, 1991, S. 108-128

—, À propos du papyrus CGC 58070 (Papyrus Boulaq XI), in: BIFAO 74, 1974, S. 161-169

—, Le papyrus CGC 58081. Suite du Papyrus 58070 (Papyrus Boulaq XI), in: BIFAO 75, 1975, S. 165-181

—, Le papyrus hiératique comptable E. 3226 du Louvre, Kairo 1971

—, Recherches sur l'économie, l'administration et la comptabilité égyptiennes à la XVIIIe dynastie d'après le papyrus E. 3226 du Louvre, Kairo 1977

MELLADO, ESTHER PONS, Trade of Metals between Egypt and Other Countries from the Old until the New Kingdom, in: CdE 81, 2006, S. 7-16

MENU, BERNADETTE, Le prix de l'utile en Égypte au Ier millénaire avant notre ère, in: DIES., Égypte pharaonique. Nouvelles recherches sur l'histoire juridique, économique et sociale de l'ancienne Égypte, Paris 2004, S. 255-287

—, Rezension zu Wolfgang Helck, Wirtschaftsgeschichte des Alten Ägypten im 3. und 2. Jahrtausend vor Chr., Leiden-Köln 1975 in: RHD 56, 1978, S. 459f.

—, Le rôle économique des dattes dans l'Égypte du Nouvel Empire, in: CSABAI, ZOLTÁN (Hrsg.), Studies in Economic and Social History of the Ancient Near East in Memory of Péter Vargyas, Budapest 2014, S. 199-215

—, La stèle dite de l'Apanage, in: DIES., Recherches sur l'histoire juridique, économique et sociale de l'ancienne Égypte, II, Kairo 1998, S. 183-203

MERRILLEES, R. S., The Cypriote Bronze Age Pottery Found in Egypt, Lund 1968

MILLER, R[OBERT] L., Counting Calories in Egyptian Ration Texts, in: JESHO 34, 1991, S. 257-269

—, Hogs and Hygiene, in: JEA 76, 1990, S. 125-140

MOELLER, NADINE, The Archaeological Evidence for Town Administration: New Evidence from Tell Edfu, in: IKRAM, SALIMA / DODSON, AIDAN (Hrsg.), Beyond the Horizon: Studies in Egyptian Art, Archaeology and History in Honour of Barry J. Kemp, Bd. 1, Kairo 2009, S. 263-274

—, Tell Edfu: Preliminary Report on Seasons 2005-2009, in: JARCE 46, 2010, S. 81-111

MÖLLER, ASTRID, Naukratis. Trade in Archaic Greece, Oxford 2000

MOENS, MARIE-FRANCINE / WETTERSTROM, WILMA, The Agricultural Economy of an Old Kingdom Town in Egypt's West Delta: Insights from the Plant Remains, in: JNES 47, 1988, S. 159-173

MORENO GARCÍA, JUAN CARLOS, From Dracula to Rostovtzeff. Or: The Misadventures of Economic History in Early Egyptology, in: FITZENREITER, MARTIN (Hrsg.), Das Ereignis. Geschichtsschreibung zwischen Vorfall und Befund, London 2009, S. 175-198

—, *J'ai rempli les pâturages de vaches tachetées* … Bétail, économie royale et idéologie en Égypte, de l'Ancien au Moyen Empire, in: RdE 50, 1999, S. 241-257

—, Land Donations, in: FROOD, ELIZABETH / WENDRICH, WILLEKE (Hrsg.), UCLA Encyclopedia of Egyptology, Los Angeles 2013 (https://escholarship.org/uc/item/0cc615kx)

—, Quelques observations sur l'emploi de l'araire en Égypte ancienne, in: Bulletin du Groupe de Recherche Archéologique Française et Internationale sur les Métiers depuis l'Antiquité 9/10, 2008-2009, S. 53-60

—, Recent Developments in the Social and Economic History of Ancient Egypt, in: Journal of Ancient Near Eastern History 1, 2014, S. 231-261

—, Les temples provinciaux et leur rôle dans l'agriculture institutionnelle de l'Ancien et du Moyen Empire, in: CRIPEL 25, 2005, S. 93-124

MORENZ, LUDWIG D., Hungersnöte in der Ersten Zwischenzeit zwischen Topos und Realität, in: DE 42, 1998, S. 83-97

MORKOT, ROBERT [G.], The Economy of Nubia in the New Kingdom, in: CRIPEL 17/1, 1995, S. 175-189

—, War and the Economy: the International 'Arms Trade' in the Late Bronze Age and after, in: SCHNEIDER, THOMAS / SZPAKOWSKA, KASIA (Hrsg.), Egyptian Stories. A British Egyptological Tribute to Alan B. Lloyd on the Occasion of his Retirement, Münster 2007, S. 169-195

MORRIS, ELLEN, Exchange, Extraction, and the Politics of Ideological Money Laundering in Egypt's New Kingdom Empire, in: EDER, BIRGITTA / PRUZSINSZKY, REGINE (Hrsg.), Policies of Exchange. Political Systems and Modes of Interaction in the Aegean and the Near East in the 2nd Millennium B.C.E., Wien 2015, S. 167-190

MOURAD, ANNA-LATIFA, Asiatics and Abydos: From the Twelfth Dynasty to the Early Second Intermediate Period, in: BACE 24, 2013, S. 31-58

MOUSSA AHMED M. / ALTENMÜLLER, HARTWIG, Das Grab des Nianchchnum und Chnumhotep, Mainz 1977

MÜLLER, MATTHIAS, Es werde Licht? Eine kurze Geschichte von Öl & Fett in Deir el-Medina in der 20. Dynastie, in: HARING, B. J. J. / KAPER, O. E. / VAN WALSEM, R. (Hrsg.), The Workman's Progress. Studies in the Village of Deir el-Medina and Other Documents from Western Thebes in Honour of Rob Demarée, Leuven 2014, S. 175-190

MÜLLER-WOLLERMANN, RENATE, Ägypten auf dem Weg zur Geldwirtschaft, in: GOYON, JEAN-CLAUDE / CARDIN, CHRISTINE (Hrsg.), Proceedings of the Ninth International Congress of Egyptologists. Actes du Neuvième Congrès International des Égyptologues. Grenoble, 6-12 septembre 2004, Leuven-Paris-Dudley, MA 2007, S. 1351-1359

—, Funktionsträger von Geld im Alten Ägypten, in: SCHOSKE, SYLVIA (Hrsg.), Akten des Vierten Internationalen Ägyptologenkongresses München 1985, Bd. 4, Hamburg 1991, S. 159-166

—, „Ich bin ein Besitzer von Booten.", in: SAK 26, 1998, S. 229-237

—, Die ökonomische Bedeutung von Tempelschatzhäusern, in: FITZENREITER, MARTIN (Hrsg.), Das Heilige und die Ware. Zum Spannungsfeld von Religion und Ökonomie, London 2007, S. 171-178

—, Steuern, Zölle und Tribute in der ägyptischen Spätzeit, in: KLINKOTT, H. / KUBISCH, S. / MÜLLER-WOLLERMANN, R. (Hrsg.), Geschenke und Steuern, Zölle und Tribute. Antike Abgabenformen in Anspruch und Wirklichkeit, Leiden-Boston 2007, S. 87-106

—, Die Verwendung von Münzen in pharaonischer Zeit, in: ROSATI, GLORIA / GUIDOTTI, MARIA CRISTINA (Hrsg.), Proceedings of the XI International Congress of Egyptologists. Florence Egyptian Museum, Florence, 23-30 August 2015, Oxford 2017, S. 437-440

—, Warenaustausch im Ägypten des Alten Reiches, in: JESHO 28, 1985, S. 121-168

MUHS, BRIAN, The Ancient Egyptian Economy 3000-30 BCE, Cambridge 2016

—, Money, Taxes, and Maritime Trade in Late Period Egypt, in: ROBINSON, DAMIAN / GODDIO, FRANCK (Hrsg.), Thonis-Heracleion in Context, Oxford 2015, S. 91-99

MUMFORD, G[REGORY]., Egypto-Levantine Relations During the Iron Age to Early Persian Periods (Dynasties Late 20 to 26), in: SCHNEIDER, THOMAS / SZPAKOWSKA, KASIA (Hrsg.), Egyptian Stories. A British Egyptological Tribute to Alan B. Lloyd on the Occasion of His Retirement, Münster 2007, S. 225-288

—, Tell Ras Budran (Site 345): Defining Egypt's Eastern Frontier and Mining Operations in South Sinai during the Late Old Kingdom (Early EB IV/MB I), in: BASOR 342, 2006, S. 13-67

MUMFORD, GREGORY D. / PARCAK, SARAH, Pharaonic Ventures into South Sinai: El-Markha Plain Site 346, in: JEA 89, 2003, S. 83-116

MURRAY, MARY ANNE, Cereal Production and Processing, in: NICHOLSON, PAUL T. / SHAW, IAN (Hrsg.), Ancient Egyptian Materials and Technology, Cambridge 2000, S. 505-536

—, Fruits, Vegetables, Pulses and Condiments, in: NICHOLSON, PAUL T. / SHAW, IAN (Hrsg.), Ancient Egyptian Materials and Technology, Cambridge 2000, S. 609-655

—, Questions of continuity: Fodder and Fuel Use in Bronze Age Egypt, in: FAIRBAIRN, ANDREW S. / WEISS, EHUD (Hrsg.), From Foragers to Farmers. Papers in Honour of Gordon C. Hillman, Oxford 2009, S. 254-267

MURRAY, MARY ANNE / BOULTON, NEIL / HERON, CARL, Viticulture and Wine Production, in: NICHOLSON, PAUL T. / SHAW, IAN (Hrsg.), Ancient Egyptian Materials and Technology, Cambridge 2000, S. 577-608

MUSACCHIO, TRACY, An Unpublished Stela from Dendera dating to the Eleventh Dynasty, in: HAWASS, ZAHI / WEGNER, JENNIFER HOUSER (Hrsg.), Millions of Jubilees. Studies in Honor of David P. Silverman, Bd. 2, Kairo 2010, S. 1-12

MYNÁŘOVÁ, JANA, Egypt Among the Great Powers and its Relations to the Neighboring Vassal Kingdoms in the Southern Levant According to the Written Evidence. Thutmose III and Amarna, in: EDER, BIRGITTA / PRUZSINSZKY, REGINE (Hrsg.), Policies of Exchange. Political Systems and

Modes of Interaction in the Aegean and the Near East in the 2nd Millennium B.C.E., Wien 2015, S. 157-165

NÄSER, CLAUDIA, Nomads at the Nile: Towards an Archaeology of Interaction, in: BARNARD, HANS / DUISTERMAAT, KIM (Hrsg.), The History of the Peoples of the Eastern Desert, Los Angeles 2012, S. 80-89

NAVILLE, EDOUARD, The Temple of Deir el Bahari, III, London 1898

NEGRO, GIANCARLO / CAMMELLI, MASSIMO, The Flint Quarries of Wadi El Sheikh (Eastern Desert of Egypt), in: Sahara 21, 2010, S. 107-116

NERLICH, ANDREAS G. / ZINK, ALBERT, Anthropological and Palaeopathological Analysis of Human Remains in the Theban Necropolis: A comparative Study on Three 'Tombs of the Nobles', in: STRUDWICK, NIGEL / TAYLOR, JOHN H. (Hrsg.), The Theban Necropolis. Past, Present and Future, London 2003, S. 218-228

NEUFELD, EDWARD, Apiculture in Ancient Palestine (Early and Middle Iron Age) within the Framework of the Ancient Near East, in: Ugarit-Forschungen 10, 1978, S. 219-247

NEWBERRY, PERCY E., Beni Hasan, I, London 1893

—, El Bersheh I. (The Tomb of Tehuti-Hetep), London 1895

NICHOLSON, PAUL T., Brilliant Things for Akhenaten. The Production of Glass, Vitreous Materials and Pottery at Amarna Site O45.1, London 2007

—, The Pottery Workshop at Q48.4 at Tell el-Amarna, in: CCE 3, 1992, S. 61-70

NICHOLSON, PAUL / HENDERSON, JULIAN, Glass, in: NICHOLSON, PAUL T. / SHAW, IAN (Hrsg.), Ancient Egyptian Materials and Technology, Cambridge 2000, S. 195-224

NICHOLSON, PAUL T. / PELTENBURG, EDGAR, Egyptian Faience, in: NICHOLSON, PAUL T. / SHAW, IAN (Hrsg.), Ancient Egyptian Materials and Technology, Cambridge 2000, S. 177-194

NICOLET-PIERRE, HÉLÈNE, Les monnaies en Égypte avant Alexandre, in: DUYRAT, FRÉDÉRIC / PICARD, OLIVIER (Hrsg.), L'exception égyptienne? Production et échanges monétaires en Égypte hellénistique et romaine, Kairo 2005, S. 7-16

NOLAN, JOHN S., The Original Lunar Calendar and Cattle Counts in Old Kingdom Egypt, in: BICKEL, SUSANNE / LOPRIENO, ANTONIO (Hrsg.), Basel Egyptology Prize 1. Junior Research in Egyptian History, Archaeology, and Philology, Basel 2003, S. 75-97

NUTZ, RAINER, Ägyptens wirtschaftliche Grundlagen in der Mittleren Bronzezeit, Oxford 2014

NUZZOLO, MASSIMILIANO, Rezension zu Papazian, H., Domain of the Pharaoh. The Structure and Components of the Economy of Old Kingdom Egypt, Hildesheim 2012, in: BiOr 73, 2016, Sp. 696-706

O'CONNOR, DAVID, The Old Kingdom Town at Buhen, London 2014

OGDEN, JACK, Metals, in: NICHOLSON, PAUL T. / SHAW, IAN (Hrsg.), Ancient Egyptian Materials and Technology, Cambridge 2000, S. 148-176

ONASCH, HANS-ULRICH, Die assyrischen Eroberungen Ägyptens, 2 Bde., Wiesbaden 1994

OREN, ELIEZER D., The "Ways of Horus" in North Sinai, in: RAINEY, ANSON F. (Hrsg.), Egypt, Israel, Sinai. Archaeological and Historical Relationships in the Biblical Period, Tel Aviv 1987, S. 69-119

PADGHAM, KEITH, The Scale and Nature of the Late Bronze Age Economies of Egypt and Cyprus, Oxford 2014

PANAGIOTOPOULOS, DIAMANTIS, Foreigners in Egypt in the Time of Hatshepsut and Thutmose III, in: CLINE, ERIC H. / O'CONNOR, DAVID (Hrsg.), Thutmose III. A New Biography, Ann Arbor 2006, S. 370-412

—, Tributabgaben und Huldigungsgeschenke aus der Levante. Die ägyptische Nordexpansion in der 18. Dynastie aus strukturgeschichtlicher Sicht, in: Ä&L 10, 2000, S. 139-158

—, Ein ungewöhnlicher Besuch. Überlegungen zu einem thebanischen Ereignisbild, in: HOFMANN, TOBIAS / STURM, ALEXANDRA (Hrsg.), Menschenbilder – Bildermenschen. Kunst und Kultur im Alten Ägypten, Norderstedt 2003, S. 133-143

PANTALACCI, LAURE / LESUR, JOSÉPHINE, Élevage et consommation de viande à Balat (oasis de Dakhla). Fin de l'Ancien Empire – Première Période intermédiaire, in: BIFAO 112, 2012, S. 291-315

PAPAZIAN, HRATCH, The Central Administration of the Resources in the Old Kingdom: Departments, Treasuries, Granaries and Work Centers, in: MORENO GARCÍA, JUAN CARLOS (Hrsg.), Ancient Egyptian Administration, Leiden-Boston 2013, S. 41-83

—, Domain of Pharaoh. The Structure and Components of the Economy of Old Kingdom Egypt, Hildesheim 2012

—, The Temple of Ptah and Economic Contacts Between Memphite Cult Centers in the Fifth Dynasty, in: DOLIŃSKA, MONIKA / BEINLICH, HORST

(Hrsg.), 8. Ägyptologische Tempeltagung: Interconnections Between Temples. Warschau, 22.-25. September 2008, Wiesbaden 2010, S. 137-153

PARDEY, EVA, Zu einer Bedeutungsvariante von *fꜢj* „tragen“, in: WAITKUS, WOLFGANG (Hrsg.), Diener des Horus. Festschrift für Dieter Kurth zum 65. Geburtstag, Gladbeck 2008, S. 175-202

PARKINSON, R. B., The Tale of the Eloquent Peasant: A Reader's Commentary, Hamburg 2012

PARKINSON, RICHARD / QUIRKE, STEPHEN, Papyrus, London 1995

PARTRIDGE, ROBERT, Transport in Ancient Egypt, London 1996

PAWLIK, ALFRED F., Exkursionen zu den Silex-Bergbaurevieren im Wadi el-Scheich bei el-Hiba, in: GM 177, 2000, S. 49-56

PAYRAUDEAU, FRÉDÉRIC, Administration, société et pouvoir à Thèbes sous la XXIIe dynastie bubastide, 2 Bde., Kairo 2014

—, Ioufâa, un gouverneur de Thèbes sous la XXII dynastie, in: BIFAO 105, 2005, S. 197-210

PEET, T. ERIC, A Historical Document of Ramesside Age, in: JEA 10, 1924, S. 116-127

—, The Unit of Value *šꜥty* in Papyrus Bulaq 11, in: Mélanges Maspero I, Kairo 1935-1938, S. 185-199

PEREZ LARGACHA, ANTONIO, Some Reflections on Trade Relations between Egypt and Palestine (IV-III Millenia), in: GM 145, 1995, S. 83-94

PERRY, DOMINIC, Requisition Economics in Provincial Centres and Abusir in the Old Kingdom, in: BÁRTA, MIROSLAV / COPPENS, FILIP / KREJČÍ, JAROMÍR (Hrsg.), Abusir and Saqqara in the Year 2015, Prag 2017, S. 331-343

PESTMAN, P. W., Les papyrus démotiques de Tsenhor (P. Tsenhor), Löwen 1994

PETERS-DESTÉRACT, MADELEINE, Pain, bière et toutes bonnes choses… L'alimentation dans l'Égypte ancienne, Monaco 2005

PETRIE, W. M. FLINDERS, Illahun, Kahun and Gurob. 1889-90, London 1891

—, Naukratis, Part I, 1884-5, London 1886

PFEIFFER, STEFAN, Naukratis, Heracleion-Thonis and Alexandria – Remarks on the Presence and Trade Activities of Greeks in the North-West Delta from the Seventh Century BC to the End of the Fourth Century BC, in: ROBINSON, DAMIAN / WILSON, ANDREW (Hrsg.), Alexandria and the North-Western Delta, Oxford 2010, S. 15-24

PHILLIPS, JACKE, Egyptian Amethyst in Mycenaean Greece, in: KOUSOULIS, P. / LAZARIDIS, N. (Hrsg.), Proceedings of the Tenth International Congress of Egyptologists. University of the Aegean, Rhodes 22-29 May 2008, II, Leuven-Paris-Bristol, CT 2015, S. 2057-2070

PHILLIPS, JACQUELINE, Aegyptiaca on the Island of Crete in their Chronological Context: A Critical Review, 2 Bde., Wien 2008

PIERRAT-BONNEFOIS, GENEVIÈVE, Les échanges entre l'Égypte et le Proche-Orient, in: MORFOISSE, FLEUR / ANDREU-LANOË, GUILLEMETTE (Hrsg.), Sésostris III. Pharaon de légende, Gent 2014, S. 170-181

PINO, CRISTINA, The Market Scene in the Tomb of Khaemhat (TT57), in: JEA 91, 2005, S. 95-105

PISCHILOVA (sic), E. V., "Mistakes" in the Representation of Objects in Saite Reliefs of Daily Life, in: GM 139, 1994, S. 69-92

POLZ, DANIEL, Die *šnᶜ*-Vorsteher des Neuen Reiches, in: ZÄS 117, 1990, S. 43-60

POMEY, PATRICE, Ship Remains at Ayn Soukhna, in: TALLET, PIERRE / MAHFOUZ, EL-SAYED (Hrsg.), The Red Sea in Pharaonic Times. Recent Discoveries along the Red Sea Coast, Kairo 2012, S. 35-52

POMMERENING, TANJA, Die altägyptischen Hohlmaße, Hamburg 2005

PORTEN, BEZALEL / YARDENI, ADA, Textbook of Aramaic Documents from Ancient Egypt, Bd. 3, Literature•Accounts•Lists, Winona Lake 1993

POSENER, GEORGES, Les douanes de la Méditerranée dans l'Égypte saïte, in: Revue de philologie, de littérature et d'histoire anciennes 3. Sér. 21, 1947, S. 117-131

POSENER-KRIÉGER, PAULE, Les archives du temple funéraire de Néferirkarê-Kakaï (Les papyrus d'Abousir). Traduction et commentaire, 2 Bde., Kairo 1976

—, Les mesures des étoffes à l'Ancien Empire, in: RdE 29, 1977, S. 86-96

POSENER-KRIÉGER†, PAULE / VERNER, MIROSLAV / VYMAZALOVÁ, HANA, Abusir X. The Pyramid Complex of Raneferef. The Papyrus Archive, Prag 2006

PRELL, SILVIA, A Glimpse into the Workshops of the Chariotry of Qantir-Piramesse – Stone and Metal Tools of Site Q 1, in: VELDMEIJER, ANDRÉ J. / IKRAM, SALIMA (Hrsg.), Chasing Chariots. Proceedings of the First International Chariot Conference (Cairo 2012), Leiden 2013, S. 157-174

PRESSL, DIANA ALEXANDRA, Beamte und Soldaten. Die Verwaltung in der 26. Dynastie in Ägypten (664-525 v. Chr.), Frankfurt 1998

PRICE, MARTIN / WAGGONER, NANCY, Archaic Greek Coinage. The Asyut Hoard, London 1975

PUSCH, EDGAR B., Divergierende Verfahren der Metallverarbeitung in Theben und Qantir? Bemerkungen zu Konstruktion und Technik, in: Ä&L 4, 1994, S. 145-170

—, High Temperature Industries in the Late Bronze Age Capital Piramesse (Qantir): II. A Quasi-Industrial Bronze Factory Installations, Tools and Artifacts, in: ESMAEL, FEISAL A. (Hrsg.), Proceedings of the First International Conference on Ancient Egyptian Mining & Metallurgy and Conservation of Metallic Artifacts, Cairo, Egypt 10-12 April 1995, Kairo [1997], S. 121-132

—, Metallverarbeitende Werkstätten der frühen Ramessidenzeit in Qantir-Piramesse/Nord, in: Ä&L 1, 1990, S. 75-113

PUSCH, EDGAR B. / REHREN, THILO, Hochtemperatur-Technologie in der Ramses-Stadt. Rubinglas für den Pharao, 2 Bde., Hildesheim 2007

QUACK, JOACHIM FRIEDRICH, Rezension zu David A. Warburton, State and Economy in Ancient Egypt. Fiscal Vocabulary of the New Kingdom, Freiburg-Göttingen 1997, in: WdO 29, 1998, S. 174-177

—, Zur Frage der botanischen Natur des *bꜣḳ*-Baumes und des von ihm gewonnenen Öls mit einem Anhang: pBM 10085 „2-3“ rekto. Ein schnippischer Dialog zwischen Mann und Frau?, in: LANDGRÁFOVÁ, RENATA / MYNÁŘOVÁ, JANA (Hrsg.), Rich and Great. Studies in Honour of Anthony J. Spalinger on the Occasion of his 70th Feast of Thoth, Prag 2016, S. 275-290

QUIRKE, STEPHEN, The Administration of Egypt in the Late Middle Kingdom. The Hieratic Documents, New Malden 1990

—, Titles and Bureaux of Egypt 1850-1700 BC, London 2004

RATHBONE, D. W., Villages, Land and Population in Graeco-Roman Egypt, in: Proceedings of the Cambridge Philological Society 216, 1990, S. 103-142

REDDING, RICHARD W., Egyptian Old Kingdom Patterns of Animal Use and the Value of Faunal Data in Modeling Socioeconomic Systems, in: Paléorient 18, 1992, S. 99-107

—, Status and Diet at the Workers' Town, Giza, Egypt, in: CAMPANA, DOUGLAS V. ET ALII (Hrsg.), Anthropological Approaches to Zooarchaeology: Complexity, Colonialism, and Animal Transformations, Oxford 2010, S. 65-75

—, A Tale of Two Sites: Old Kingdom Subsistence Economy and the Infrastructure of Pyramid Construction, in: DE CUPERE, BEA / LINSEELE, VEERLE / HAMILTON-DYER, SHEILA (Hrsg.), Archaeozoology of the Near East X. Proceedings of the Tenth International Symposium on the Archaeozoology of South-Western Asia and Adjacent Areas, Leuven-Paris-Walpole, MA 2013, S. 307-322

—, The Vertebrate Fauna from the Excavations at Kom el-Hisn, Giza, and Other Sites, in: WENKE, ROBERT J. / REDDING, RICHARD W. / CAGLE, ANTHONY J. (Hrsg.), Kom el-Hisn (ca. 2500-1900 BC). An Ancient Settlement in the Nile Delta of Egypt, Atlanta 2016, S. 139-203

REDFORD, D. B., Studies in Relation between Palestine and Egypt during the First Millennium B.C. I. The Taxation System of Solomon, in: WEVERS, J. W. / REDFORD, D. B. (Hrsg.), Studies on the Ancient Palestinian World Presented to Professor F. V. Winnett on the Occasion of his Retirement 1 July 1971, Toronto 1972, S. 141-156

RÉGEN, ISABELLE / SOUKIASSIAN, GEORGES, Gebel el-Zeit II. Le matériel inscrit, Kairo 2008

REHREN, THILO, Rezension zu P. T. Nicholson, Brilliant Things for Akhenaten. The Production of Glass, Vitreous Materials and Pottery at Amarna Site O45.1, London 2007, in: BiOr 70, 2013, Sp. 104-108

REHREN, THILO / PUSCH, EDGAR B., Alloying and Resource Management in New Kingdom Egypt: the Bronze Industry at Qantir –Pi-Ramesse and its Relationship to Egyptian Copper Sources, in: KASSIANIDOU, VASILIKI / PAPASAVVAS, GEORGE (Hrsg.), Eastern Mediterranean Metallurgy and Metalwork in the Second Millennium BC, Oxford 2012, S. 215-221

REINEKE, WALTER F., Waren die *šwtjw* wirklich Kaufleute?, in: AoF 6, 1979, S. 5-14

REISER, ELFRIEDE, Der königliche Harim im alten Ägypten und seine Verwaltung, Wien 1972

RICHARDSON, SETH, Libya Domestica: Libyan Trade and Society on the Eve of the Invasions of Egypt, in: JARCE 36, 1999, S. 149-164

RICKE, HERBERT, Der Geflügelhof des Amon in Karnak, in: ZÄS 73, 1937, S. 124-131

RITNER, ROBERT K., The Libyan Anarchy. Inscriptions from Egypt's Third Intermediate Period, Atlanta 2009

ROBINS, GAY, Women in Ancient Egypt, London 1993

RÖMER, MALTE, Die Aussagekraft der Quellen für das Studium ägyptischer Wirtschaft und Verwaltung, in: ZÄS 134, 2007, S. 66-106

—, Gold / Silber / Kupfer – Geld oder nicht? Die Bedeutung der drei Metalle als allgemeine Äquivalente im Neuen Reich mit einem Anhang zu den Geldtheorien der Volkswirtschaftslehre, in: SAK 26, 1998, S. 119-142

—, Gottes- und Priesterherrschaft in Ägypten am Ende des Neuen Reiches, Wiesbaden 1994

—, Der Handel und die Kaufleute im Alten Ägypten, in: SAK 19, 1992, S. 257-284

—, Rezension zu Brian Muhs, The Ancient Egyptian Economy 3000-30 BCE, Cambridge 2016 in: JNES 77, 2018, S. 136-144

—, Staat und Wirtschaft im Alten Ägypten, in: OrNS 69, 2000, S. 407-429

ROSSEL, STINE, The Development of Productive Subsistence Economies in the Nile Valley: Zooarchaeological Analysis at el-Mahasna and South Abydos, Upper Egypt, Ann Arbor 2008

—, Food for the Dead, the Priest, and the Mayor: Looking for Status and Identity in the Middle Kingdom Settlement at South Abydos, Egypt, in: JONES O'DAY, SHARYN / VAN NEER, WIM / ERVYNCK, ANTON (Hrsg.), Behaviour Behind Bones. The Zooarchaeology of Ritual, Religion, Status and Identity, Oxford 2004, S. 198-202

ROTHENBERG, BENO, Copper Smelting Furnaces, Tuyeres, Slags, Ingot-Moulds and Ingots in the Arabah: The Archaeological Data, in: DERS. (Hrsg.), The Ancient Metallurgy of Copper. Archaeology-Experiment-Theory, London 1990, S. 1-77

ROTTLÄNDER, ROLF, Laborbericht, in: ASTON, DAVID A. / BIETAK, MANFRED, Tell el-Dabᶜa VIII. The Classification and Chronology of Tell el-Yahudiya Ware, Wien 2012, S. 621-624

ROUTLEDGE, BRUCE, A Fishy Business: The Inland Trade in Nile Perch (*Lates niloticus*) in the Early Iron Age Levant, in: HARRISON, TIMOTHY P. / BANNING, EDWARD B. / KLASSEN, STANLEY (Hrsg.), Walls of the Prince:

Egyptian Interactions with Southwest Asia in Antiquity. Essays in Honour of John S. Holladay, Jr., Leiden-Boston 2015, S. 212-233
ROY, JANE, The Politics of Trade. Egypt and Lower Nubia in the 4th Millennium BC, Leiden-Boston 2011
RYHOLT, K. S. B., The Political Situation in Egypt During the Second Intermediate Period c. 1800-1550 B.C., Kopenhagen 1997
SÄVE-SÖDERBERGH, TORGNY, Four Eighteenth Dynasty Tombs, Oxford 1957
—, Middle Nubian Sites, 2 Bde., Partille 1989
SAHRHAGE, DIETRICH, Fischfang und Fischkult im alten Ägypten, Mainz 1998
SAID, RUSHDI, The River Nile. Geology, Hydrology and Utilization, Oxford 1993
SAMUEL, DELWEN, Brewing and Baking, in: NICHOLSON, PAUL T. / SHAW, IAN (Hrsg.), Ancient Egyptian Materials and Technology, Cambridge 2000, S. 537-576
SAUVAGE, CAROLINE, Evidence from Old Texts: Aspects of Late Bronze Age International Maritime Travel and Trade Regulations in the Eastern Mediterranean?, in: DUISTERMAAT, KIM / REGULSKI, ILONA (Hrsg.), Intercultural Contacts in the Ancient Mediterranean, Leuven-Paris-Walpole, MA 2011, S.427-437
—, Quelques figures de commerçants d'après les textes égyptiens et ougaritiques au Bronze Récent, in: CLANCIER, PH. ET ALII (Hrsg.), Autour de Polanyi. Vocabulaires, theories et modalités des échanges. Nanterre, 12-14 juin 2004, Paris 2005, S. 155-170
SAYED, ABDEL MONEM A. H., Discovery of the Site of the 12th Dynasty Port at Wadi Gawasis on the Red Sea Shore, in: RdE 29, 1977, S. 138-178
SCHEEL, BERND, Studien zum Metallhandwerk im Alten Ägypten I. Handlungen und Beischriften in den Bildprogrammen der Gräber des Alten Reiches, in: SAK 12, 1985, S. 117-177
—, Studien zum Metallhandwerk im Alten Ägypten II. Handlungen und Beischriften in den Bildprogrammen der Gräber des Mittleren Reiches, in: SAK 13, 1986, S. 181-205
—, Studien zum Metallhandwerk im Alten Ägypten III. Handlungen und Beischriften in den Bildprogrammen der Gräber des Neuen Reiches und der Spätzeit, in: SAK 14, 1987, S. 247-264

SCHEIDEL, WALTER, Death on the Nile. Disease & the Demography of Roman Egypt, Leiden 2001

SCHENKEL, WOLFGANG, Die Bewässerungsrevolution im alten Ägypten, Mainz 1978

—, Kanal, in: LÄ III, Wiesbaden 1980, Sp. 310-312

—, Memphis – Herakleopolis – Theben, Wiesbaden 1965

SCHENTULEIT, MAREN, Rezension zu Brian Muhs, The Ancient Egyptian Economy 3000-30 BCE, Cambridge 2016 in: OLZ 113, 2018, S. 314-318

SCHILLER, BIRGIT, On the Administration and Organization of Harbors in the New Kingdom, in: JSSEA 39, 2012-13, S. 211-217

SCHIPPER, BERND U[LRICH], Die Erzählung des Wenamun. Ein Literaturwerk im Spannungsfeld von Politik, Geschichte und Religion, Fribourg-Göttingen 2005

—, Israel und Ägypten in der Königszeit, Freiburg/Schweiz-Göttingen 1999

SCHLICK-NOLTE, BIRGIT, Ägyptische Fayence und Ägyptisch Blau im Alten Ägypten, in: BUSZ, RALF / GERCKE, PETER (Hrsg.), Türkis und Azur. Quarzkeramik im Orient und Okzident, Kassel 1999, S. 12-51

SCHLOEN, J. DAVID, The House of the Father as Fact and Symbol. Patrimonialism in Ugarit and the Ancient Near East, Winona Lake, Indiana 2001

SCHLOTT-SCHWAB, ADELHEID, Die Ausmaße Ägyptens nach altägyptischen Texten, Wiesbaden 1981

SCHOTT, ERIKA, Die Titel der Metallarbeiter, in: GM 4, 1973, S. 29-34

SCHOTT, SIEGFRIED, Kanais. Der Tempel Sethos I. im Wâdi Mia, Göttingen 1961

SCHULZE, MARIE / LEHMANN, ROBERT, Alte und neue Analyseverfahren an den Bronzen des Museum August Kestner und was sie uns verraten, in: FITZENREITER, MARTIN ET ALII (Hrsg.), Gegossene Götter. Metallhandwerk und Massenproduktion im Alten Ägypten, Rahden 2014, S. 133-154

SCHWARZ, STEPHANIE, Altägyptisches Lederhandwerk, Frankfurt 2000

SEIDLMAYER, STEPHAN JOHANNES, Die Felsinschrift des Vorstehers von Unterägypten, Dedusobek in Aswân, in: FISCHER-ELFERT, HANS-WERNER / PARKINSON, RICHARD B. (Hrsg.), Studies on the Middle Kingdom in Memory of Detlef Franke, Wiesbaden 2013, S. 201-209

—, Gaben und Abgaben im Ägypten des Alten Reiches, in: KLINKOTT, H. / KUBISCH, S. / MÜLLER-WOLLERMANN, R. (Hrsg.), Geschenke und Steuern,

Zölle und Tribute. Antike Abgabenformen in Anspruch und Wirklichkeit, Leiden-Boston 2007, S. 31-63
—, Historische und moderne Nilstände, Berlin 2001
—, Nekropole, Keramikwerkstatt und königliche Anlage in der Nordweststadt, in: MDAIK 38, 1982, S. 284-306
—, Pharao setzt die Grenzen, Berlin 1999
SERPICO, MARGARET, The Contents of Jars in Hatshepsut's Foundation Deposit at Deir el-Bahari and their Significance for Trade, in: ASTON, DAVID ET ALII (Hrsg.), Under the Potter's Tree. Studies on Ancient Egypt Presented to Janine Bourriau on the Occasion of her 70th Birthday, Leuven-Paris-Walpole, MA 2011, S. 843-883
SERPICO, MARGARET / WHITE, RAYMOND, The Botanical Identity and Transport of Incense during the Egyptian New Kingdom, in: Antiquity 74, 2000, S. 884-897
SEYFRIED, KARL-JOACHIM, Beiträge zu den Expeditionen des Mittleren Reiches in die Ost-Wüste, Hildesheim 1981
SHAW, IAN, Hatnub: Quarrying Travertine in Ancient Egypt, London 2010
—, Khafra's Quarries in the Sahara, in: EA 16, 2000, S. 28-30
—, Life on the Edge: Gemstones, Politics and Stress in the Deserts of Egypt and Nubia, in: FRIEDMAN, RENÉE (Hrsg.), Egypt and Nubia. Gifts of the Desert, London 2002, S. 244-251
SHAW, IAN / HELDAL, TOM, Rescue Work in the Khafra Quarries at Gebel el-Asr, in: EA 23, 2003, S. 14-16
SHAW, IAN ET ALII, Quarrying and Landscape at Gebel el-Asr in the Old and Middle Kingdoms, in: RAFFAELE, FRANCESCO / NUZZOLO, MASSIMILIANO / INCORDINO, ILARIA (Hrsg.), Recent Discoveries and Latest Researches in Egyptology, Wiesbaden 2010, S. 293-312
SHIRLEY, JJ, The Life and Career of Nebamun, the Physician of the King in Thebes, in: HAWASS, ZAHI A. / RICHARDS, JANET (Hrsg.), The Archaeology and Art of Ancient Egypt. Essays in Honor of David B. O'Connor, Bd. II, Kairo 2007, S. 395-416
SHORTLAND, A[NDREW] J., Application of Lead Isotope Analysis to a Wide Range of Late Bronze Age Egyptian Materials, in: Archaeometry 48, 2006, S. 657-669
—, Vitreous Materials at Amarna. The production of glass and faience in 18th Dynasty Egypt, Oxford 2000

SIMPSON, WILLIAM KELLY, Heka-nefer and the Dynastic Material from Toshka and Arminna, New Haven-Philadelphia 1963
—, Papyrus Reisner I, Boston 1963
—, Papyrus Reisner II, Boston 1965
ŚLIWA, JOACHIM, Die Siedlung des Mittleren Reiches bei Qasr el-Sagha, in: MDAIK 48, 1992, S. 177-191
—, Studies in Ancient Egyptian Handicraft. Woodworking, Krakau 1975
SMITH, STUART TYSON, Askut in Nubia. The Economics and Ideology of Egyptian Imperialism in the Second Millennium B.C., London-New York 1995
SMITH, VANESSA [E.], Food Fit for the Soul of a Pharaoh. The Mortuary Temple's Bakeries and Breweries, in: Expedition 48(2), 2006, S. 27-30
—, Modeling the Mechanics of Temple Production in the Middle Kingdom: An Investigation of the Shena of Divine Offerings Adjacent to the Mortuary Temple of Senwosret III at Abydos, Egypt, Ann Arbor 2011
SMITHER, PAUL C., The Semnah Despatches, in: JEA 31, 1945, S. 3-10
—, A Tax Assessor's Journal of the Middle Kingdom, in: JEA 27, 1941, S. 74-76
SMOLÁRIKOVÁ, KVĚTA, Abusir VII. Greek Imports in Egypt. Graeco-Egyptian Relations during the First Millennium B.C., Prag 2002
SNAPE, STEVEN [R.], Walls, Wells and Wandering Merchants: Egyptian Control of Marmarica in the Late Bronze Age, in: EYRE, C. J. (Hrsg.), Proceedings of the Seventh International Congress of Egyptologists Cambridge, 3-9 September 1995, Löwen 1998, S. 1081-1084
—, Zawiyet Umm el-Rakham and Egyptian Foreign Trade in the 13th Century BC, in: STAMPOLIDIS, NICHOLAS CHR. / KARAGEORGHIS, VASSOS (Hrsg.), Πλοες… Sea Routes… Interconnections in the Mediterranean 16th-6th c. BC, Athen 2003, S. 63-70
SNODGRASS, A. M., Bronze Age Exchange: A Minimalist Position, in: GALE, N. H. (Hrsg.), Bronze Age Trade in the Mediterranean, Jonsered 1991, S. 15-20
SOUKIASSIAN, GEORGES / WUTTMANN, MICHEL, / PANTALACCI, LAURE, Les ateliers de potiers d' ᶜAyn-Aṣīl, Kairo 1990
SOUKIASSIAN, GEORGES / WUTTMANN, MICHEL / PANTALACCI, LAURE, Le palais des gouverneurs de l'époque de Pépy II. Les sanctuaires de ka et leurs dépendances, Kairo 2002

Spalinger, Anthony, From Local to Global: The Extension of an Egyptian Bureaucratic Term to the Empire, in: SAK 23, 1996, S. 353-376

—, Praise God and Pay the Priests, in: Ä&L 7, 1998, S. 43-57

Spence, Kate et alii, Fieldwork at Sesebi, 2009, in: Sudan & Nubia 13, 2009, S. 38-46

Spencer, A .J., Brick Architecture in Ancient Egypt, Warminster 1979

Steinmann, Frank, Noch einmal zum „Geflügelhirt“, in: GM 120, 1991, S. 101-107

—, Untersuchungen zu den in der handwerklich-künstlerischen Produktion beschäftigten Personen und Berufsgruppen des Neuen Reichs, in: ZÄS 107, 1980, S. 137-157

—, Untersuchungen zu den in der handwerklich-künstlerischen Produktion beschäftigten Personen und Bcrufsgruppen des Neuen Reichs, in: ZÄS 109, 1982, S. 66-72, 149-156

—, Untersuchungen zu den in der handwerklich-künstlerischen Produktion beschäftigten Personen und Berufsgruppen des Neuen Reichs, in: ZÄS 111, 1984, S. 30-40

—, Untersuchungen zu den in der handwerklich-künstlerischen Produktion beschäftigten Personen und Berufsgruppen des Neuen Reichs, in: ZÄS 118, 1991, S. 149-161

Stevens, Anna, Akhenaten’s Workers: The Amarna Stone Village Survey, 2005-9, 2 Bde., London 2012

Strudwick, Nigel, The Tomb of Pharaoh’s Chancellor Senneferi at Thebes (TT99). I: The New Kingdom, Oxford 2016

Stučevskij, I. A., Zemledel’cy gosudarstvennogo chozjajstva drevnego Egipta epochi Ramessidov, Moskau 1982

Sullivan, Elaine A., A Glimpse into Ancient Thebes. Excavations at South Karnak (2004-2006), Oxford 2013

Swinton, Joyce, The Management of Estates and their Resources in the Egyptian Old Kingdom, Oxford 2012

Szpakowska, Kasia, Daily Life in Ancient Egypt. Recreating Lahun, Malden, MA u.a. 2008

Tallet, Pierre, Une boisson destinée aux élites: le vin en Égypte ancienne, in: Leclant, Jean / Vauchez, André / Sartre, Maurice (Hrsg.), Colloque pratiques et discours alimentaires en Méditerranée de l’Antiquité à la Renaissance, Paris 2008, S. 39-51

—, Notes sur la zone minière du Sud-Sinaï au Nouvel Empire, in: BIFAO 103, 2003, S. 459-486

—, Les oliveraies du pharaon au Nouvel Empire, in: MENU, BERNADETTE (Hrsg.), La dependence rurale dans l'Antiquité égyptienne et proche-orientale, Kairo 2004, S. 53-75

—, Quelques aspects de l'économie du vin en Égypte ancienne, au Nouvel Empire, in: GRIMAL, NICOLAS / MENU, BERNADETTE (Hrsg.), Le commerce en Égypte ancienne, Kairo 1998, S. 241-267

—, La zone minière pharaonique du Sud-Sinaï – III. Les expéditions égyptiennes dans la zone minière du Sud-Sinaï du prédynastique à la fin de la XXe dynastie, Kairo 2018

TALLET, P. / CASTEL, G. / FLUZIN, P., Metallurgical Sites of South Sinai (Egypt) in the Pharaonic Area: New Discoveries, in: Paléorient 37, 2011, S. 79-89

TALLET, PIERRE / MAHFOUZ, EL-SAYED (Hrsg.), The Red Sea in Pharaonic Times. Recent Discoveries along the Red Sea Coast, Kairo 2012

TATA, GIOVANNI, The Development of the Egyptian Textile Industry, Diss. University of Utah 1986

TEETER, EMILY, Techniques and Terminology of Rope-Making in Ancient Egypt, in: JEA 73, 1987, S, 71-77

THOMAS, ANGELA P., Gurob: A New Kingdom Town, Bd. 1, Warminster 1981

TITE, M. S. / SHORTLAND, A. J., Production Technology of Faience and Related Early Vitreous Materials, Oxford 2008

TOIVARI-VIITALA, JAANA, Workmen's Huts in the Theban Mountains Project, in: DIES. / VARTIAINEN, TURO / UVANTO, SAARA (Hrsg.), Deir el-Medina Studies. Helsinki June 24-26, 2009 Proceedings, [Helsinki] 2014, S. 191-198

TRAUNECKER, CLAUDE, Amenhotep IV. Percepteur royal du Disque, in: Akhénaton et l'époque amarnienne, Paris 2005, S. 145-182

—, Les «temples hauts» de Basse Époque. Un aspect du fonctionnement économique des temples, in: RdE 38, 1987, S. 147-162

TRAUNECKER, CLAUDE UND FRANÇOISE, Sur la salle dite „du couronnement“ à Tell-el-Amarna, in: BSEG 9-10, 1984-85, S. 285-307

TRESSON, PAUL, L'inscription de Chechanq Ier, au Musée du Caire: un frappant exemple d'impôt progressif en matière religieuse, in: Mélanges Maspero, I, 2, Kairo 1935-38, S. 817-840

—, Sur deux monuments égyptiens inédits de l'époque d'Amasis et de Nectanébo Ier, in: Kêmi 4, 1931-33, S. 126-150

TRISTANT, YANN, Nouvelles découvertes dans le désert Oriental. Le ouadi Araba de la préhistoire à l'époque copte, in: BSFE 182, 2012, S. 33-53

VACHALA, BŘETISLAV, A Note on Prices of Oxen in Dynasty V, in: ZÄS 114, 1987, S. 91-95

VALBELLE, DOMINIQUE, Eléments sur la démographie et le paysage urbains, d'après les papyrus documentaires d'époque pharaonique, in: CRIPEL 7, 1985, S. 75-87

—, "Les ouvriers de la Tombe". Deir el-Médineh à l'époque ramesside, Kairo 1985

—, Les recensements dans l'Egypte pharaonique des troisième et deuxième millénaires, in: CRIPEL 9, 1987, S. 33-49

VAN DER WILT, ELSBETH M., Large Lead Containers from Thonis-Heracleion, Egypt: Metal Storage Vessels?, in: Anatolica 40, 2014, S. 219-231

—, The Weights of Thonis-Heracleion: Corpus, Distribution, Trade and Exchange, in: ROBINSON, DAMIAN / GODDIO, FRANCK (Hrsg.), Thonis-Heracleion in Context, Oxford 2015, S. 161-172

VAN DRIEL-MURRAY, CAROL, Leatherwork and Skin Products, in: NICHOLSON, PAUL T. / SHAW, IAN (Hrsg.), Ancient Egyptian Materials and Technology, Cambridge 2000, S. 299-319

VAN ELSBERGEN, MICHAEL JOHANNES, Fischerei im alten Ägypten. Untersuchungen zu den Fischfangdarstellungen in den Gräbern der 4. bis 6. Dynastie, Berlin 1997

VAN NEER, WIM / ERVYNCK, ANTON, Remains of Traded Fish in Archaeological Sites: Indicators of Status, or Bulk Food?, in: JONES O'DAY, SHARYN / VAN NEER, WIM / ERVYNCK, ANTON (Hrsg.), Behaviour Behind Bones. The zooarchaeology of ritual, religion, status and identity, Oxford 2004, S. 203-214

VAN NEER, WIM / WAELKENS, MARC, Fish Remains from Bronze Age to Byzantine Levels, in: POSTGATE, NICHOLAS / THOMAS, DAVID (Hrsg.), Excavations at Kilise Tepe 1994-98, Bd. 1, Cambridge 2007, S. 607-612

VAN NEER, W. ET ALII, Fish Remains from Archaeological Sites as Indicators of Former Trade Connections in the Eastern Mediterranean, in: Paléorient 30, 2004, S. 101-147

VAN RINSVELD, BERNARD, Le marché local au carrefour de l'égyptologie, de l'économie et de l'histoire. À propos d'un livre récent, in: BiOr 71, 2014, Sp. 5-29

VAN SICLEN III, CHARLES CORNELL, The Accession Date of Amenhotep III and the Jubilee, in: JNES 32, 1973, S. 290-300

—, Two Theban Monuments from the Reign of Amenhotep II, San Antonio 1982

VANTHUYNE, BART, Amarna Factories, Workshops, Faience Moulds and their Produce, in: Ä&L 22/23, 2012/2013, S. 395-429

VERCOUTTER, J[EAN], The Gold of Kush. Two Gold-Washing Stations at Faras East, in: Kush 7, 1959, S. 120-153

—, Mirgissa, I, Paris 1970

—, Les poids de Mirgissa et le „standard-cuivre" au Moyen Empire, in: ENDESFELDER, ERIKA ET ALII (Hrsg.), Ägypten und Kusch, Berlin 1977, S. 437-445

VERHOEVEN, URSULA, Eine technologische Rarität. Das Brennen von Ziegeln in der Grabdekoration des Mittleren und Neuen Reiches, in: MDAIK 43, 1987, S. 259-266

VERNER, MIROSLAV, Abusir III. The Pyramid Complex of Khentkaus, Prag 1995

—, The Discovery of a Potter's Workshop in the Pyramid Complex of Khentkaus at Abusir, in: CCE 3, 1992, S. 55-59

VERNUS, PASCAL / YOYOTTE, JEAN, Bestiaire des pharaons, Paris 2005

VÉRON ALAIN J. ET ALII, A 6000-year geochemical record of human activities from Alexandria (Egypt), in: Quaternary Science Reviews 81, 2013, S. 138-147

VILLING, ALEXANDRA, Egypt as a "Market" for Greek Pottery: Some Thoughts on Production, Consumption and Distribution in an Intercultural Environment, in: TSINGARIDA, ATHENA / VIVIERS, DIDIER (Hrsg.), Pottery Markets in the Ancient Greek World (8th-1st Centuries B.C.), Brüssel 2013, S. 73-101

VITTMANN, GÜNTER, Ägypten und die Fremden im ersten vorchristlichen Jahrtausend, Mainz 2003

—, Der demotische Papyrus Rylands 9, 2 Bde., Wiesbaden 1998

VLEEMING, S[VEN] P., The Gooseherds of Hou, Löwen 1991

—, Papyrus Reinhardt: An Egyptian Land List from the Tenth Century B.C., Berlin 1993

VOGEL, CAROLA, Ägyptische Festungen und Garnisonen bis zum Ende des Mittleren Reiches, Hildesheim 2004

VOGELSANG-EASTWOOD, GILLIAN, Die Kleider des Pharaos. Die Verwendung von Stoffen im Alten Ägypten, Hannover-Amsterdam 1995

—, Textiles, in: NICHOLSON, PAUL T. / SHAW, IAN (Hrsg.), Ancient Egyptian Materials and Technology, Cambridge 2000, S. 268-298

VOLOKHINE, YOURI, Le porc en Égypte ancienne. Mythes et histoire à l'origine des interdits alimentaires, Liège 2014

VON BOMHARD, ANNE-SOPHIE, The Decree of Saïs. The Stelae of Thonis-Heracleion and Naukratis, Oxford 2012

VON LIEVEN, ALEXANDRA, Im Schatten des Goldhauses. Berufsgeheimnis und Handwerkerinitiation im Alten Ägypten, in: SAK 36, 2007, S. 147-155

VON PILGRIM, CORNELIUS, Elephantine XVIII. Untersuchungen in der Stadt des Mittleren Reiches und der Zweiten Zwischenzeit, Mainz 1996

VYMAZALOVÁ, HANA, The Abusir Papyrus Archives and the Fifth Dynasty Royal Funerary Cults, in: DOLIŃSKA, MONIKA / BEINLICH, HORST (Hrsg.), 8. Ägyptologische Tempeltagung: Interconnections Between Temples. Warschau, 22.-25. September 2008, Wiesbaden 2010, S. 197-203

—, The Economic Connection between the Royal Cult in the Pyramid Temples and the Sun Temples in Abusir, in: STRUDWICK, NIGEL / STRUDWICK, HELEN (Hrsg.), Old Kingdom, New Perspectives. Egyptian Art and Archaeology 2750-2150 BC, Oxford 2011, S. 295-303

WACHSMANN, SHELLEY, Aegeans in the Theban Tombs, Leuven 1987

WAINWRIGHT, G. A., Meneptaḥ's Aid to the Hittites, in: JEA 46, 1960, S. 24-28

WARBURTON, DAVID ALAN, Keynes'sche Überlegungen zur altägyptischen Wirtschaft, in: ZÄS 118, 1991, S. 76-85

—, Rezension zu Brian Muhs, The Ancient Egyptian Economy 3000-30 BCE, Cambridge 2016, in: AJA 121, 2017 (www.ajaonline.org/book-review/3486)

—, State and Economy in Ancient Egypt. Fiscal Vocabulary of the New Kingdom, Freiburg/Schweiz-Göttingen 1997

WARD, WILLIAM A., Egypt and the East Mediterranean World 2200-1900 B.C., Beirut 1971

—, Some Aspects of Private Land Ownership and Inheritance in Ancient Egypt, ca. 2500-1000 B.C., in: KHALIDI, TARIF (Hrsg.), Land Tenure and Social Transformation in the Middle East, Beirut 1984, S. 63-77

WARDEN, LESLIE ANNE, Centralized Taxation during the Old Kingdom, in: DER MANUELIAN, PETER / SCHNEIDER, THOMAS (Hrsg.), Towards a New History for the Egyptian Old Kingdom. Perspectives on the Pyramid Age, Leiden-Boston 2015, S. 470-495

—, Grain as Wealth in Egypt: Field – Silos – Bread and Beer, in: NeHeT 5, 2017, S. 141-156

—, The Organization and Oversight of Potters in the Old Kingdom, in: BÁRTA, MIROSLAV / COPPENS, FILIP / KREJČÍ, JAROMIR (Hrsg.), Abusir and Saqqara in the Year 2010, Prag 2011, S. 800-819

WARREN, S. P. M., A Merchant Class in Bronze Age Crete? The Evidence of Egyptian Stone Vessels from the City of Knossos, in: GALE, N. H. (Hrsg.), Bronze Age Trade in the Mediterranean, Jonsered 1991, S. 295-301

WASMUTH, MELANIE, Ägypto-persische Herrscher- und Herrschaftspräsentation in der Achämenidenzeit, Stuttgart 2017

WEGNER, JOSEF, The Mortuary Temple of Senwosret III at Abydos, New Haven-Philadelphia 2007

—, The Organization of the Temple *Nfr-kꜣ* of Senwosret III at Abydos, in: Ä&L 10, 2000, S. 83-125

WEINSTEIN, JAMES M., Egyptian Relations with the Eastern Mediterranean World at the End of the Second Millennium BCE, in: GITIN, SEYMOUR / MAZAR, AMIHAI / STERN, EPHRAIM (Hrsg.), Mediterranean Peoples in Transition. Thirteenth to Early Tenth Centuries B.C., Jerusalem 1998, S. 188-196

WEISGERBER, GERD, Altägyptischer Hornsteinbergbau im Wadi el-Sheikh, in: Der Anschnitt 34, 1982, S. 186-210

WENDRICH, WILLEKE, The World According to Basketry. An Ethno-Archaeological Interpretation of Basketry Production in Egypt, Leiden 1999

WENDRICH, WILLEMINA, Basketry, in: NICHOLSON, PAUL T. / SHAW, IAN (Hrsg.), Ancient Egyptian Materials and Technology, Cambridge 2000, S. 254-267

WENTE, EDWARD F., A Note on "The Eloquent Peasant," B I, 13-15, in: JNES 24, 1965, S. 105-109

WICKER, URSULA, Flax and Egypt, in: DE 39, 1997, S. 95-116

WIENER, MALCOLM H., The Nature and Control of Minoan Foreign Trade, in: GALE, N. H. (Hrsg.), Bronze Age Trade in the Mediterranean, Jonsered 1991, S. 325-350

WILDE, HEIKE, Innovation und Tradition. Zur Herstellung und Verwendung von Prestigegütern im pharaonischen Ägypten, Wiesbaden 2011

—, Technologische Innovationen im zweiten Jahrtausend vor Christus. Zur Verwendung und Verbreitung neuer Werkstoffe im ostmediterranen Raum, Wiesbaden 2003

WILKINSON, TOBY A. H., Early Dynastic Egypt, London 1999

—, Rezension zu David A. Warburton, State and Economy in Ancient Egypt. Fiscal Vocabulary of the New Kingdom, Fribourg 1997, in: DE 39, 1997, S. 149-151

WILLEMS, HARCO ET ALII, The Analysis of Historical Maps as an Avenue to the Interpretation of Pre-Industrial Irrigation Practices in Egypt, in: DERS. / DAHMS, JAN-MICHAEL (Hrsg.), The Nile: Natural and Cultural Landscape in Egypt, Bielefeld 2017, S. 255-343

—, An Industrial Site at al-Shaykh Saᶜīd /Wādī Zabayda, in: Ä&L 19, 2009, S. 293-331

WILLIAMS, BRUCE B., The Nubian Publication Project, in: Oriental Institute Annual Report 1986-1987, 1987, S. 57-60

WINKLER EIKE-MEINRAD / WILFING, HARALD, Tell el-Dabᶜa VI. Anthropologische Untersuchungen an den Skelettresten der Kampagnen 1966-69, 1975-80, 1985, Wien 1991

WRESZINSKI, WALTER, Atlas zur altägyptischen Kulturgeschichte, I, Leipzig 1923

WUTTMANN, MICHEL, La métallurgie du fer dans l'Egypte ancienne: les données de l'archéologie, in: Mediterranean Archaeology 14, 2001, S. 205-207

YAMAMOTO, KEI, A Middle Kingdom Pottery Assemblage from North Abydos, Diss. University of Toronto 2009

YOYOTTE, JEAN, Le nom égyptien du «ministre de l'économie» – de Saïs a Méroé –, in: CRAIBL 1989, S. 73-88

ZACCAGNINI, CARLO, The Interdependence of the Great Powers, in: COHEN, RAYMOND / WESTBROOK, RAYMOND (Hrsg.), Amarna Diplomacy. The Beginnings of International Relations, Baltimore 2000, S. 141-153

ZIBELIUS-CHEN, KAROLA, Die Kubanstele Ramses' II. und die nubischen Goldregionen, in: BERGER, CATHERINE / CLERC, GISÈLE / GRIMAL, NICOLAS (Hrsg.), Hommages à Jean Leclant, Bd. 2, Kairo 1994, S. 411-417

ZINGARELLI, ANDREA PAULA, Trade and Market in New Kingdom Egypt. Internal Socio-Economic Processes and Transformations, Oxford 2010

ZORN, JEFFREY R., Estimating the Population Size of Ancient Settlements: Methods, Problems, Solutions, and a Case Study, in: BASOR 295, 1994, S. 31-48

Indizes

Sachindex

Antike Personennamen

Moderne Personennamen

Ortsnamen

Ägyptische Wörter